Predigten Über Die Heiligen Zehn Gebote Nach Luthers Kleinem Katechismus: Von A. F. Huhn...

August F. Huhn

Nabu Public Domain Reprints:

You are holding a reproduction of an original work published before 1923 that is in the public domain in the United States of America, and possibly other countries. You may freely copy and distribute this work as no entity (individual or corporate) has a copyright on the body of the work. This book may contain prior copyright references, and library stamps (as most of these works were scanned from library copies). These have been scanned and retained as part of the historical artifact.

This book may have occasional imperfections such as missing or blurred pages, poor pictures, errant marks, etc. that were either part of the original artifact, or were introduced by the scanning process. We believe this work is culturally important, and despite the imperfections, have elected to bring it back into print as part of our continuing commitment to the preservation of printed works worldwide. We appreciate your understanding of the imperfections in the preservation process, and hope you enjoy this valuable book.

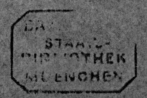

Predigten

über

die heiligen zehn Gebote

nach

Luthers kleinem Katechismus.

Von

A. F. Huhn,

Prediger und Diakonus zu St. Olai, und Oberlehrer der Religion am Gymnasium zu Reval.

Vierte unveränderte Auflage.

Reval, 1856.

Verlag von Franz Kluge.

Vorwort
zur erſten Auflage.

Bei dieſen Vorträgen über das erſte Haupt=
ſtück unſeres Katechismus, welche ich in den Jah=
ren 1838 und 1839 vor der Gemeine gehalten
und nun auf Aufforderung einiger Freunde des
göttlichen Wortes faſt ganz unverändert dem
Drucke übergebe, iſt meine Haupt=Abſicht die
geweſen: meinen Zuhörern zu einer richtigen und
fruchtbaren Erkenntniß von dem Verhältniſſe des
Geſetzes zum Evangelium zu verhelfen. Es
iſt darum beſonders auf den zweiten Nutzen
des Geſetzes Rückſicht genommen worden: daß
nämlich aus dem Geſetze Erkenntniß der
Sünde kommen und daß daſſelbe der Zucht=
meiſter auf Chriſtum ſein ſoll. (Römer 3,

20; 5, 20; 4, 15; 7, 8; Galater 3, 19; 3, 24.) Die überschwengliche Klarheit des Amtes, das die Gerechtigkeit prediget, des Evangeliums, sollte den Seelen aus der Klarheit des Amtes, das die Verdammniß prediget, des Gesetzes, einleuchten. (2. Corinther 3, 9.) Wie die Gerechtigkeit, die vor Gott gilt, nicht aus dem Gesetze komme und wie das Gesetz nicht lebendig machen könne (Römer 3, 20; 8, 3 und 4; Galater 2, 16; 3, 21.), sondern wie Christus allein uns von Gott gemacht sei zur Weisheit und zur Gerechtigkeit und zur Heiligung und zur Erlösung (1. Corinther 1, 30.), und wie in keinem Anderen Heil, auch kein anderer Name den Menschen gegeben, darinnen wir sollen selig werden (Apostelgeschichte 4, 12.), und wie wir nur gerecht werden durch den Glauben an Christum (Römer 3, 24, 25; Galater 2, 16.), — das sollte den Zuhörern aus diesen Katechismus-Predigten hauptsächlich zum Bewußtsein kommen. Daß aber ein solches Bewußtsein der christlichen Gemeine vor Allem Noth thue, und daß die Predigt des Gesetzes das von

Gott selbst geordnete Mittel sei, dieses Bewußt=
sein zu erwecken, das ist ausgemacht und brauchet
hier nicht erst erwiesen zu werden. Mein Wunsch
ist nur, daß die vorliegenden Predigten Einiges
zur Erreichung dieser Absicht beitragen und
dieser und jener Seele zum rechten Gebrauche
des Gesetzes verhelfen, das heißt, sie — zu
Christo führen mögen.

Und so wolle denn der Herr aus Gnaden
dies Büchlein mit Seinem Segen geleiten und,
was Seine Wahrheit darin ist, an den Herzen
der Leser lebendig machen.

Reval, im September 1840.

A. H.

Vorwort
zur zweiten Auflage.

Es ist diese zweite Auflage der Predigten über die heiligen zehn Gebote ein ganz unveränderter Abdruck der ersten. Möge denn der Herr auch diese neue Auflage mit Seinem Segen begleiten, daß Seine Gebote den Herzen der Leser „köstlicher denn Gold und viel feines Gold, und süßer denn Honig und Honigseim" werden. Psalm 19, 11.

Reval, im Februar 1842.

A. H.

Inhalt.

I.

Ich bin der Herr dein Gott, der ich dich aus Aegyptenland, aus dem Diensthause geführt habe. — Du sollst keine anderen Götter haben neben mir.

    Erste Predigt über das erste Gebot 1

II.

Wir sollen Gott fürchten über alle Dinge.

    Zweite Predigt über das erste Gebot 18

III.

Wir sollen Gott über alle Dinge lieben.

    Dritte Predigt über das erste Gebot 32

IV.

Von dem Vertrauen auf Gott.

    Vierte Predigt über das erste Gebot 46

V.

Von dem unnützlichen Führen des göttlichen Namens, oder von dem Mißbrauche des theueren Jesus-Namens.

    Erste Predigt über das zweite Gebot 59

VI.

Von dem Umgange mit Gott.

    Zweite Predigt über das zweite Gebot 70

VII.

Du sollst den Feiertag heiligen.

    Erste Predigt über das dritte Gebot 82

VIII.

Unterweisung zum rechten Gebrauche des Wortes Gottes.

    Zweite Predigt über das dritte Gebot 93

Seite

IX.
Die Ehre der Eltern.
    Erste Predigt über das vierte Gebot 106

X.
Die Ehre der Kinder.
    Zweite Predigt über das vierte Gebot 118

XI.
Du sollst nicht tödten.
    Erste Predigt über das fünfte Gebot 131

XII.
Du sollst deinen Nächsten lieben, als dich selbst.
    Zweite Predigt über das fünfte Gebot 143

XIII.
Du sollst nicht ehebrechen.
    Predigt über das sechste Gebot 156

XIV.
Du sollst nicht stehlen.
    Predigt über das siebente Gebot 169

XV.
Du sollst nicht falsch Zeugniß reden wider deinen Nächsten.
    Predigt über das achte Gebot 182

XVI.
Du sollst nicht begehren deines Nächsten Haus, Weib, Knecht Magd, Vieh oder Alles, was sein ist.
    Predigt über das neunte und zehnte Gebot 197

XVII.
Vom Zorne Gottes über alles gottlose Wesen und Ungerechtigkeit der Menschen.
    Erste Predigt über den Beschluß der zehn Gebote 212

XVIII.
Von dem Liebeseifer des Herrn, unseres Gottes.
    Zweite Predigt über den Beschluß der zehn Gebote . . . 226

I.
Erste Predigt über das erste Gebot.

Der Herr, dein Gott und mein Gott, sei auch in diesem neuen Kirchenjahre mit dir, liebe Gemeinde, und mit mir! Amen.

Versammelte Christen! Wir treten heute in ein neues Kirchenjahr. Von neuem läßt der Herr seine Gnadensonne über uns aufgehen. Denn wahrlich, das ist doch die größte Gnade, daß wir eine Kirche haben, daß wir Christum, daß wir das Evangelium und die freie Predigt des Evangeliums haben. Also mit heute wird uns von neuem wieder der ganze Schatz der Gnade Gottes angeboten, von neuem ergeht an uns der Ruf und die Bitte: Lasset Euch mit Gott versöhnen! von neuem ladet der barmherzige Herr die Mühseligen und Beladenen zu sich, von neuem will Er Ströme seines Lichtes und Heiles fließen lassen. Mit himmlischen Gaben und Gütern, mit ewigem Segen will Er uns von neuem krönen. Lasset uns denn dem Herrn, unserm Gott und Heiland, danken, daß Er uns dies neue Kirchenjahr, in welchem jede Seele unter uns ihr ewiges Heil finden kann, hat erleben lassen. Lasset uns ihm danken, daß Er uns bis heute unsere Kirche regiert, geschützt und erhalten hat. Gebe Er nun selbst in Gnaden, daß auch in dieser neuen Zeit von der Kirche aus sein Reich kommen möge in alle Herzen und Häuser. Gebe Er, daß unsere Kirche in Wort und That, in Lehre und Leben gründen und fördern möge. Erkenntniß des allein wahren Gottes und dessen, den Er gesandt hat, Jesu Christi; denn das ist ja das ewige Leben, daß sie Dich, der Du allein wahrer Gott bist, und den Du gesandt hast, Jesum Christum, erkennen.

Ja, m. Fr., an der rechten Erkenntniß Gottes, des Heilandes, daran fehlt es in unsern Tagen leider nur zu sehr in den meisten Herzen, in den meisten Häusern. Nur zu viele gibt es, die gar nicht wissen, was sie an ihrem Gott und Heilande, was sie an Kirche und Evangelium haben. Viele sind es, die noch nicht einmal in den Anfangsgründen der Gotteserkenntniß stehen; viele, die mit den Grundlehren des Wortes Gottes, mit den Hauptlehren unseres kirchlichen Katechismus noch nicht einmal bekant sind. Daher diese Verwirrung der religösen Begriffe in unseren Tagen, diese schiefen und verkehrten Ansichten über Kirche, Christenthum und göttliche Dinge, diese Vorurtheile, Befangenheit, ja Feindschaft gegen das Evangelium. Das ist ein trauriger Zustand, und um so trauriger, als so viele Seelen dadurch verloren gehen.

An der Kirche aber ist es, diese Unwissenheit, diesen Unglauben, diese geistige Finsterniß durch das helle Licht des Wortes Gottes und durch die reine Lehre zu durchbrechen. An der Kirche ist es, die wahre Erkenntniß auf alle Weise zu fördern und den Seelen, aus der Unwissenheit und Finsterniß heraus, zu einem wahren geistigen Verstande, zum rechten Christenglauben zu verhelfen. Und das will und wird denn unsere Kirche mit Gottes Hülfe auch in diesem neuen Jahre thun. Sie rechnet aber dabei auf willige Ohren und Herzen; sie rechnet auf Euer Aller Gebet und Fürbitte, damit das Werk Gottes, das sie an die Seelen treibt, wahrhaft gedeihe.

Hierin, m. Fr., und in der ausdrücklichen Vorschrift unserer Kirchenordnung findet ihr den Grund, warum ich an den Sonntagen dieses neuen Kirchenjahres über unseren kirchlichen, lutherischen Ketechismus predigen werde. Und zwar will ich heute gleich mit dem ersten Hauptstücke, welches das Gesetz

Gottes, oder die zehn Gebote, enthält, den Anfang machen. Was das göttliche Gesetz bedeute, — warum es Gott gegeben, — wie aus dem Gesetz Erkenntniß der Sünde komme, — in welchem Verhältniß das Gesetz zum Evangelium stehe, — wie es nur durch das Licht des Evangeliums erst recht verstanden werden könne, — was es für einen Sinn und für eine Bedeutung für den wiedergeborenen, erlösten, gläubigen Christen habe, — das sind Punkte, die uns freilich sehr nahe liegen und über die wir durchaus die rechte Erkenntniß haben müssen; aber eben diese rechte Erkenntniß darüber wird uns gewiß am sichersten zu Theil, wenn wir gleich an die Betrachtung der Gebote selbst gehen. Mit Gottes Hülfe werdet Ihr unter der Betrachtung des Einzelnen zur rechten Erkenntniß des Ganzen kommen, so daß wir am Ende, wenn wir nur wollen, und im Suchen und Bitten und Aufmerken und Nachdenken nicht müde werden, gründlich verstehen werden, was wir eigentlich am ersten Hauptstück unseres Katechismus haben.

Und so sei denn, unter dem Beistande des lebendigen Gottes, die erste Predigt in diesem neuen Kirchenjahr eine Predigt über das erste Gebot.

2 Mos. 20, 2 und 3.
„Ich bin der Herr dein Gott, der ich dich aus Aegyptenland, aus dem Diensthause geführt habe. — Du sollst keine anderen Götter haben neben mir."

Luthers Erklärung:
Wir sollen Gott über alle Dinge fürchten, lieben und vertrauen.

Wir bleiben für heute bei der Betrachtung der Worte Gottes im ersten Gebote stehen, die da heißen:

„Ich bin der Herr dein Gott, der ich dich aus Aegyptenland, aus dem Diensthause geführt habe. — Du sollst keine anderen Götter haben neben mir."

I.

Könnten wir noch fragen, wer das ist, der da spricht: Ich bin der Herr dein Gott? Sollten wir, die wir ja doch zum Christenvolke, also zum auserwählten Geschlechte Gottes, zu seinem Eigenthum und Erbe gehören wollen, sollten wir Ihn nicht kennen, der heute also zu uns redet: Wer hat dich geschaffen sammt allen Creaturen? wer hat dir Augen, Ohren, Vernunft und alle Sinne gegeben? wer nähret und erhält dich täglich? von wem kommt jeder Athemzug und Pulsschlag deines Herzens? und wer hat deine Seele vom Verderben gerettet? wer hat dir deine Sünden vergeben und dich gekrönt mit Gnade und Barmherzigkeit? wer erleuchtet, tröstet, bessert dich? Ich, ich der Herr, dein Gott, — nicht wahr, so antwortet es in uns auf alle diese Fragen? Ja Christen, dieses Sein Ich, mit unauslöschlicher Flammenschrift hat es der Herr in des Menschen Brust gegraben, dieses Sein Ich, mit unvertilgbaren Zügen hat Er es allen seinen Werken eingeprägt. Auf jedes Menschenantlitz hat Er es geschrieben. Er hat es gethan, daß wir Ihn suchen sollen, ob wir Ihn doch fühlen und finden möchten, denn Er ist nicht fern von einem Jeglichen unter uns; ja, in Ihm leben, weben und sind wir. Seht, dieses Sein Ich, das Gott der Herr im Alten Bunde auf steinerne Tafeln, im Neuen Bunde aber in die fleischernen Tafeln des Herzens gegraben, — dieses Ich, das ist des Menschen einziges, höchstes Gut, das ist seine einzige Ruhe und Freude, darin nur findet er sich und seine Seele, das ist seine Seligkeit. Lebt dieses Ich täglich und stündlich in seinem Herzen, geht dieses Ich ihm über alle Dinge, geht darauf all sein Sinnen und Trachten, gehorcht und dient und lebt er Ihm: dann steht es gut um den Menschen, dann lebt er ein wahrhaftiges Leben, ein Leben, wozu der Herr, sein Gott, ihn erschuf. — Aber das ist die List und Macht des Seelenfeindes, daß er dem Menschen dieses Ich, daß er ihm den Herrn, seinen Gott, aus dem Herzen gerissen, —

das ist das Gräßliche, das Wesen der Sünde, daß sie Gott, den Herrn, vom Throne stößt, daß sie sein Dasein, seinen Namen, seine Herrschaft, seinen Befehl, seine Anbetung zu vernichten strebt. Feindschaft gegen das göttliche Ich ist alle Sünde; und nach nichts anderem strebt der abgefallene, sündige Mensch, als sein eigenes Ich auf den Thron zu setzen. — Selbst klug sein, selbst sich regieren, selbst Gott sein wollen, das ist und thut Jeder, der Sünde thut. Auch wir, m. Fr., sind in dieser unseligen Feindschaft gegen den Herrn, unsern Gott, begriffen, so lange die Sünde noch über uns herrscht, so lange das eigne Ich das Ziel unseres Sinnens und Trachtens ist. Ja, so lange wir noch nicht entschieden zu uns selbst gesprochen: Hebe dich weg, Satan! denn es steht geschrieben: Du sollst Gott, deinen Herrn, anbeten und Ihm allein dienen: — so lange nicht der gehorsame, sanftmüthige und demüthige Christus in uns lebt, — so lange sind wir eben so und noch schlimmer daran, wie die Heiden, welche abscheuliche Götzen anbeten, und wie Israel, das trotzige und halsstarrige Volk, von dem der Herr selbst sagen mußte: Der Ochse kennt seinen Herrn und der Esel seine Krippe, aber Israel will nicht kennen den Herrn, seinen Gott. Seht, und darum thut es Noth, daß in unseren Tagen, wo die Vergötterung des eigenen Ichs in der Welt so frech und schamlos hervortritt, wo die Feindschaft gegen Gott und seinen Gesalbten sich so unverhohlen zeigt, wo so Viele nur nach den Gelüsten ihres Fleisches leben und dahin trachten, daß Alles, wo möglich, sich nach ihnen richten solle, wo man das Wort und die Befehle Gottes für eine Beschränkung seiner Freiheit hält, — es thut Noth, daß jetzt gerade lauter, als sonst, das Wort des Herrn gepredigt werde: Ich, ich bin der Herr, Dein Gott! — Ach, m. L., lasset uns auf diese Stimme unseres Gottes hören. Präget sie Euch tief in Eure Seelen, wiederholt Euch und euren Kindern täglich und stündlich dieses Gebot, wenn Ihr Friede haben, wenn Ihr leben und selig werden wollt. Was ist jede Unruhe und Furcht, mit der Ihr Euch quält; was ist die Last der Sorgen, unter der Ihr erseufzet; was ist die Angst vor der Zukunft, dieses trotzige und fleischliche Sichersein in den Tagen des Glückes, diese trostlose Verzagtheit im Unglück, dieses unstäte Hin= und Herschwanken ohne Halt, ohne Frieden, ohne zu wissen, was man ergreifen, wonach man eigentlich ringen soll, dieses heidnische Scharren und Sammeln für morgen — und wie die unzähligen qualvollen Zustände noch heißen, unter denen das Herz des sündigen Menschen täglich und stündlich schmachtet, — oft, ohne es selbst einmal zu wissen und zu fühlen, — was ist es anders: als daß der Mensch den Herrn, seinen Gott, nicht im Herzen hat, Ihn nicht hat, in dem allein Ruhe, Friede und Seligkeit ist?

Das eigene Ich, der eigene, verkehrte Wille herrscht in Euch, — und darum müßt Ihr unglücklich sein. Nicht den Herrn, Euren Gott, sondern Euer Ich sehet Ihr nur in Eurem Leben, Euer Ich nur sehet Ihr in Allem, was Euch begegnet; Ihr habt nichts anderes, Ihr wollt nichts anderes, als diese armselige, sich selbst betrügende, trotzige und verzagte Creatur, — Ihr wollt Euch selbst, darum habt Ihr nichts Rechtes, nichts Genügendes, nichts Wahres und Bleibendes, nichts, woran Ihr Euch in der That und Wahrheit halten, erfreuen und erquicken könnt. Beantwortet Euch diese Frage einmal, m. L.: habt Ihr etwas, von dem Ihr mit voller Gewißheit sagen könnt: es wird mich nie verlassen, es wird mir ewig bleiben, mir immer helfen, es wird mich immer trösten, immer erfreuen, es wird mir immer Ruhe und Frieden geben? Macht das, was Ihr Euren Glauben nennt, Euch wirklich selig? Seid Ihr im Innersten Eures Herzens selig? — O sehet recht zu! Seid Ihr's? Ihr könnt es nur sein in dem Herrn, Eurem Gott. Seid Ihr's nicht, dann ist nur dies die Ursache, daß Ihr Gott nicht habt, daß nur Euer eignes Ich in Euch regiert. In keinem Dinge außer Euch liegt die Schuld Eurer Unseligkeit. In Euch selbst ist sie, die Quelle aller Unseligkeit. Uebertretung und Verachtung des Gebotes, welches heißt: Ich bin der Herr dein Gott! — das ist die Quelle alles Elendes, das ist die Unseligkeit. So lasset uns denn, m. Fr., recht oft bedenken, was in diesem Ich des ersten Gebotes liegt und wie an diesem Ich unsere Seligkeit hängt. — Lasset uns oft zusehen, welches Ich in uns lebt, welches Ich wir suchen, welchem Ich wir dienen und leben. Es heißt: Du sollst keine anderen Götter haben neben mir, neben dem göttlichen Ich. Die Erhebung und Vergötterung des eignen Ichs, das ist der greulichste Götzendienst; denn er setzt nicht einen Götzen neben Gott, er setzt sich selbst, die sündige, elende Creatur, an Gottes Stelle. O, m. L., fliehet vor dem Greuel solches Götzendienstes.

II.

Doch Gott, der Herr, spricht in dem ersten Gebote weiter: Ich bin der Herr, dein Gott. — Unser Gott ist kein todter Gott, unser Gott ist ein lebendiger Gott. Was Er von Ewigkeit her war, der Gnädige, Barmherzige, Freundliche, die Liebe selbst, aber auch der Allmächtige, der da thun kann, was Er will, der Heilige, der die Sünde hasset, der Gerechte, der alle Uebertretung strafet mit furchtbarem Gericht, — ein verzehrend Feuer allen unbußfertigen Sündern: — das, das ist der Herr, unser Gott, noch jetzt. Keine Blume ist verblüht, der Herr des Todes hat sie geknickt, — kein Menschenauge, gestern und heute, ist gebrochen, Er hat es gewollt und gethan. Kein Sperling fällt vom Dache, — kein Haar von unserem Haupte, — Er heißt sie fallen. Ja, so wahr Ihr Leben und Odem in Euch fühlet, so wahr es sich in Euch regt, so wahr Ihr den Pulsschlag Eures Herzens vernehmt, — Gott, der lebendige Gott, ist da. Er ist nicht fern von einem Jeglichen unter uns; Er ist mitten unter uns. — Und nun, mein Christ, glaubst Du es auch, daß er jetzt in Dein Herz sieht, daß Er es weiß, warum Du hierher gekommen, daß Er es weiß, ob Du Ihn und nur Ihn allein von Herzen suchst? Glaubst Du es, daß so lebendig seine Liebe ist, mit der Er Dich bis heute verschont und getragen, daß so lebendig auch sein Zorn ist über jede Seele, die in ihrer Sünde und Gottlosigkeit beharret? Glaubst Du es, daß sein allsehendes Auge, wie es jeden Gedanken Deines Herzens gesehen, jeden Schritt Deines Lebens begleitet, daß es auch heute so von hinnen Dich nach Hause begleiten und heute und morgen unverwandt auf Dein Denken und Thun gerichtet sein wird? Wirst Du nun auch vor seinen Augen wandeln? Wirst Du nun das heidnische, gottlose Sorgen und Rennen und Verzagtsein lassen? Wird Dich, bei jedem Schritte, bei Allem, was Du thust, das Bewußtsein seiner Gegenwart begleiten? Wirst Du bei Allem, was Du redest und thust, Dir sagen: Gott, der lebendige Gott, siehet mich, Er höret mich, — im Augenblicke kann Er mich verderben. Wirst Du den Herrn, Deinen Gott, Deinen lebendigen Gott, fürchten über alle Dinge? Beantwortet Euch doch einmal diese Fragen, m. Fr. Sehet zurück, wie war es das letzte Mal, als Ihr von hinnen ginget? Ist es nicht so, daß gar Manche, sobald sie aus dem Gotteshause treten, des Herrn, ihres Gottes, vergessen? Hier fühlt man vielleicht noch etwas von dem, daß Er ist und lebt; aber wie bald ist das Bewußtsein davon abgeschüttelt, wie bald hat man sich des Gedankens an Ihn entledigt! Ja, man ist froh, daß man, sobald man nur draußen ist, eben an Ihn nicht zu denken braucht. So geht es denn von einem Tage zum andern im eignen Denken und Treiben fort, als ob kein Gott da wäre. Was nun kommt, was einem in der Welt und im Hause begegnet, das hat alles seine eigenen Gründe; aber es kommt einem nichts von dem lebendigen Gott. Man hat wol so etwas im Kopfe von einem lebendigen Gott; aber weder lebt einem der wahre Gott im Herzen, noch ist er bei der Arbeit und im Berufe und im Hause zu finden. Da ist Gott nicht, da ist er für einen todt. O Christen, seht doch einmal recht genau in Eure Verhältnisse, in Eure Häuser und auf Euer tägliches Thun und Treiben. Lebt der darin, der da spricht: Ich bin der Herr, Euer Gott? Wahrlich, es stände um die Gewissenhaftigkeit und Treue, es stände um Gottesfurcht und Frömmigkeit, es stände um die Kinderzucht und Hausandacht anders, wenn der Glaube an den lebendigen Gott in den Herzen und Häusern wohnte. Todt, todt ist der Glaube an Gott noch in den meisten Seelen! Statt den lebendigen Gott zu fürchten, liebt man einen todten Gott, einen Gott, der nichts straft, der Allem nachsieht, der Alles gehen läßt, wie es gerade geht. — Seht, das ist die List und Macht des Seelenfeindes, daß, wenn er mit seinem Ich nicht ganz und gar das göttliche Ich aus dem Menschen verdrängen kann, daß er dann wenigstens doch den Glauben an den lebendigen Gott aus des Menschen Brust reißt und, weil der Mensch einmal einen Gott haben muß, einen todten ihm an die Stelle setzt. Das ist das Gräßliche, das Wesen der Sünde, daß sie sich jeden Gedanken an den lebendigen Gott aus dem Sinne schlägt, daß sie an einen solchen Gott nicht glauben will und mag. Mit hohlen Worten und Redensarten betrügt sie den Menschen, bringt ihn wol auch dahin, daß er Gott mit seinen Lippen und mit ein paar Gedanken ehrt, indeß sie doch sein Herz fern von ihm hält. M. L., fliehet vor solchem Götzendienste, — denn auch er ist in unserer Zeit leider nur zu oft zu finden. Saget, die Ihr zum Gotteshause kommt, um Gott, den Herrn, anzubeten, — nehmt Ihr den lebendigen Gott, der hier in seinem Worte zu Euch redet, auch mit nach Hause und an Eure Arbeit? Lebt und redet Ihr mit Ihm? Seht Ihr seine Hände, sein Thun und Wirken in Allem, was Euch begegnet? Vernehmt Ihr alle Tage und Stunden seine Stimme, seinen Willen,

seine Befehle? Habt Ihr Ihn täglich zu loben, zu danken, zu preisen, oder Ihm doch zu klagen, Ihn doch zu bitten? — Ach, ich bitte Euch, denket nicht so leichtfertig über das erste Gebot! Glaubt ja nicht, das gehöre nur in die Kinderschule; denket ja nicht, daß Ihr schon darüber hinaus seid. Ich sage Euch, wir haben unser ganzes Lebenlang daran zu lernen nur an dem Einen: Ich bin der Herr, Dein Gott! — an dem Einen: daß unser Gott kein todter Gott, sondern ein lebendiger Gott ist. Höret, was unser Katechismus=Vater, Luther, sagt: „Schon Monate sitze ich mit meinem Weibe und meinen Kin=
„dern über dem ersten Gebote und kann es nimmer recht fassen
„und kann es nimmer recht ergründen, was für Wunder der
„Wahrheit und Weisheit Gottes darin. Ja, ich sehe nur an
„diesem Einen Gebote, wenn ich es recht bedenke, was für ein
„gottloser und abscheulicher Sünder ich bin, — und wo Gott
„mir nicht in seinem Sohne alle meine Sünde gegen dies eine
„Gebot vergeben, wäre ich schier verloren und müßte zur
„Hölle fahren."

So dachte Luther beim ersten Gebote. Und was denket Ihr?? — Doch lasset uns weiter sehen, ob wir nicht eben so werden denken müssen.

III.

Ich bin der Herr, so heißt es in dem ersten Gebote weiter. Das ist also unser Gott, der einige Herr des Himmels und der Erde, der König der Könige, der Herr aller Herren, der Schöpfer und Gebieter aller Creaturen. Ihm allein soll Alles gehorchen; Ihm soll Alles dienen; vor Ihm allein soll Alles sich beugen; Ihn soll Alles anbeten, was im Himmel und auf Erden ist. So will Er es, so befiehlt Er es in dem ersten Gebote. Und sein Wille und Befehl ist aller Creaturen Seligkeit. Nur in seinem Reiche, nur unter seiner Herrschaft findest Du, Mensch, Dein Glück, Deine Ruhe, Deinen Frieden und Deine wahre Freiheit. Wie? Und doch sprichst Du von

Deinen irdischen Gütern und Gaben: sie sind mein; von Deinen Kräften und Fähigkeiten: sie sind mein; von deinen Kindern: sie sind mein, mir muß das Alles dienen und gehorchen, ich habe darüber zu befehlen und zu verfügen. Von diesem und jenem, was Du ausgerichtet, sagst Du: das ist mein Werk, mein Verdienst; Du sprichst von Deinem Einfluß und von Deiner Macht; Du denkest in Deinem Herzen: ach, diese Sorge liegt auf mir, von mir allein hängt jenes Alles ab, mir ist es auf die Schulter geladen; — dies und das, den und jenen fürchtest Du, als ob der und jener, oder dies und das, Dein einiger Herr wäre. Auf eine armselige Creatur siehest Du, vor ihr beugst Du Dich, von ihrem Einflusse hoffest oder fürchtest Du, als ob Du von ihr abhingest. Du buhlest um Menschengunst, Du fürchtest Dich, der Welt zu mißfallen, Du lobest ihre Thorheiten, von ihren verkehrten Meinungen, von ihren Vorurtheilen machst Du Dich abhängig, oder Du fröhnest und dienest dem Gelüste Deines Herzens, der Sünde gehorchst Du wie ein Sclave, — und kommt der Sohn Gottes und will Dich frei machen davon, so sprichst Du wol gar: Ich bin mein eigener Herr, es hat mir Niemand zu befehlen, — so will ich nun einmal glauben, so will ich leben, ich will nichts vom Evangelium, nichts vom heiligen Geiste. Christen, kennt Ihr diese Sprache? Sie ist die Sprache des gottlosen, unbekehrten Menschenherzens, — die Sprache unseres Zeitgeistes, der sich so großer Aufklärung und Fortschritte in der Gotteserkenntniß rühmt. Armselige Aufklärung, welche die Elemente der Gotteserkenntniß nicht einmal begreifen kann! — Doch es ist mehr als Nichtbegreifenkönnen, es ist ein Nichtwollen. — Sehet auch hier die List und Macht des Seelenfeindes, den gräßlichen Betrug der Sünde. Das Gefühl des Geschöpfes, das Gefühl der unbedingten Abhängigkeit von Gott, den Gehorsam, die Beugung und Erniedrigung vor Ihm, das reißt sie dem Menschen aus seiner Brust. In seinem Abfall und in seiner Sünde empört sich der Mensch gegen Gottes Majestät, raubt Ihm die Ehre und macht sich selbst zum Herrn, zum Herrn über sich, zum Herrn Alles dessen, was Ihm in die Nähe kommt. Ein gräßlicher Wahn! Nichts, nichts in der weiten Welt gehört Dir, armer, elender Sünder, nicht einmal die Handvoll Erde, die Dich bedecken wird. Kein Athemzug, kein Pulsschlag ist Dein, und doch taumelst Du im Wahn eines Besitzes und trunken von Herrscherlust dahin! — Einen Wahnsinnigen, der sich für einen König hielte und mit papierner Krone und allerlei Flitterwerke behängte, den würden wir bedauern, ja beweinen, nicht wahr, m. Fr.? Nun, weinet nicht allein über ihn, weinet über Euch selbst, so lange noch etwas von jenem Wahnwitze der Welt in Euch ist. Ja, m. L., fliehet vor solchem Götzendienste. Gott hat ihn fürchterlich schon hier auf Erden und auch in unseren Zeiten bestraft. Ich bin der Herr und gebe meine Ehre keinem anderen, noch meinen Ruhm den Götzen. So spricht unser Gott, — und was Er spricht, das weiß Er durchzuführen. Willst Du nicht mit Freuden und willig Ihn als Deinen alleinigen Herrn anerkennen, — so mußt Du es einst mit Heulen und Zähnklappen!

Doch, das will der Herr nach seinem innersten Herzen nicht, Er will keine zitternden und gedungenen Knechte, Er will von einem Volke des Eigenthums, von Kindern will Er angebetet sein, froh und frei. Er will, daß wir seine Herrschaft als eine beseligende anerkennen, daß wir in der Abhängigkeit von Ihm nur Friede und Freude, daß wir mehr haben sollen, als wir bitten und begreifen können. Seht, darum sagt er in seinem Gebote nicht allein:

IV.

Ich bin der Herr, sondern auch: Ich bin der Herr dein Gott. Hast Du es schon bedacht, o Seele, was in diesem Worte liegt: der Herr des Himmels und der Erde, der Ewige und Allmächtige, Er ist mein Gott, Er ist unser Gott. Gott, das ist so viel, als das höchste Gut. Was kein Auge gesehen, kein Ohr gehört und in keines Menschen Herz gekommen, das ist Gott, das hat Gott. Und das will er Dir geben, Er will sich selbst Dir zum Eigenthume geben, denn er sagt: Ich bin der Herr, dein Gott. Zwar liegt auch ein fürchterlicher Ernst in diesem Worte: Mir, mir gehörst du lebend und todt, in meine Hände mußt du fallen, nirgends kannst du hinfliehen vor meinem Angesichte, denn ich bin der Herr, dein, dein Gott. — Aber hat der Herr nicht auch sein ganzes liebendes und erbarmendes Vaterherz in dieses Wort gehaucht? Ich bin dein Gott, heißt das nicht auch: Siehe, ich will dich nicht behandeln wie einen armen Knecht, den sein Herr kaum eines Blickes würdigt? Ich will mich um dich kümmern, ich will für dich sorgen, ich will dich tragen, wie eine Mutter ihr Kind in ihren Armen trägt; und kann auch die Mutter vergessen ihres Säuglings, daß sie sich nicht über den Sohn ihres Leibes erbarme? — vergäße sie sein, ich will dein nicht vergessen, — denn ich bin dein Gott. Zu mir kannst du kommen jede Stunde; mit mir kannst du reden zu jeder Zeit; was dich drücket, was dich quälet, Alles kannst du mir sagen, um Alles kannst du mich fragen, Alles kannst du bitten. Alles, was ich habe, ist dein. In jedem Augenblicke kannst du von mir nehmen Gnade, Leben und Seligkeit. Christen, wenn ein weltlicher Monarch so spräche, wie viele würden sich alle Tage finden, die kämen und zugriffen. Und doch was kann ein weltlicher Monarch geben, was ist sein? Nun aber spricht der Herr des Himmels und der Erde, dem Alles gehört: Ich bin dein Gott, — wie viele sind da, die kommen und nehmen? wie viele sind's, die nach dem höchsten Gute greifen? Ach, das ist der Fluch der Sünde, daß sie nach dem höchsten Gute nicht verlangt, das ist die List und Macht des Seelenfeindes, daß er das höchste Gut der Seele zu dem Geringsten verkehrt, und das Geringste, die Scheingüter der Welt, zu dem Höchsten.

Tröstet doch einmal einen Armen mit Gott, — er mag es nicht hören, — ein Stück Geld ist ihm mehr werth. Sehet doch einmal in die Herzen der meisten Wohlhabenden, ob sie von ihrem Erbengute und ihrer Weltlust lieber lassen, als von dem höchsten Gute. Das goldene Kalb der Augenlust und Fleischeslust und Hoffahrt, das, das ist ihr Gott. Ja, das ist das Sinnen und Trachten des sündigen Menschen, daß er sein Herz an alles Andere lieber hängt, als an Gott, — daß er alles Andere lieber „mein" nennt, als das höchste Gut. Das ist das Thun des sündigen Menschen, daß er den fürchterlichen Ernst des Wortes: Ich bin dein Gott, — sich aus dem Sinne schlägt, sich nicht kümmert um Ihn, nach Ihm nicht fragt. Das ist der unselige Zustand des verderbten Menschenherzens, daß es Gott Gott sein läßt und nicht mit Ihm redet, nicht bittet, nichts von Ihm nimmt. Und möchte es auch kommen und nehmen, da kann es wieder nicht glauben, daß Gott sein Gott ist. Was sollte der Herr des Himmels und der Erde sich wol um mich kümmern? Er hat einmal Alles nach Gesetzen geordnet, so muß es gehen. Er wird doch mit mir keine Ausnahme machen; er wird doch an mir kein Wunder thun. Dafür hat er dem Menschen ja Verstand und Vernunft gegeben. Schwärmerei ist alles Bitten. So denkt und redet das verderbte Menschenherz. Oder geht Einem das Wasser bis zur Kehle, dann heißt es: Ja, wenn ich würdiger, wenn ich besser wäre, dann könnte Gott wol mein Gott sein, und ich könnte ihn bitten, — aber so kann ich es ja gar nicht glauben.

Sehet, das ist das gewöhnliche und tägliche Denken und Sprechen des Menschenherzens. Und es kann nicht anders sein, denn so spricht der Herr selbst: Eure Sünde und Untugend ist es, die Euch von mir trennt. Ja die Sünde, das ist die Scheidewand, die uns trennt von dem Herrn, unserem Gott. Dem unversöhnten Herzen ist das selige Gebot: Ich bin der Herr, dein Gott! nur ein Schrecken, ein Ekel ist es ihm oder nur ein todtes Wort, ein leerer Schall. Es kann und darf der sündige Mensch aus sich selbst nicht sagen: Mein Gott! und dabei frohlocken. Er kann es nicht glauben, er kann nicht darnach thun; und wähnt er es dennoch, so betrügt er sich selbst; einen todten Götzen nennt er seinen Gott, aber nicht das höchste Gut. Siehe, das ist es, warum Du Dein Herz an alles Andere lieber hängst; das ist es, warum Du vielleicht heute in einer Stunde schon den lebendigen Gott vergessen; das ist es, warum Du weder heute Abend, noch morgen früh mit dem Herrn reden, Ihn suchen, Ihn fragen und aus Ihm nehmen wirst; das ist es, warum Du nichts von der Seligkeit in Ihm schmeckst; das ist es, Du kannst nicht von ganzem Herzen sagen: Mein Herr und mein Gott! Denn Du bist ein Sünder, Du bist getrennt von Ihm, dem höchsten Gut.

V.

Seht, m. Fr., so steht es mit uns Allen von Natur; so stehen wir Alle, wie wir aus uns selbst sind, zu Gott, dem Herrn. Und wir wären verloren in Ewigkeit, wenn der Herr nur befohlen hätte: „Ich bin der Herr, dein Gott!" und uns dabei gelassen. Nein, schon zu Israel sagt der Herr nicht umsonst: Ich bin der Herr, dein Gott, der ich dich aus Aegypten, aus dem Diensthause geführt habe. Versteht Ihr das? merkt Ihr etwas vom süßen Kerne des Evangeliums gleich beim ersten Worte des Gesetzes? An der Erlösung aus dem Diensthause Aegyptens, daran sollte Israel den Herrn, seinen Gott, erkennen, alle Tage, bis zu dem Tage, wo des Menschen Sohn die Seelen aller Menschen aus einem anderen Diensthause, aus der Gewalt der Sünde, des Todes und des Teufels erretten würde. Und wer war dieser Menschen-Sohn? wer war unser Heiland, Erlöser und Erretter? Er war es, der da spricht: Ich bin der Herr, dein Gott, du sollst keine anderen Götter haben neben mir. Er war es, der wahrhaftige, dreieinige Gott selbst. Wo darum das erste Gebot im Christenvolke den erlösten Seelen gepredigt wird, da sollen sie an keinen anderen Gott denken, als an den Gott, der in Christo unser Fleisch an sich genommen und uns erlöst hat von der Sünde, vom Tode und von der Gewalt des Teufels, nicht mit Gold oder Silber, sondern mit seinem heiligen, theuren Blute, auf daß wir in seinem Reiche leben und Ihm dienen. Das ist die evangelische, die christliche, die lutherische Gotteserkenntniß, dadurch unterscheiden wir uns von den Juden und Muhamedanern; das ist die Anbetung Gottes im Geist und in der Wahrheit; das heißt: Ihr sollt keine anderen Götter haben neben mir. Fühlst Du das, erkennst Du das, mein Christ? Erkennst Du das wirklich, wahrlich! dann mußt Du frohlockend sagen: Ja, Du bist mein Herr und mein Gott!!

Siehe, Du hättest z. B. einen Freund, der Dich von ganzem Herzen liebte, der Dich alle Tage in seiner Seele trüge, der immer für Dich bäte, Du wüßtest aber gar nicht, daß er Dich wirklich so lieb habe, Du suchtest ihn auch wol gar nicht, im Gegentheil, Du ließest Dich durch schlechte Freunde von diesem guten Freunde zurückhalten; Du verkenntest, mißverständest ihn, ja zuletzt würde Dein Herz ganz gleichgültig, kalt und feindlich gegen ihn; — da mit einem Male bist Du in Lebensgefahr, Niemand kann und will Dir helfen. Da stürzt jener Verkannte sich Dir nach, errettet Dich und verliert sein eignes Leben. Sage, wirst Du nun hingehen und diesen Freund vergessen? wirst Du vor der Welt verschweigen, was er an Dir gethan? wirst Du Dir jeden Gedanken an ihn aus dem Sinne schlagen? Nein, das kannst Du nicht, wenn Du noch ein Herz, wenn Du noch einen Funken Menschengefühl hast. Das, das ist der rechte Freund gewesen, nur der hat mich geliebt! Nicht wahr, so wirst Du sagen? — Nun, soll ich Euch Christen dieses Gleichniß noch deuten? Wehe dem, der den lebendigen

Gott nicht als solchen Freund und Retter seiner Seele erkennt! wehe dem, der ihn nicht als seinen Heiland täglich in der Kammer seines Herzens und öffentlich in der Gemeinde lobt und preist! Er hat keinen Gott, er dient dem todten Götzen.

Ja, m. Fr., malet Euch alle Eigenschaften und Vollkommenheiten Gottes noch so geistreich aus, sprechet noch so viel über die Größe Gottes in der Natur und in den Schicksalen der Menschen, machet Euch noch so viel schöne Bilder von seiner Weisheit und Liebe, von seiner Vorsehung und Vatersorge,— es ist Alles hohle Redensart und leerer Schall; es ist mit aller dieser Gotteserkenntniß nichts, wenn Ihr Ihn, den lebendigen Gott, nicht in dem gekreuzigten Jesus Christus erkennet und anbetet. Wahrlich, ich sage Euch, nicht eher werdet Ihr Gott über alle Dinge fürchten, nicht eher lieben und vertrauen lernen, nicht eher verstehet Ihr das erste Gebot, als bis Ihr den wahrhaftigen Gott und den wahrhaftigen Menschen am Kreuze erkannt. Nur den Gott wird Eure Seele nicht vergessen, vor dem nur werdet Ihr Euch mit Freuden, als vor Eurem Herrn, beugen; zu dem nur werdet Ihr mit seligem Entzücken und unter Thränen des Dankes und der Freude täglich sprechen: Mein Herr und mein Gott! —

Verstehet Ihr nun, m. L., was das erste Gebot für den Christen für eine Bedeutung hat? verstehet Ihr nun, was das heißt, wenn Gott zu seinem Christenvolke spricht: Ich bin der Herr, Dein Gott, Du sollst keine anderen Götter haben neben mir? — O, daß der barmherzige Herr und Gott doch in Euch Allen diesen Verstand und diese Erkenntniß wecken möge! Amen!

II.
Zweite Predigt über das erste Gebot.

Herr Gott! die Furcht vor Dir ist aller Weisheit Anfang. Dich fürchten, das ist unsere Seligkeit! O so laß uns heute Alle vor Dein Angesicht treten mit heiliger, kindlicher Scheu, mit tiefer Beugung vor Deiner Majestät, Du drei Mal heiliger Gott! Siehe, wir haben uns unterwunden, zu reden von Dir, wiewohl wir Staub und Asche sind. Gib denn aus Gnaden, daß unser Reden und Denken von Dir ein heiliges, wahres, Dir wohlgefälliges sei. Heilige Du selbst jedes Wort und jeden Gedanken. Ach, Herr, gib uns Deinen Geist, gib Gnade, daß wir aus Deinem Worte heute und immerdar lernen Dich fürchten über alle Dinge. Du weißt ja, wie das uns Noth thut. Du weißt ja, wie noch so gar nicht Deine Furcht unsere Herzen regiert. Du weißt, wie wir täglich von Dir abfallen, täglich Dich durch unsere Sünden kränken, täglich in fleischliche Sicherheit, in Unglauben und Verzagtheit verfallen. O erbarme Dich über uns, Du treues Mittlerherz, und lehre uns arme Sünder, wie wir Gott fürchten sollen über alle Dinge.

Herr Jesu! sei Du mit uns in dieser Stunde. Amen.

Die Worte des Herrn im ersten Gebote haben wir letzthin hier betrachtet, versammelte Christen! doch können wir damit die Betrachtung über das erste Gebot noch nicht schließen.

Das Gebot ist so groß, so wichtig, so viel umfassend, daß wir wenigstens die Hauptstücke, die darin noch liegen und die in unserem Katechismus angeführt sind, näher in Erwägung ziehen müssen. Und so lasset uns denn heute, unter Gottes Beistande, das erste Hauptstück im ersten Gebote vor uns nehmen. Dieses handelt, wie Ihr Alle wisset, von der Furcht Gottes.

Doch lasset mich zuvor das Gebot mit unserer lutherischen Katechismuserklärung Euch noch ein Mal vorlesen.

2 Mof. 20, 2 und 3.

„Ich bin der Herr dein Gott, der ich Dich aus Aegyptenland, aus dem Diensthause geführt habe. — Du sollst keine anderen Götter haben neben mir."

Luthers Erklärung:

Wir sollen Gott über alle Dinge fürchten, lieben und vertrauen.

„Wir sollen Gott fürchten über alle Dinge," das ist das erste wesentliche Stück des ersten Gebotes, das wir in dieser Stunde näher betrachten.

Wir sollen Gott fürchten über alle Dinge. Haben wir uns schon einmal Rechenschaft darüber gegeben, was dies eigentlich heißt? Sehet, ich will es Euch mit wenigen Worten sagen. Gott über alle Dinge fürchten, das heißt nicht nur, Gott mehr fürchten, als alle Dinge, sondern es heißt (das merket wohl): kein Ding, wie furchtbar es auch sei, nichts, auch gar nichts fürchten, nur Gott allein fürchten. An dieser Erklärung haben wir genug. Behaltet sie nur recht und denket alle Tage recht ernstlich darüber nach, und Ihr werdet bald inne werden, wie es um das Halten des ersten Gebotes, wie es um Eure Gottesfurcht steht. Doch damit nun auch ein Jeder behalte, verstehe, erkenne und sich selbst prüfe, so lasset uns zusehen, warum wir kein Ding außer Gott, warum wir Gott über alle Dinge fürchten sollen.

I.

Nach dem, was man in unserer Zeit so gewöhnlich von Gott und Gottesfurcht denkt, da mag es wol sehr auffallend und befremdend klingen, wenn ich sage: Gott ist wirklich das am meisten zu fürchtende Wesen, es gibt kein Ding, das mehr gefürchtet werden soll. Das unbekehrte Menschenherz, welches den wahren, lebendigen Gott nicht erkennt, das denkt und stellt sich seinen Gott vor, wie es ihm gerade recht und bequem ist. Das Ernste, das Strenge, das zu Fürchtende in Gott, das ist einem unbequem; da macht man denn in sinnlicher Weichlich-

2*

keit seinen eigenen Gott und beschwichtigt mit dem Gedanken an eine weichherzige Väterlichkeit Gottes sein Gewissen. Oder man verwechselt, wie die Heiden thun, die Dinge und Geschöpfe mit ihrem Urheber und Schöpfer. Nach solchem selbstgemachten Begriffe von Gott also, da mag einen das wol sehr befremden, wenn es heißt: Gott selbst ist das über alle Dinge zu fürchtende Wesen. Dem bekehrten Menschen aber, der sich keinen Gott nach seiner Einbildung und Bequemlichkeit macht, sondern nur nach Erkenntniß des wahren Gottes trachtet, nur aus dem Worte Gottes seine Vorstellungen und Begriffe von Gottes Wesen nimmt, dem wird unsere Antwort wol gleich einleuchten. Denn so heißt es ja im Worte Gottes: „Alle „Welt fürchte den Herrn, und vor Ihm scheue sich Alles, was „auf dem Erdboden wohnt. Denn so er spricht, so geschieht „es, und so er gebeut, so steht es da." Und so spricht der Heiland: „Fürchtet euch nicht vor denen, die den Leib tödten „(also vor den Furchtbarsten auf Erden), die Seele aber nicht „tödten können; fürchtet euch aber vor dem, der Leib und Seele „verderben mag in die Hölle. Unser Gott ist ein verzehrend „Feuer. Und es ist schrecklich, in die Hände des lebendigen „Gottes zu fallen." Solches und Aehnliches stehet von Gott überall in der heiligen Schrift. Sollte ich Euch nun die Nothwendigkeit der Furcht vor Gott erst noch beweisen? Nein, die Wahrheit des göttlichen Wortes braucht nicht bewiesen zu werden; Ihr habt den Beweis in Euch. Merket doch nur auf die eigenen Gedanken, die sich unter einander verklagen und entschuldigen; nur zum näheren Verständnisse des göttlichen Wortes möchte ich Euch verhelfen. — Es gibt viele furchtbare Dinge, Dinge, vor denen dem Menschen schon bei dem Gedanken an sie graut. Denket Euch z. B. lebendig vom Feuer verzehrt, lebendig von Wasser oder Erde verschüttet zu werden, denket Euch hingerafft zu werden von der Pest, zermalmt zu werden vom Blitz oder unter Mörderhand seinen Geist aufgeben oder von einer lähmenden Krankheit auf das Siechbett hingestreckt zu werden, einen Sinn nach dem anderen verlieren und doch nicht sterben zu können, und was des Fürchtbaren es noch mehr geben kann. Nun, wer wollte es dem Menschen, dieser Creatur aus Staub und Asche, verdenken, wenn er sich vor solchen Dingen fürchtet? Du fliehest z. B. vor der Feuerflamme. Warum? Nun, eben weil sie mich zu verzehren droht, sagst Du. Solltest Du Dich aber vor dem Herrn, Deinem Gott, nicht noch mehr fürchten? ist nicht auch er ein verzehrend Feuer? Oder sage: woher hat denn das Feuer seine brennende und verzehrende Kraft? Kann es auch brennen und verzehren, wenn Gott, der Herr, es nicht brennen und verzehren heißt? Und woher hat denn Alles, was wir furchtbar nennen, seine Furchtbarkeit? Hat es dieselbe nicht aus Ihm, — dem lebendigen, allmächtigen Gott? Er winkt, er will es, und hier zermalmt und zerstört der Blitz Alles, dort muß er kraftlos vorüberziehen und darf auch dem kleinsten Würmchen nicht schaden. Er will es, und hier rafft der Würgengel hin die Kräftigsten und Gesundesten, die sicher waren in ihrer Gesundheit, und dort darf er das schwächste Gefäß nicht berühren. Gott will es, und es muß Feuer und Wind und Meer gehorchen, es muß der Tod gehorchen und seine Beute wiedergeben, es muß die Hölle gehorchen und ihren Raub fahren lassen. Begreifen wir es nun, daß alle Dinge, wie furchtbar sie auch an sich scheinen, nicht furchtbar sind durch sich, sondern daß sie ihre ganze Furchtbarkeit nur haben aus Ihm, dem lebendigen Gott? Verstehen wir es nun, daß die Furchtbarkeit aller furchtbaren Dinge, die nur genannt werden mögen, in Gott und ganz allein in Gott concentrirt ist? Merken wir nun, was die Schrift meint, wenn sie sagt: es ist schrecklich, in die Hände des lebendigen Gottes zu fallen? Ja, nur in Ihm, dem Herrn, unserm Gott, und nicht in irgend einem Dinge, nicht in irgend einer Creatur, sondern nur in Ihm, dem lebendigen, allmächtigen Gott allein:

da lasset uns suchen Alles, was wir wirklich zu fürchten haben; den, den lasset Euer Schrecken sein!

Seht, das verlangt das erste Gebot zunächst, wenn es uns befiehlt, daß wir Gott fürchten sollen über alle Dinge. Wer ihn nicht so fürchtet, der kennt und hat den wahrhaftigen Gott noch gar nicht. Und nun saget Euch selbst, m. Fr., wie es mit Eurer Gottesfurcht in dieser Beziehung stehet? Wenn Ihr irgend etwas Furchtbares sehet oder höret, oder wenn es Euch selbst begegnet, zuckt Euch dann auch gleich der Gedanke an den durch die Seele, der Leib und Seele verderben kann in die Hölle? ist Euer erstes Gefühl, Euer erster Seufzer, Euer erstes Wort dabei, ist es ein Seufzer und Wort zu Ihm, dem lebendigen und allmächtigen Gott? beuget Ihr Euch auf der Stelle vor seiner Allmacht und Majestät, und erkennet Ihr seine furchtbare Rechte, die strafen und niederschlagen und tödten kann in jedem Augenblicke? Oder ist es nicht so, daß man sich in seiner Furcht vor diesem und jenem, was man sieht und hört und erfährt, nur zu oft gar nicht zu fassen weiß? Der ganze Sinn starrt auf das, was sich ereignet, hin, als ob das der zu fürchtende Gott wäre; oder man sucht durch dies und das das Furchtbare zu mildern, als ob man damit die Quelle der Furchtbarkeit verstopfen könnte; oder man sucht sich mit dem und dem zu helfen, als ob man damit dem entgehen könnte, von dem doch Alles kommt, Glück und Unglück, Reichthum und Armuth, Leben und Tod. Kurz, man denkt an alles Andere eher, man sinnt auf alle möglichen Ursachen, man sucht sich auf alle Weise den natürlichen Zusammenhang zu erklären, aber das Furchtbare allein auf Gott beziehen, auf der Stelle sich vor Ihm demüthigen, seine Allmacht erkennen und sich vor Ihm scheuen, das will, das mag man nicht. Im Gegentheil glauben gar Manche noch Wunder wie klug und weise sie seien, wenn sie bei solchen furchtbaren Vorkommenheiten den lebendigen Gott nicht nöthig haben. Sie sind gleich mit ihrer Weisheit fertig, sie wissen Alles gleich aus natürlichen Ursachen herzuleiten. Aber bei aller ihrer Weisheit zittert und bebt doch ihr Herz, wenn ihnen selbst einmal etwas Furchtbares begegnet. Seht, das ist die Folge, wenn der Mensch den lebendigen Gott nicht über alle Dinge fürchtet, daß er nämlich alles Andere, er mag wollen oder nicht, fürchten muß, daß sein Herz täglich zerrissen wird von Furcht der Creaturen. — Was wollt Ihr nun lieber: alle Tage etwas Anderes fürchten und von dieser Furcht Euer Lebenlang gequält werden und zuletzt bei aller Furcht und Sorge doch dem Schrecklichsten in die Hände fallen? oder wollt Ihr alle Tage nur den Einen fürchten und in dieser Furcht Friede und Freude haben und zuletzt von aller Noth befreiet sein? Wollet Ihr das Letztere, wohlan, so reißet Euch los von den falschen Götzen: gebet ihn auf, den frechen Unglauben und die heidnische Blindheit der Welt, gebet sie auf, jene sinnliche Weichlichkeit, die sich ihren Gott nach ihrer Bequemlichkeit schafft und das böse Gewissen damit beschwichtiget; bringet ein in die wahre Erkenntniß unseres Gottes, des Allmächtigen, der ein verzehrend Feuer ist und Leib und Seele verderben kann in die Hölle. Lernet es glauben und erkennen, was in Gott wahrhaftig ist, dann werdet Ihr auch lernen Ihn fürchten über alle Dinge und in dieser Furcht froh und frei werden von aller anderen Furcht. Darum, meine Lieben, sage ich:

II.

Fürchte Gott über alle Dinge, und Du brauchst kein Ding, nichts, auch gar nichts zu fürchten. Diese Wahrheit werdet Ihr aus dem oben Gesagten begreifen. Hast Du es nämlich erkannt, mein Christ, wie alles Furchtbare, sei es in Menschenhand oder in irgend einem Dinge, sein Furchtbares nur aus dem lebendigen Gotte hat, und hast Du Ihn, den lebendigen Gott, für Dich: was kann Dir schaden, wer kann wider Dich sein, vor wem sollte Dir grauen, auch wenn Dir der Leib getödtet würde? Sieh einmal auf Deinen Heiland, da er vor Pilatus stand und dieser drohend rief: Weißt du nicht, daß ich Macht habe, dich zu tödten, und Macht habe, dich loszugeben? Was antwortete Jesus da? „Du hätteft keine Macht, wenn sie dir nicht von Oben gegeben wäre." Ist aber nun irgend einem Menschen oder Dinge Macht gegeben über Dich von Oben, von dem Gott, den Du für Dich haft, wovor willst Du Dich dann fürchten? Müssen Dir da nicht alle Dinge, ja selbst Tod und Teufel, zum Besten dienen?

O selig, wer Gott über alle Dinge fürchtet! Er kann mit seinem Heilande vor seinen Henkern stehen und zaget nicht; er kann mit Stephanus einen Steinregen über sich kommen sehen und sieht dabei doch nur den Himmel offen; er kann mit einem Paulus durch gute und böse Gerüchte, durch Verfolgung und Läfterung gehen und sich doch dabei in dem Herrn freuen; er braucht weder Hunger noch Blöße, weder Fährlichkeit noch Schwert, noch sonst irgend ein Ding zu fürchten; er fürchtet den lebendigen Gott, und darum ist er froh und frei. Doch wer Ihn, den Herrn, nicht fürchtet, der hat tausend Dinge zu fürchten. Heute quält ihn der Gedanke an seine Armuth, an seinen Mangel; morgen fürchtet er sich vor Krankheit; dann wieder fürchtet er, daß er seine Gönner verlieren möchte, und so bald das, bald jenes; — sein Leben ist ein jämmerlich und peinlich Ding, er schleppt daran, als an einer Last. Wie kläglich hören wir darum auch heutzutage die seufzen und weinen, welche sich vor der Welt fürchten. Kommt eine schlimme Nachricht, so erschrecken sie; tritt ungünstiges Wetter ein, so quälen sie sich damit ab; kommt die Nacht, so schaffen sie sich Gespenster, um sich damit zu ängstigen; verlieren sie Geld, so schreien sie ihrem Gotte nach, und er rollt doch davon; sterben ihnen die Versorger, so geberden sie sich, als wenn Gott im Himmel keine Augen und keine Ohren und kein Vaterherz mehr hätte. Dabei aber fahren sie fort, in den Tag hineinzuleben, und fragen höchstens

insofern nach Gott, als sie sich über seine Ungerechtigkeit be=
klagen, als wenn sie ihm etwas zuvor gegeben hätten, das
er ihnen wieder vergelten müsse. Aber nach seinen Geboten
sehen sie sich nicht um; weil sie Gott nicht fürchten, so achten
sie nicht auf seine Gebote und haben auch nichts von dem
Segen, den sie verheißen. O, m. L.! wendet Eure Herzen
von solcher Gottlosigkeit der Welt, die nur Furcht und Qual
dem Menschen bringt. Denket täglich daran: nur wer Gott
über alle Dinge fürchtet, braucht kein Ding zu fürchten.

III.

Und nun drittens: fürchte Gott über alle Dinge, sonst
bist Du ein Uebertreter aller seiner Gebote. Woraus kam die
erste Uebertretung, die erste Sünde? Daraus kam sie, daß
die Furcht vor Gott und vor dem, was Er gedroht, aus dem
Herzen des Menschen schwand. Die Furcht vor Gott, die
wußte der Satan dem Menschen zuerst herauszureißen. Und
das ist noch heute die trübe Quelle aller Sünden und Ueber=
tretung. Wo ist die heilige Scheu, die bei dem Namen
Gottes und Jesu schon das Herz erfüllen sollte? Verkehrt ist
sie zum leichtsinnigsten und schnödesten Mißbrauche des Namens
Gottes bei Hunderten und Hunderten, ja sogar zum Fluch
und zum Meineide. Wo ist die Ehrfurcht vor Gottes Wort
und seinem heiligen Evangelium? Verkehrt ist sie in freche
Verachtung bei Hunderten. Wo ist die Heiligung des Feier=
tages? Verkehrt ist der Tag des Herrn zum Sündentage bei
Hunderten. Und jene Ehrfurcht, die der Herr gegen Vater
und Mutter gebietet? Man klagt, daß sie jetzt seltener ge=
worden. Bedenken diejenigen Eltern aber auch, welche darüber
klagen, was denn die Kinder an ihnen sehen? Sehen sie
nicht so oft nur Laune und Willkür, Wollust und frechen
Unglauben und unverantwortliche Schwäche und sinnliche
Weichlichkeit? Ziehen und strafen diese Eltern denn auch im
Namen Gottes? gehen sie auch mit ihren Kindern zusammen

ins Gotteshaus? beten sie denn auch zu Hause mit ihnen? Wo soll der Gehorsam gegen Vater und Mutter herkommen, wenn die Kinder an Vater und Mutter keine Gottesfurcht sehen? oder wenn das, was der eine Theil aufbauet, der andere Theil durch seine Gottlosigkeit, durch seine Kirchenverachtung und durch sein böses Beispiel niederreißt? Und jenes Wort des Joseph: „Wie sollt' ich ein solch Uebel thun und wider den Herrn, meinen Gott sündigen!" bringt es heute noch lebenswarm aus jeder jugendlichen Brust hervor, wenn die Lügenbilder der Sünde und Versuchung sich ihr nahen? Ganz anders lautet oft die Rede der Jugend heutzutage! Sie meint mit manchem Erwachsenen und Alten: man könne nicht sogleich fromm werden, man müsse die süßen Früchte der Welt erst kosten. Dieses Gelüsten nach den süßen Früchten der Welt bringt denn auch gar Manche dahin, daß sie, da sie Gott nicht fürchten, auch Vater und Mutter verachten, das Gotteshaus nicht betreten, das Wort Gottes für veraltet und unnütz halten, sich gegen Vorgesetzte und Obrigkeit auflehnen und so mit Gewalt Gottes Strafgericht vom Himmel herunterziehen. Denn ohne Gottesfurcht ist kein wahrer Friede im Lande, kein wahrer Segen im Hause. Wo die Gottesfurcht nicht ist, da wird kein Wort des Herrn gehalten, da wird jedes Gebot übertreten. Seht nun, warum unser Katechismus-Vater, Luther, bei jedem Gebote zuerst saget: wir sollen Gott fürchten.

Halten wir uns also, m. Fr., ja nicht für Thäter des Wortes, ehe wir uns darüber Rechenschaft gegeben, ob wir denn Gott auch wirklich über alle Dinge fürchten, ja, ob wir einmal auch recht erkennen, was das heißt. Denn wahrlich, damit ist Gottes Gebot noch nicht erfüllt, daß wir dieses thun und jenes lassen. Frage Dich doch einmal, mein Christ, aus welcher Rücksicht, mit welcher Gesinnung und Absicht thust Du dies und lässest Du jenes? Du wirst keinen tödten, denn das ist ein Verbrechen vor aller Welt; alle Welt verdammet Dich, wenn Du solche Sünde begehest. Aber im eigenen Hause, wo Du Dich gehen lassen kannst, wie Du willst, da bei jeder Gelegenheit auffahren und zürnen, Deine Untergebenen rücksichtslos behandeln, Neid und Haß und Unversöhnlichkeit Tage, Wochen und Jahre lang mit Dir herumtragen, das thust Du ohne weiteres. Sage nun: was ist Dein Halten der Gebote, was ist Dein Christenthum? Ja, Du kannst vielleicht vor der Welt die Freundlichkeit und Zuvorkommenheit, die Wohlthätigkeit, die Sanftmuth und Demuth selbst sein, — warum? weil man Dich dafür lobt. Zu Hause lässest Du Dich aber so ganz in Deiner Unfreundlichkeit und Trägheit, in Deiner Selbstsucht, in Laune und Willkür gehen; da willst Du keine Last tragen, da willst Du nichts dulden, weil Du da eben vollkommene Macht und Gewalt hast und Niemand sich unterstehen darf, Dich zu tadeln. Sage: was ist es da mit Deiner Liebe? Oder Du, Du wirst Dich hüten, das Eigenthum Anderer anzurühren; Du weißt, in welchen Ruf das Stehlen und Betrügen bringt, ja Du hältst es selbst für einen Greuel. Aber am Tage des Herrn Dich Deines Geldgewinnes zu begeben, am Tage des Herrn Dein Handthieren und irdisches Sinnen und Trachten einzustellen, das hältst Du für überflüssig, weil eben hundert Andere es auch thun, die doch eben nicht im Rufe der Sabbathsschänder stehen. Oder Du möchtest Keinem einen Schimpf und Spott ins Gesicht sagen, Du fürchtest, daß es Dir üble Folgen bringen könnte; aber hinter dem Rücken zu reden, zu richten, zu schmähen über Deinen Nächsten, das thust Du ohne weiteres; denn da kann Dir der Geschmähete eben nichts anhaben, und hundert Andere thun es auch. — Ich bitte Euch, m. Fr., gehet doch einmal so nach den zehn Geboten Euer Thun und Lassen durch und saget es Euch doch ganz aufrichtig, was Eurem Thun und Lassen eigentlich jedesmal zu

Grunde liege. Erschrecken werden wir, wenn wir sehen, wie viel Heuchelei, wie viel Lügengeist, wie viel Eigennutz und Selbstsucht aller Art uns zum Thun und Lassen treibt, und wie wenig dagegen wahre redliche Gottesfurcht die Triebfeder unseres Denkens und Handelns ist. Und Ihr wisset ja, was nicht daraus hervorgeht, — was es auch sei, — das ist Sünde; denn Gott siehet das Herz und nur das Herz an. Wollte aber Jemand dennoch mit jenem Jünglinge im Evangelium sprechen: das Alles habe ich gehalten von meiner Jugend auf; — wollte Jemand sich steifen auf seine Gottesfurcht, daß er sie stets im Herzen getragen, dem lege ich die Frage vor: erschrickst Du auch schon vor jedem unreinen Gedanken, vor jedem Sündenbilde, vor jeder bösen Lust, die sich in Deinem Herzen regt, auch ohne daß sie Jemand kennt und ahnet und weiß? Nicht wahr? Vieles ist in Dir gewesen, manches hast Du gedacht, manches mit Dir herumgetragen, was Du auch für Alles in der Welt nicht einem Menschen sagen könntest. Ja, Du erschrickst vielleicht schon bei dem Gedanken, wenn die und die das und das von Dir wüßten; wenn sie an jedem Tage in Dein Herz gesehen, was könnten sie von Dir denken? Siehe, davor erschrickst Du, davor fürchtest Du Dich; aber vor dem heiligen, allwissenden Gotte, vor dem alle Deine Gedanken bloß und entdeckt liegen, vor Ihm, der das Herz und nur das Herz ansieht, vor dem hast Du jenes Alles, was Du dem Menschen für keinen Preis sagen möchtest, doch gedacht und in Dir herumgetragen, ohne zu erschrecken, ohne Dich zu fürchten. Sage nun, wirst Du Dir noch einbilden, daß Du Dein Leben lang die Gebote gehalten und Gott über alle Dinge gefürchtet hast? Wahrlich! wer von uns aus der Wahrheit ist, der wird bei solcher Selbstprüfung mit Schrecken sagen müssen: ich bin ein Uebertreter aller Gebote Gottes, ein elender Sünder bin ich, der täglich, stündlich Gott und die Furcht vor Ihm vergessen und aus den Augen gesetzt hat. Wahrlich! ich habe Ursache, Gottes ganzen Zorn zu fürchten.

Aber ach! wie lange sagen wir uns das vielleicht schon? wie lange erkennen wir vielleicht schon den Mangel an Gottesfurcht in uns? Und wie lange wissen wir schon, daß Gott ein strenger, eifriger Gott ist, der die Sünde und Gottvergessenheit nicht ungestraft lassen kann? Wie lange haben wir uns vielleicht schon herumgeschleppt mit jenem Unfrieden, mit jener Angst und Sorge der Welt, mit jener Furcht vor tausend anderen Dingen, mit jener Zerrissenheit des Herzens, mit jenen Gewissensqualen über unsere Uebertretungen, wohl wissend, daß das Alles daher komme, weil wir Gott den Herrn nicht über alle Dinge fürchten!

Und doch bleibt es immer beim Alten, doch lassen wir uns täglich gehen, doch können wir alle Tage nur klagen und seufzen, daß wir nicht gewacht, daß wir Gott nicht beständig vor Augen gehabt, daß uns bei unserem Denken, Reden und Thun seine Furcht nicht regiert hat.

IV.

Christen, woher nehmen wir nun, was uns Noth thut? Woraus lernt das irdisch gesinnte und in seiner Sünde und Blindheit so sichere Menschenherz, woraus lernen wir mit unserem verkehrten, Gott immer nur widerstrebenden Willen Gottesfurcht? Wer lehrt uns, die wir vor tausend anderen Dingen erschrecken, aber über unser eigenes sündliches Verderben und über das bodenlose Elend unseres Herzens so ruhig und sicher weggehen, als ob es damit gar nichts auf sich hätte, — wer lehrt uns, Gott über alle Dinge zu fürchten?

Nur ein Mittel gibt es, welches den Sünder herausreißen kann aus seiner Gottlosigkeit; ein Mittel hat Gott den Christen verordnet, aus welchem wir nehmen sollen, was uns Noth thut. Wer daraus nicht lernet die Furcht vor Gott, der lernet sie aus keinem Dinge, dem ist nicht zu helfen.

Gott hat sich in seinem Sohne selbst für uns dahingegeben. Er hat Ihn, der von keiner Sünde wußte, für uns zur Sünde gemacht. Auf Ihn hat Er unsere Krankheit und Strafe gelegt. Was ist das ganze Leben des Sohnes Gottes anders, als ein Abbüßen unserer Sündenschuld? was ist das Leiden und Sterben Christi anders, als ein Tragen der ewigen Strafen unserer Sünde? Ja, an seinem lieben Sohne hat Gott der Herr es aller Welt gezeigt, daß Er ein starker, eifriger Gott ist, ein Rächer alles Bösen, der keine Sünde ungestraft läßt. An seinem lieben Sohne hat Gott es für alle Ewigkeit mit Flammenschrift geoffenbaret, daß Er der Sünde Feind, daß Er ein schrecklicher Gott, daß er ein verzehrend Feuer ist. Denn an seinem lieben Sohne hat Er mit unwiderruflicher Gerechtigkeit gestraft die Sünden der Menschen. Das war der Preis unserer Erlösung, das kostete es, um auch nur eine Menschenseele vom Verderben zu erretten! Solch ein Lösegeld mußte für Dich und für mich und für uns Alle gezahlt werden; es mußte, sage ich; denn Gott ist ein heiliger und gerechter Gott, und eher müssen Himmel und Erde vergehen, ehe mein Wort vergeht, das im Gesetze geschrieben steht. Eher müssen Himmel und Erde vergehen, ehe auch nur eine Sünde ungestraft und unverdammt bleibt. Gott hat die Sünde gestraft, er hat sie verdammt an seinem lieben Sohne. Begreifet Ihr es nun, Christen, welch ein Ernst in dem ist, den wir unseren Gott und Herrn nennen? begreifet Ihr es nun, daß Gott sich nicht spotten läßt; versteht Ihr nun, was es mit der Furcht vor Gott auf sich habe? Wahrlich, wer bei dem Hinblicke auf den gekreuzigten Christum, auf den um unserer Sünde willen Gekreuzigten, — wer da nicht erschrickt vor seiner Sünde, wer da nicht erbebt vor Gottes Zorn, wer da nicht lernet, Gott zu fürchten über alle Dinge, der lernt es nirgends, der ist verloren, wie Israel in seiner Unbußfertigkeit und Verstocktheit bis auf den heutigen Tag verloren ist! Ach, Christen, wie könnten wir, wenn noch ein Funken Wahrheit und Bußfertigkeit in uns ist, wie könnten wir die gekreuzigte Liebe ansehen und nicht niedersinken vor Ihm, dem drei Mal heiligen, dem schrecklichen, aber auch zugleich dem unaussprechlich barmherzigen Gott, dessen Liebe und Erbarmen kein Maß und Ziel hat? Aus Liebe und herzinnigem Erbarmen hat Er sich ja für uns in seinem Sohne gegeben; aus Liebe und Erbarmen für uns Arme, Verlorene, geschieht ja das Alles, was wir auf Gethsemane und Golgatha, was wir an dem blutigen Kreuze sehen und hören. Es ist kein anderes Mittel, uns zu erretten, es ist kein anderes Lösegeld. Er, Er selbst, der Heilige und Gerechte, nimmt unsere Schuld und Strafe auf sich. Er läßt als Menschensohn sein Leben für die Brüder. O welche Tiefe des Reichthums, beide der Gerechtigkeit und des Erbarmens Gottes! Wie gar unbegreiflich sind seine Gerichte und unerforschlich seine Wege! Wer hat des Herrn Sinn erkannt und wer ist sein Rathgeber gewesen? Ach, wir können nur dies Eine sagen: sein Sinn und Rath, am Kreuze geoffenbaret, es ist unsere Seligkeit!

Und so laßt uns denn, meine Geliebten, täglich, stündlich niedersinken vor dem Kreuze Jesu und da lernen das Eine, was uns Noth thut: Gott zu fürchten über alle Dinge. Da, da unter dem Kreuze nur, da hört sie auf, die Sicherheit und Gottvergessenheit, da hört sie auf, die heuchlerische Frömmigkeit, der Augen= und Lippendienst. Dort, dort unter dem Kreuze nur, da hört sie auf, die selbstgeschaffene Qual der Creaturenfurcht, da hört sie auf, die knechtische Furcht vor Gott, die als ein unerträgliches Joch auf dem Herzen lastet. Unter dem Kreuze nur, da lernen wir die kindliche, die christliche Gottesfurcht, die froh und frei, die hier schon selig macht, die einzig und allein nur fürchtet, die Liebe ihres Got=

tes zu betrüben, die Gnade ihres Herrn zu verlieren. Da nur lernen wir wachen und beten und vor Gottes Augen wandeln.

O so lasset uns denn, Geliebte, täglich zum Kreuze Christi kommen, wie wir sind. Dort wird uns immer die Lebensquelle fließen; dort werden uns die Augen über uns selbst und über das Wesen unseres Herrn und Gottes immer mehr aufgehen; dort werden wir aber auch empfangen Gnade um Gnade und in der That und in der Wahrheit lernen: nichts, auch gar nichts, sondern nur Gott allein fürchten über alle Dinge. Dazu gebe denn der Herr selbst Euch Allen seinen Segen. Amen.

III.
Dritte Predigt über das erste Gebot.

Herr Gott, Vater! Also hast Du die Welt geliebt, daß Du das Liebste, was Du hast, Deinen eingebornen Sohn, gegeben. Und für das forderst Du von uns nur unser Herz, Du willst von uns nur Liebe. O, wie müßten wir das auch heute mit Freuden darbringen! Wie müßte auch heute jeder Pulsschlag, jeder Gedanke, jede Kraft in uns Liebe sein, Liebe zu Dir, der Du uns zuerst geliebet!

Aber ach! wir verstehen Deine große Liebe zu uns armen Sündern immer noch nicht; wir wissen noch immer nicht recht, daß Du nur unsere Seligkeit willst, wenn Du von uns unser Herz, wenn Du Liebe von uns begehrst. O siehe mit Erbarmen auf unsere Armuth, auf unseren Mangel, auf unser kaltes, liebloses Herz! Gib uns Deinen Geist, lehre uns Deine Liebe, lehre uns Dich lieben! Darum bitten wir Dich für diese Stunde. Sei Du mit uns, dann kommt die Liebe in uns; denn Du, Gott, Du bist die Liebe. Amen.

Wir setzen heute, versammelte Christen, unsere Katechismus-Betrachtungen fort, und zwar stehen wir, wie Ihr Euch erinnern werdet, bei dem ersten Gebote, welches wir auch heute noch vor uns nehmen wollen. Höret es mit Andacht.

2 Mos. 20, 2 und 3.

„Ich bin der Herr dein Gott, der ich Dich aus Aegyptenland, aus dem Diensthause geführt habe. — Du sollst keine anderen Götter haben neben mir."

Luthers Erklärung.

Wir sollen Gott über alle Dinge fürchten, lieben und vertrauen.

Das zweite Hauptstück aus dem verlesenen Gebote soll heute der Gegenstand unserer Betrachtung sein. Dies lautet aber:

„Wir sollen Gott fürchten über alle Dinge."

Lasset uns nun sehen:

I. was das eigentlich heiße,
II. warum Gott dieses vor allem Anderen fordere,
III. wie es um die Erfüllung desselben bei uns stehe, und
IV. wodurch wir allein zur Erfüllung desselben kommen können.

I.

Also, was heißt das: wir sollen Gott über alle Dinge lieben? Wonach unser Herz sich sehnt, wonach es verlangt, woran es sich hängt, was es haben und besitzen möchte, wem es sich hingibt, was es erfreut, was ihm angenehm ist, — das liebt es. Verlangt Dein Herz vor Allem nach Geld, nach Ehre und Wolluſt dieſes Lebens, ſo liebſt Du eben das. Iſt Dir Menſchenlob und Schmeicheln angenehm, erfreut Dich die Augenluſt, hängt ſich Dein Herz an das, was in dieſer Welt iſt, gibſt Du Dich dieſer Neigung oder jener Liebhaberei oder dieſer Leidenſchaft und jenem Laſter hin, — ſo liebſt Du eben das. Nun will Gott aber, wir ſollen Ihn über alle Dinge lieben oder, wie es ausdrücklich in ſeinem Worte heißt: Liebe Gott von ganzem Herzen, von ganzer Seele, von ganzem Gemüthe, von allen Kräften. — Was fordert er damit? Doch offenbar, daß wir unſere Liebe auf keine Weiſe theilen, daß wir ſie keinem Dinge, als ſolchem, ſondern nur Ihm allein zuwenden. Wir ſollen Ihn nicht allein mehr lieben, als alle Dinge, ſondern wir ſollen kein Ding, keine Creatur, als ſolche, lieben: nur Gott allein ſollen wir lieben über alle Dinge und in allen Dingen. So muß es ſein, weil niemand zween Herrn dienen kann, und weil es ſonſt nicht hieße: Liebe Gott von ganzem Herzen, von allen Kräften. Gott fordert das ganze Herz, die ganze Seele, das ganze Gemüth, alle Kräfte. Nichts von unſerem ganzen Menſchen darf irgend etwas Anderem, außer Gott, gehören; Ihm allein müſſen wir mit Allem, was wir ſind und haben, gehören; nach Ihm allein verlangen, Ihn allein beſitzen, in Ihm allein unſere Freude, unſere Ruhe, unſer Alles ſuchen wollen. Das heißt im Sinne der Schrift: Gott über alle Dinge lieben. Doch hier könnte jemand ſagen: ſoll ich denn nun Vater und Mutter, Weib und Kind und meine Nebenmenſchen, ſoll ich die übrigen Dinge, die Gott mir zum Segen doch erſchaffen hat, denn gar nicht lieben? Soll ich von meinem Kinde, das mich ſo lieblich anlächelt, mir ſein Händchen entgegenſtreckt, mich kalt wegwenden? Soll ich zu den Blüthen und Blumen im Sommer ſprechen: blühet immerhin, ich darf mich an euch nicht freuen? Chriſten, das wäre ein arger Mißverſtand des Wortes Gottes. Aber es iſt ein Mißverstand, mit dem gar Manche das reine Evangelium von Jesu Christo verdächtigen, als nähme es dem Menschen alle wahre Lebensfreude, als tödte es in ihm alle Menschenliebe und was dergleichen mehr. Ich bitte Euch, lasset Euch durch solche Verdächtigungen, die zum Theil aus Unwissenheit, zum Theil aus Unglauben und böser Absicht kommen, nicht irre machen. Mißversteht das heutige Wort Gottes hier darum auch nicht. Höret und sehet, wie der Herr es meint. Warum hat Er uns Vater und Mutter, Weib und Kind gegeben? warum hat Er Wesen, wie wir sind, neben uns gestellt? Sagt es Euch nicht Euer Christengefühl? Was hättet Ihr von Vater und Mutter, von Weib und Kind, von jedem Menschen, wenn Gott sie nicht nach seinem Bilde geschaffen, wenn nicht etwas von seinem Wesen in ihnen wäre und Euch, aus ihnen entgegenkäme, wenn Ihr in ihnen nicht Gott, den lebendigen Gott fändet? Was hättet Ihr von den Blumen und Blüthen und von allen den schönen Werken, die Gott um Euch gestellt, wenn Ihr in ihnen nicht seine Macht und Güte, wenn Ihr in ihnen nicht seine freundlichen und allweisen Gedanken fändet? Mit Einem Worte: was haben wir von allen Dingen, wenn wir in ihnen nichts von unserem Gotte fühlen, sehen und erkennen? Bedenket einmal diese Fragen recht, meine Lieben, und saget dann, ob Ihr als Christen die Forderung Gottes, Ihn über alle Dinge zu lieben, noch mißverstehen könnet? Ist es möglich, daß der Christ ein Ding an sich, ohne Beziehung auf Gott, lieben kann? Gott allein ist ja das höchste Gut, Gott allein ist ja das einzig Wahre und Schöne, Gott allein ist ja das Ewige, Selige, Unvergängliche. Ohne Gott ist kein Ding etwas werth. Ja, was ist denn die höchste aller Creaturen, der Mensch, ohne Gott? Nur durch Gott hat jedes Ding seinen Werth. Was werden wir also in allen Dingen lieben und suchen müssen? Nichts Anderes, als Ihn, den lebendigen Gott. Und in wel=

chen Dingen oder Creaturen werden wir Ihn am deutlichsten finden, aus wem will Er uns am lieblichsten erscheinen und entgegentreten? Nun, Ihr wisset es wohl: aus der Creatur, die Er nach seinem Bilde geschaffen, aus dem Menschen. Ja, in dem Menschen und durch den Menschen will der ewige, lebendige Gott sich uns vorzugsweise offenbaren; da will Er von uns gesucht und gefunden sein. Darum stellt Er neben das Gebot, Ihn von ganzem Herzen zu lieben, das Gebot: liebe deinen Nächsten als dich selbst. Darum sagt Johannes: So jemand spricht, ich liebe Gott und hasset seinen Bruder, der ist ein Lügner; denn wer seinen Bruder nicht liebet, den er siehet, wie kann er Gott lieben, den er nicht siehet? Begreifet Ihr nun, m. Fr., warum wir Euch immer bitten, Christum lieb zu haben, Ihn zu suchen, auf Ihn zu sehen? Weil in Ihm erschienen ist die Fülle der Gottheit leibhaftig, weil, wer Ihn siehet, den Vater selbst siehet. Begreifet Ihr aber auch nun, was der Heiland an uns armen Sündern gesucht und geliebet? warum er das zerstoßene Rohr nicht zerknickt und den glimmenden Docht nicht ausgelöschet? Wo auch nur ein Fünkchen von dem Ebenbilde Gottes in dem Menschen sich reget, da sucht Er, da wartet Er, da nähret und pfleget, da kräftiget und stärket Er, da will Er nicht verloren gehen lassen, da liebt Er mit mehr als Vater- und Mutterliebe. Begreifet Ihr nun, wie der Christ mit seinem Heilande auch für seine Feinde beten muß, wie Er nicht anders kann, als segnen, die ihm fluchen, wohlthun denen, die ihn beleidigen und verfolgen?

Nun, m. Fr., sollte das Gebot, Gott über alle Dinge zu lieben, noch von uns mißverstanden werden, wahrlich! dann wären wir nicht aus Gott, dann wären wir nicht aus der Wahrheit. Wer aus der Wahrheit ist, spricht der Herr, der höret meine Stimme. O lasset sie uns hören!!

II.

Und so fragen wir denn zweitens: warum fordert Gott vor allem Anderen gerade die Liebe von uns? warum ist die Liebe gerade die Hauptsumme, ja die Erfüllung des ganzen Gesetzes und aller Gebote? und warum hat unser Katechismus=Vater, Luther, also bei der Erklärung jedes Gebotes zu dem: wir sollen Gott fürchten — wir sollen Ihn lieben noch dazu gesetzt? Die Antwort darauf ist sehr einfach. Wir haben ja nichts, das wahrhaftig unser wäre, als eben nur die Liebe. Sehet doch in Euch und um Euch, was habt Ihr denn, das Euch gehört und das Ihr Ihm, dem Herrn, bringen könntet? Ist es nicht Alles Sein? ist es nicht Alles nur von Ihm Anvertrautes und Geliehenes? Spricht Er nicht selbst: Opfer und Brandopfer gefallen mir nicht? Wollte aber jemand sagen: ja das Gute, das man thut, die erfüllte Pflicht, das könnte und müßte man Gott darbringen, — den frage ich wieder: was ist denn all Dein Thun, wenn es nicht eben aus der Liebe zu Gott kömmt? Sieht Gott die Werke, oder sieht Er das Herz an? Ist es nicht am Ende gleichviel, ob der Heide seinem Götzen ein Opfer bringt, oder ob Du Deinen Gott mit dem und dem Werke zufrieden stellen willst, ohne darauf zu achten, wie es mit Deinem Herzen bestellt ist und wie dieses zu dem lebendigen Gott stehet? Oder was ist es denn, wenn Christus sagt: Habt Acht auf Euer Almosen!? und Paulus: Wenn ich auch alle meine Habe den Armen gäbe und ließe meinen Leib brennen und hätte der Liebe nicht, so wäre es mir nichts nütze!? Nein, Christen, unser Gott ist ein heiliger und wahrhaftiger Gott; Er läßt sich mit Lippendienst oder mit der bloßen bürgerlichen Gerechtigkeit oder mit dem guten Rufe und Namen, den jemand vor der Welt hat, und womit der Mensch Ihn sonst noch zufrieden zu stellen trachtet, nicht abfinden. Das Alles ist Seiner unwürdig, das ist des Menschen unwürdig, darin ist keine Seligkeit. Wie Er das Beste, was Er nur hat, dem Menschen gibt, sein ganzes Herz, seine ganze Liebe: so fordert Er auch das Beste, was der Mensch nur hat, sein ganzes Herz, seine ganze Liebe. Ja die Liebe, wie sie das Einzige ist, was der Mensch hat, so ist sie auch das Beste, das Höchste, das Edelste, was er nur hat. Das, m. Fr., brauche ich Euch nicht zu beweisen. Leset das 13. Capitel im ersten Briefe an die Corinther. Da hat der heilige Geist uns ein Wörtchen von der Liebe geprediget, wie es wol nie aus eines Menschen Munde gegangen ist und wol auch nicht gehen wird. Da fängt es an: „Wenn ich mit Menschen= „und mit Engelzungen redete und hätte der Liebe nicht, so „wäre ich ein tönendes Erz und eine klingende Schelle." Da endet es: „Nun aber bleibet Glaube, Liebe, Hoffnung, diese „drei, aber die Liebe ist die größte unter ihnen." Die will Gott haben, die fordert Er von uns.

III.

Geben wir Ihm nun die, m. Fr.? Oder fordert Er, der uns seine ganze Liebe, der uns sich selbst gibt, fordert Er zu viel, wenn Er Liebe begehrt? Er will ja nur unser Herz. Ist das zu viel? Hat er das nicht verdient? Christen, wenn Ihr aus der Wahrheit seid, wenn Ihr jemals geschmecket, wie freundlich der Herr ist, müßtet Ihr dann nicht mit Ei= nem Munde und mit Einem Herzen bekennen: „Ja, wahr= „lich! jeder Pulsschlag, jeder Gedanke, jede Kraft, unser „ganzes Denken und Sinnen, Leib, Seele und Leben, — „Ihm, Ihm, dem lebendigen Gott allein, müßte das Alles „gehören. Keine Stunde des Lebens dürfte vergehen, wo wir „Ihn nicht gesucht, uns nach Ihm nicht gesehnt, wo wir „nach seinem Willen nicht gefragt, wo wir auf seine Winke „nicht gewartet und geachtet hätten. Kein Tag des Lebens „dürfte uns dahin gehen, wo wir nicht nach seinen Befehlen „getrachtet, wo nicht sein Wort die Speise unserer Seele ge=

„wesen." Ach! und ist denn irgend ein Ding, wie groß und wichtig, wie angenehm und begehrlich es auch der Welt scheine, ist es denn auch nur einer Sorge, einer Stunde, eines Tages werth, ohne Gott? Ist auch die ganze Welt mit Allem, was sie ist und hat, es werth, daß wir auch nur einen Augenblick unser Herz daran hängen und Gott verlassen? Sagt nicht Johannes: „Habt nicht lieb die Welt, noch was in der Welt „ist. So jemand die Welt lieb hat, in dem ist nicht die Liebe „des Vaters; denn Alles, was in der Welt ist, Augenlust, „Fleischeslust und hoffährtiges Leben, das ist nicht vom Vater. „Und die Welt vergeht mit ihrer Lust." Nein, für Wesen, die nach dem Bilde Gottes geschaffen, taugt keine andere Liebe, als die zu ihrem Urbilde! Für die, welche sich Kinder Gottes nennen, paßt keine andere Sehnsucht, als die nach Gott; kein anderes Verlangen, als nach dem Vater, kein anderer Besitz, als der des höchsten Gutes. Gottes Volk darf nur nach seinem Gotte fragen, Gottes Auserwählte dürfen nur Ihm ihr ganzes Herz, ihr ganzes Leben weihen!

Nicht wahr, m. L., das werdet, das müsset Ihr bekennen? Doch legen wir nun die Hand aufs Herz und fragen wir uns vor dem Angesicht des Allwissenden: thun wir auch das, was wir bekennen? geben wir Ihm das Einzige, was Er verlangt? geben wir Ihm Liebe, geben wir Ihm unser Herz? Christen! was müssen wir uns bei dieser Frage gestehen? Wie müssen wir uns in dem Angesichte des Allliebenden vorkommen? Bleiben wir auch nur bei dem stehen, was wir gestern, was wir heute Morgen dachten, was wir thaten, was wir suchten, wonach wir trachteten. Gehen wir zurück auf die vergangenen Tage und Jahre: „ist Alles, was wir „da geredet und getrieben, um Gottes Willen geschehen? „haben wir auch nur eine Sünde, nur eine böse Gewohnheit, „nur eine Leidenschaft aus Liebe zu Ihm gelassen?" Seine Liebe fordert ja nichts Anderes, als daß wir doch nur das

Heil unserer eigenen Seele, nur unsere eigene Seligkeit täg=
lich und stündlich suchen sollen. Haben wir das gethan?
Und wie Vielem haben wir denn aus Liebe zu Ihm entsagt,
wie Vieles haben wir denn um seinetwillen gekreuziget und
verleugnet, wie viel haben wir denn zu seiner Ehre auf=
gebaut? Weß das Herz voll ist, deß gehet der Mund über.
Ist unser Mund alle Tage übergegangen von Lob und Dank,
von Bitte und Gebet zum Herrn? Was das Herz liebet,
davon redet es täglich, daran denket es Tag und Nacht.
Haben wir von Ihm, dem Barmherzigen und Freundlichen,
alle Tage zu unseren Kindern geredet? haben wir uns mit
Freuden Allem unterworfen, was Er geschickt? haben wir
nie gemurrt? sind wir nie unzufrieden gewesen mit dem, was
Er gab oder nahm? Ach, Christen, wer könnte bei diesen
Fragen seine guten Werke, seine Verdienste und Tugenden
berechnen wollen? Diese Fragen durchschneiden das Herz.
Gott sieht nur aufs Herz, und darum können wir nur sagen:
Herr! was Du forderst, wir geben es Dir nicht; das Ein=
zige, was Du verlangest, unsere Liebe, unser Herz, wir ver=
weigern es Dir täglich und stündlich. Jede Creatur folgt
Deinem Winke. Du sprichst zu der Sonne, und sie gehet
auf und leuchtet und wärmt, und gehet unter auf Deinen
Wink. Du sprichst, und der Mond kehret wieder und scheint.
Du sprichst, und alles Kraut geht auf auf Erden, und die
Blume blüht auf Deinen Wink, und der Baum trägt Frucht
auf Deinen Wink. Alle Creaturen, welche nur Stimmen
haben, sie loben Dich; alle Creatur folget Deinen Befehlen.
Nur dieses Menschenherz, dies Herz, das Du doch vor allem
Anderen zum Wohnplatz der Liebe Dir ersehen, nur dieses
Herz widerstrebet Dir, Du Freundlicher und Gütiger; nur
dieses Herz, darein Du Deinen ewigen Odem doch gehaucht,
das Dein Bild an sich tragen soll, das verleugnet Dich, das
verläßt Dich; dieses Menschenherz, das doch jeden Augenblick

voll Lobens und Rühmens über Dich sein sollte, das allein ist Tage lang stumm und weiß von allem Anderen, aber von Dir, dem Vater und Schöpfer, nichts zu sagen und zu rühmen!

Ach, wie tief müssen wir von Deiner Liebe gefallen sein! Wohin muß unsere Seele sich verirrt, in welche Finsterniß unser Herz gerathen; wie weit, wie weit müssen wir mit all' unserem Sinnen und Trachten von Dir gewichen sein, Du Vater der Liebe! denn das Einzige, was Du forderst, — Liebe zu Dir, — wir haben sie nicht, sie fehlt uns!!

Ja, m. Fr., so ist es mit dem gefallenen Menschen, mit dem Sünder. Das Einzige, was Gott verlangt, er gibt es Ihm nicht, — er hat keine Liebe. Seht, das ist der Sünde Werk und Frucht; das ist des Seelenfeindes List und Trug, daß er dem Menschen die Liebe zu Gott aus dem Herzen gerissen, daß er sein Herz von Gott abgewandt. Seitdem die Sünde in dem Menschen wohnt, seitdem verläßt er Gott und fliehet Ihn und kann nur mit knechtischer Furcht und Zittern seiner gedenken. Und seitdem die Sünde aus des Menschen Herzen die Liebe gerissen und es von Gott abgewandt, seitdem ist all' sein Denken und Thun verderbt, er ist ein Uebertreter des ganzen Gesetzes: denn die Liebe nur ist des Gesetzes Erfüllung.

So steht es also mit uns, wie wir von Natur und aus uns selbst sind; so steht es um jeden unwiedergeborenen und unerlösten Sünder. Es fehlt ihm die Liebe, welche ist des Gesetzes Erfüllung; die Liebe, welche ist das ewige Leben; die Liebe, welche ist Gott selbst: denn Gott ist die Liebe, und nur wer in der Liebe bleibet, der bleibet in Gott und Gott in ihm. Fühlet aber auch nun, was das heißt: mir fehlt die Liebe! Das heißt nichts anderes als: ich bin ein Uebertreter des ganzen Gesetzes Gottes, mich trifft der Fluch, der auf der Uebertretung ruht, ich bin ein armer, verlorener und verdammter Sünder. Das, das muß uns zum Bewußtsein kommen bei dem Worte: Du sollst Gott über alle Dinge lieben. Denn aus dem Gesetze kommt Erkenntniß der Sünde. O daß wir das nun auch nur recht erkennten, daß wir das doch Alle mit Schmerzen fühlten und beweinten! O daß wir uns Alle doch sehnten, herauszukommen aus diesem geistigen Tode, aus dieser Losgerissenheit von Gott; daß uns doch aus Herzensgrunde verlangte nach Lust und Kraft, um Ihn, den lebendigen Gott, zu lieben mit ganzem Herzen!!

„Denn wahrhaftig, Gott will nicht des Sünders Tod, „sondern daß er sich bekehre und lebe. Und kann auch die „Mutter vergessen des Säuglings, daß sie sich nicht über den „Sohn ihres Leibes erbarme? Vergäße sie sein, ich will dein „nicht vergessen!" (Jesaia 49, 15) spricht der Herr.

Ja wahrhaftig, wir können aus dem Tode in das Leben, wir können aus der Sünde in die Gerechtigkeit, wir können aus der Feindschaft in die Liebe kommen!!

Doch wie? das lasset mich Euch Viertens noch sagen.

IV.

Man hat sich viel darum gemüht, zu zeigen und zu beweisen, auf welche Weise in dem Menschenherzen die Liebe zu Gott zu Stande komme und warum man Ihn nothwendig lieben müsse. Die Worte, die man dabei gemacht, die klingen recht gut, aber mit der That sieht es übel aus; denn die Liebe, die ist etwas, was man dem Menschen weder andemonstriren, noch anbefehlen, noch abzwingen kann. Freiwillig will sie gegeben sein, sonst ist es keine Liebe. Und das ist es eben, warum es sich handelt; das widerstrebende, feindlich gegen Gott gesinnte Herz zum freiwilligen Gehorsame, zur hingebenden Liebe zu bringen. Man hat z. B. gesagt: schon die Betrachtungen der Eigenschaften und Vollkommenheiten Gottes oder seiner Werke in der Natur müßten das

Herz zur Liebe treiben. Oder der Gedanke an das, was Gott uns täglich gibt, der Hinblick auf die Fügungen unseres Lebens und Aehnliches müsse den Menschen schon zur Liebe bewegen. Das ist wol wahr, aber das Alles setzt in dem Menschen etwas voraus, was in ihm, als in dem abgefallenen Sünder, gar nicht ist, — die lebendige, wahre Erkenntniß Gottes. So mag denn vielleicht manche Seele glauben, weil sie nun eben weiß, woraus die Liebe zu Gott entstehen kann, und weil sie nun nicht gerade vorsätzlich Gott widerstreben will, es sei die Liebe zu Gott in ihr. Irret Euch nicht, m. L., unser Herz, wie es ist, braucht mehr, als alle Welt= und Menschenweisheit geben kann. Wir kommen nicht aus dem Tode ins Leben, es werde uns denn das Leben gegeben. Wir kommen nicht aus der Feindschaft in die Liebe, es erscheine uns denn die ewige Liebe selbst und gebe sich uns zuerst. Nicht eher geben wir freiwillig unser ganzes Herz dem lebendigen Gotte, wir erkennen denn, wie er uns arme, verlorne Sünder zuerst geliebt. Darin steht die Liebe, sagt Johannes, nicht, daß wir Gott geliebt haben, sondern daß Er uns geliebt hat. Nun ist sie aber uns erschienen, diese Liebe Gottes; sie ist herabgekommen in unser Elend; unser Fleisch und Blut hat sie angenommen; sie hat gewandelt unter uns; sie hat gesucht, was verloren, und sucht es noch, sie hat gesegnet die Elenden; sie hat erquickt die Mühseligen und Beladenen; sie hat geheilt die Zerbrochenen; sie hat sich für uns mit Dornen krönen und geißeln und kreuzigen lassen; sie hat für die Feinde gebetet. Ja, in Christo, da ist sie uns erschienen, die wesentliche Liebe Gottes, die Liebe zu uns Sündern. Alles, was wir an Christo sehen, das ist Gottes Liebe zu uns, das ist sein Vaterherz gegen uns. Denn wer mich siehet, spricht der Herr, der siehet den Vater. Ohne Christum, wer kann, wer darf es glauben, daß Gott ihn liebt? ohne Christum, wer kann auch nur ein Herz zu Gott fassen?

Das ist ja die Unseligkeit der Sünde, daß der Mensch an die unaussprechliche Liebe Gottes gar nicht glauben kann, daß er sich nicht mit Gott versöhnen kann. Das ist das Werk der Finsterniß, daß sie die Liebe Gottes in des Menschen Brust zur Tyrannei verkehrt, daß sie das sanfte Joch und die leichte Last zur unerträglichen Fessel macht, so daß der natürliche, unbekehrte Mensch alle Gebote Gottes lieber übertreten, als erfüllen möchte. Christus, die gekreuzigte Liebe, das ist das eine und einzige Licht, das diese Finsterniß und Verkehrtheit bricht, das Eine und Einzige, das uns mit Gott versöhnen, das uns an Gottes Liebe und Erbarmen glauben machen, das uns zur wahren Erkenntniß Gottes bringen kann.

Habt Ihr, m. Fr., diese Liebe, wie sie in Christo erschienen und sich für uns dahingegeben, so recht in Euerem Herzen bewegt? habt Ihr es recht bedacht, welch' Unaussprechliches der Sohn Gottes für uns gethan, und was es Ihm gekostet, uns vom Verderben zu erretten? Ach, wenn wir sie sehen könnten, die Liebesarme, wie Er sie täglich und stündlich nach uns ausrecket! wenn wir es Alle wüßten, wie Er vom ersten Hauche unseres Lebens an uns getragen; wie Er uns umgeben; wie Er täglich vor der Thür unseres Herzens gestanden; wie Er durch tausend und tausend Stimmen uns gelockt, gebeten, gewarnt, doch ja zu bedenken, was zu unserem Frieden dienet!

Und nun, da wir seine Liebe erkannten, nun, da wir auf seine Stimme hörten, nun, da wir anfingen, zu glauben an Ihn: mit welchem Erbarmen, mit welcher Langmuth, mit welcher Schonung und Geduld hat Er uns getragen! O Christen! sind Euch die Augen aufgegangen über die Liebe des Heilandes Euerer Seele, habt Ihr in sein Herz gesehen, in das Herz ohne Falsch, in das ewig treue Freundes- und Bruderherz, und müsset Ihr nun bekennen: das ist Gottes Liebe, das ist Gottes Herz, also hat Gott die Welt geliebet! — saget, werdet Ihr dann noch diesem Euerem Herrn und Gotte Euer Herz verschließen, Euere Liebe entziehen wollen? Werdet Ihr hingehen und Euch von Ihm abwenden und Euer Herz mit Freuden noch an die Welt, und was in ihr ist, hängen wollen? Christen! Er will ja nichts mehr, als unser Herz; er fordert ja nichts, als Liebe. Wäre es möglich, daß wir Ihm das verweigerten? Nein, nein, wir können nicht anders, wir müssen Ihn lieben von ganzem Herzen, von ganzer Seele, von ganzem Gemüthe, oder wir haben die Liebe Gottes in Christo noch nie erkannt!

So gebe denn der Vater der Barmherzigkeit Euch die lebendige Erkenntniß seines Sohnes selbst in Euere Herzen, auf daß Ihr begreifen möget, welches da sei die Länge und Breite, die Höhe und die Tiefe seiner Liebe! Er verhelfe Euch aus Gnaden zu der Liebe, welche ist des Gesetzes Erfüllung, welche Gott selbst ist! Er lasse Euch täglich und stündlich fühlen seine Sünderliebe, auf daß Ihr nichts Anderes begehren möget, als Ihm zu gehören mit Leib und Seele und Ihn zu lieben über alle Dinge! Und so lasset uns denn mit einem Herzen ohne Falsch zu Ihm sagen:

> Ich will Dich lieben, meine Stärke,
> Ich will Dich lieben, meine Zier;
> Ich will Dich lieben mit dem Werke
> Und immerwährender Begier;
> Ich will Dich lieben, schönstes Licht,
> Bis mir das Herz im Tode bricht. Amen.

IV.
Vierte Predigt über das erste Gebot.

<blockquote>
Herr! Deiner Hand befehl' ich mich,
Mein Glück, mein Wohl, mein Leben;
Und meine Seele preise Dich,
Dich ehr' mein ganzes Leben,
Sei nur mein Gott
Und einst im Tod
Der Fels, auf den ich traue,
Bis ich Dein Antlitz schaue.
</blockquote>

So sangen wir eben, vielleicht mit warmem Gefühle, mit inbrünstigem Herzen. Wir alle merkten gewiß unter diesem Liede, welch' ein köstliches Ding es ist, auf den Herrn vertrauen und sich nicht verlassen auf Menschen, an den Herrn gedenken alle Wege und sich nicht verlassen auf seinen Verstand.

Aber, Christen, mit dem bloßen Gefühle des Augenblickes ist uns noch gar wenig geholfen. Sich auf den Herrn verlassen von ganzem Herzen, Gott vertrauen über alle Dinge, an Ihn allein sich halten täglich, stündlich und in jeder Lage des Lebens, das will mehr sagen: das ist das größte Kleinod, der reichste Schatz, den der Mensch auf Erden nur erringen kann, das ist das Einzige, was unserer Seele wahre Ruhe, Friede und Freude geben kann. Das will aber erkämpft, erstritten, erseufzt, erbeten und erfleht sein täglich und stündlich.

Seht, und darum will ich heute nach Anleitung der Lutherischen Erklärung des ersten Gebotes in unserem Katechismus zu Euch reden:

„Von dem Vertrauen auf Gott."

Zuvor aber vernehmet das Gebot selbst.

2 Mos. 20, 2 und 3.

„Ich bin der Herr dein Gott, der ich dich aus Aegyptenland, aus dem Diensthause geführt habe. — Du sollst keine anderen Götter haben neben mir."

Luthers Erklärung:
Wir sollen Gott über alle Dinge fürchten, lieben und vertrauen.

Wir sollen Gott über alle Dinge vertrauen! das fordert das erste Gebot von uns.

Lasset uns nun sehen:
I. was das eigentlich heiße,
II. wie es um unser Vertrauen auf Gott stehe, und
III. wie wir zum rechten Vertrauen auf Gott kommen können.

I.

Fragen wir also zuerst, was heißt das: wir sollen Gott über alle Dinge vertrauen? — Worauf Ihr Euere Hoffnung und Zuversicht setzet, worauf Ihr bauet und rechnet, von wem Ihr etwas Gutes erwartet, wem Ihr Euer Herz schenkt, wem Ihr Euer Innerstes entdeckt, wem Ihr Euch hingebt, — dem vertrauet Ihr. Setzest Du, wenn Du krank bist, Deine Hoffnung auf die Arzenei, so vertrauest Du diesem Dinge; rechnest Du auf Deine Verwandten und Bekannten, auf die Gunst, in der Du bei dem und dem stehest, rechnest Du für's nächste und für die folgenden Jahre auf Dein gesammeltes Geld, auf Deine gute Gesundheit und dergleichen, so vertrauest Du eben diesen Dingen. Und gibst Du Dich in dieser und jener schwierigen Lage des Lebens diesem und jenem Menschen hin und suchest bei Menschen Hülfe und bauest auf ihr Versprechen, auf ihre Mittel und Kräfte, so vertrauest Du eben diesen. Und rechnest Du, nun einmal selig zu werden, auf dies und das Gute, das Du gethan, auf Deine Verdienste und Würdigkeit, so vertrauest Du eben darauf.

Nun fordert aber Gott, wir sollen Ihm über alle Dinge vertrauen. Was heißt das? was will Gott damit? Mancher wird bei dieser Frage denken: „Ich weiß sehr wohl, was das „heißt und was Gott damit will. Ihm, dem allmächtigen „Gott, muß man allerdings vor allen Dingen vertrauen, „und es wäre thöricht, wenn man das nicht thäte, da doch „eben Alles in seiner Hand steht. Aber eben so thöricht wäre „es auch, wenn man nebenbei nicht auf dies und das, was „einem doch helfen und nützen kann, rechnen, wenn man auf „dies und das, wovon man den Nutzen schon erfahren, nicht „zugleich bauen und vertrauen sollte, seien es nun Menschen „oder irgend andere Dinge, Verhältnisse und Verbindungen. „Und was die Seligkeit betrifft, so muß man darum wol „schon der Gnade Gottes vertrauen; aber nebenbei muß man „doch nothwendig auch auf seine guten Werke und auf seine „Verdienste rechnen, die man hat." Das ist, wenn auch nicht immer die offene Sprache, doch gewöhnlich der eigentliche Sinn gar Vieler. Was meint Ihr nun wol, Christen, hat der Herr beim ersten Gebote das im Sinne? und ist es genug, wenn wir Ihm so vertrauen? Nein, das hat Er nicht im Sinne; solch' ein Vertrauen genügt Ihm nicht. Das brauche ich Euch nicht erst zu beweisen; Gott selbst sagt es in seinem Worte sehr klar und deutlich. Da heißt es z. B.: Niemand kann zween Herren dienen, entweder er wird den Einen hassen und den Anderen lieben, oder er wird dem Einen anhangen und den Anderen verfolgen. Und von jenem, welcher guten Vorrath auf viele Jahre gesammelt und nun so recht sicher in seinen Vorräthen bei sich selber dachte: nun iß und trink, liebe Seele, — von jenem sagt das Wort Gottes: du Narr! diese Nacht wird der Herr deine Seele von dir fordern. Und wie lautet das, wenn es im Worte Gottes heißt: verflucht ist der Mann, der sich auf Menschen verlässet und hält Fleisch für seinen Arm und mit seinem Herzen vom Herrn weichet. Und wiederum: verlaß dich auf den Herrn von ganzem Herzen und verlaß dich nicht auf deinen Verstand; — und: gesegnet aber ist der Mann, der sich auf den Herrn verlässet, und der Herr seine Zuversicht ist. Und wiederum: es ist hier kein Unterschied, sie sind allzumal Sünder und mangeln des Ruhmes, den sie vor Gott haben sollten. Und werden ohne Verdienst gerecht aus seiner Gnade durch die Erlösung, so durch Jesum Christum geschehen ist. — Nun, m. Fr., in diesen Worten sagt es uns Gott doch klar und deutlich, was das heißt: wir sollen Ihm über alle Dinge vertrauen. Ganz offenbar heißt doch das: wir sollen Ihm nicht nur mehr vertrauen, als allen Dingen, sondern wir sollen auf kein Ding rechnen, auf nichts in der Welt sollen wir bauen, auf nichts unsere Hoffnung und Zuversicht setzen, als nur auf Ihn, den allmächtigen, lebendigen, gnädigen und unveränderlichen Gott allein. Das heißt: Gott über alle Dinge vertrauen.

Nun, fordert Gott damit von uns etwas Unrechtes oder Unbilliges? Verdient Er etwa dies Vertrauen nicht von uns, die wir ja doch seine Geschöpfe sind, ja, die wir uns doch seine Kinder zu sein rühmen? Hat Er irgend einmal, was Er versprochen, nicht gehalten? Hat Er jemals sein Wort gebrochen? Hat Er irgend jemand, der auf Ihn seine ganze Zuversicht und Hoffnung setzte, verlassen und versäumt? Oder ist in seinem Herzen auch nur irgend ein Falsch, daß wir uns Ihm nicht ganz entdecken, nicht ganz hingeben könnten?

Nein, nein! Hierauf können wir nur mit David sprechen: an dir allein haben wir gesündiget und übel vor dir gethan, auf daß du Recht behaltest in deinen Worten und rein bleibest, wenn du gerichtet wirst. — Gott fordert nichts Unrechtes und Unbilliges. Er fordert ja nur unser Herz; Er will ja nur, daß wir Ihn bitten sollen, wie die lieben Kinder ihren lieben Vater bitten. Er verlangt ja nur, daß wir auf

Ihn, den treuesten Wächter, der nicht Tag, nicht Nacht schläft, alle unsere Sorgen werfen; daß wir Ihm, dem weisesten Lenker und Berather aller Dinge, alle unsere Wege befehlen; daß wir zu Ihm, dem Allergnädigsten und Freundlichsten, ein Herz fassen; daß wir Ihm, dem unveränderlichen Freunde, der so ganz ohne Falsch ist, Alles sagen und klagen, Alles entdecken und mittheilen, daß wir uns selbst mit Leib und Seele Ihm nur so ganz hingeben sollen. Das fordert Gott von uns. Und das ist nicht zu viel, — nicht wahr? so müsset Ihr Alle bekennen. Ach, Er will ja damit nur unsere Seligkeit! Es gibt ja keinen Frieden, es gibt ja keine Seligkeit, als nur darin, daß wir Ihn über alle Dinge, daß wir Ihm allein vertrauen! Ruhelos und gequält ist unser Herz unser Lebelang ohne dieses Vertrauen.

II.

Das wissen wir, das fühlen wir. Schenken wir aber nun Gott dem Herrn unser Vertrauen? Christen, wie steht es um unser Gottvertrauen? Verwechseln wir nicht bloße schöne Redensarten mit dem, wie es wirklich ist, und bloßen Wortkram mit dem, was es in der That und in der Wahrheit sein soll: so werden wir wol gleich von vorn herein bekennen müssen, daß es mit unserem Gottvertrauen etwas gar Jämmerliches, zum größten Theil nur Eingebildetes ist, daß wir mehr oder weniger Alle zween Herren dienen und damit unseren Schöpfer und Vater täglich betrüben und kränken und uns gegen Ihn versündigen. Da möchte wol keiner ausgenommen sein. Denn wahrlich nicht umsonst sagt das Wort Gottes von dem Menschenherzen: „Es ist aber das Herz ein trotzig und verzagt Ding, wer mag es ergründen?" Seht, in diesen Worten ist uns so recht eigentlich das innerste Wesen unseres Herzens geschildert, — trotzig und verzagt, also gerade das Gegentheil von dem, was Gott von uns fordert, das Gegentheil vom Vertrauen auf Ihn. Bleiben wir, um das so recht zu erkennen, für's Erste auch nur bei dem Leiblichen, bei unseren irdischen Verhältnissen stehen. Welch' eine Sicherheit, welch' ein Trotzen, ja welch' einen Uebermuth sieht man nicht oft an den Kindern der Welt, so lange es ihnen wohl geht! „Man hat sein Geld und Gut, man weiß, daß es in jedem Nothfall ausreichen und daß man immer noch darüber haben wird, — wozu braucht man da noch um das tägliche Brod zu bitten? Man hat sein Haus und Gut versichert, es kann einem in keinem Falle verloren gehen; man hat bei Zeiten für die Seinigen gesorgt und im Falle des Todes schon alle möglichen Vorkehrungen getroffen, — was braucht man da zu bitten: Herr, behüte mir das Meine und verlasse Du nicht die Meinen? Man hat sein gutes Einkommen, es hat einem noch nie die tägliche Nahrung und Nothdurft gefehlt, — was braucht man da noch viel nach Gott zu fragen, daß Er einem das Stücklein Brod segnen möge. Und kommt auch diese und jene schwierige Lage, diese und jene Verlegenheit, dieser und jener mißliche Umstand, — nun dafür hat man ja seinen Verstand, seinen Einfluß, seine Mittel und Hülfsquellen hier und dort." Seht, das ist so das gewöhnliche Denken und Trachten des Menschenherzens, so lange es einem wohl und einem das Wasser, so zu sagen, nicht bis zum Munde geht; ja auch dann noch findet sich gar oft nur dieses Trotzige in dem Herzen. Man spricht es freilich nicht aus, man sagt es nicht geradezu: „wir brauchen keinen Gott, wir haben genug an uns selbst!" aber im innersten Grunde des Herzens ist es so und wird zur Zeit wol auch recht sehr offenbar, auf daß das Wort Gottes Recht behalte. Und nun sehet doch einmal recht auf das Menschenherz, wenn es ihm schlimm geht, welch' eine Furcht, welch' eine Angst, welche Verzagtheit kommt da an's Licht! Hier beginnt es an Geld, an Nahrung und Kleidung zu gebrechen; wie fängt man da an, auf dies und das zu sinnen, wie quält man sich ab, wie starrt der ganze Sinn da auf den Mangel hin; wo man geht und steht, kann man den Gedanken nicht los werden; mit Sorgen der Nahrung steht man auf, mit Sorgen legt man sich nieder; nichts erfreut, nichts tröstet einen mehr. Und dabei denkt man immer: man wird's mit seinem Sorgen ausrichten; — denkt aber nicht daran, was das Wort Gottes sagt, wenn es heißt: „es ist umsonst, daß ihr wachet und früh aufsteht und esset euer Brod mit Sorgen," und daß nur an dem Segen Gottes Alles liege. Oder dort bricht eine Krankheit herein. So lange es leidlich geht, hofft man noch immer auf die gute Natur, auf die unfehlbare Wirkung der Arznei. Nun wird es aber von Tag zu Tag schlimmer, da will man sich noch überreden, es sei noch gar nicht so schlimm; da muß einem noch jeder sagen, es wird schon besser werden; da starrt man denn auf die Arzneiflasche, als auf seinen Gott, und siehe, dieser Gott will nicht helfen; da heißt es denn vielleicht erst: „betet für mich, laßt für mich beten!" indeß das eigene Herz von Furcht und Grauen dessen, was da kommen soll, gefoltert wird. Seht, so wenig, so gar nichts trauet das Menschenherz aus sich selbst seinem Gotte und Schöpfer zu.

Ach seht, wohin Ihr wollt, im Leiblichen, m. Fr.; gehet sie einmal durch, die täglichen Vorkommenheiten und Verlegenheiten des Lebens; seht doch einmal recht genau zu, was es ist, wonach Ihr bei jeder Vorkommenheit zuerst greifet, und was Ihr bei jeder Verlegenheit zuerst suchet; was es ist, worauf Ihr in guten Tagen bauet; was es ist, woran Ihr in schlimmen Tagen verzagt, — und wahrlich, wahrlich, Ihr werdet bei Euch selbst die Wahrheit des Wortes fühlen: es ist das Menschenherz ein trotzig und verzagtes Ding; es ist kein Vertrauen zu seinem Herrn und Gott in ihm, zu dem Gott, der es doch so gut mit uns meint, der das Gras auf dem Felde kleidet, dem Vogel sein Futter gibt, von dem alle Haare unseres Hauptes gezählt sind.

Und ist es so im Leiblichen mit uns bestellt, wie wird es im Geistigen aussehen? Kann der, welcher dem Herrn seinen Leib nicht einmal anvertraut, kann der, welcher seinem Gotte nicht einmal die Sorgen der Nahrung und Kleidung befiehlt, kann der Ihm seine Seele anvertrauen? Kann er den Geist in seine Hände befehlen? kann er dem Herrn zutrauen, daß Er ihm Gnade, Leben, Seligkeit geben will und geben wird? Nein, das ist eine Lüge, das ist ein Widerspruch. Auch hierin findet sich nur Trotziges und Verzagtes in dem Menschenherzen, — Trotziges, indem man von dem Ernste und Zorne Gottes über die Sünde nichts wissen will. Man widerstrebet dem Rufe zur Buße; man will von einem Armensündersinne nichts wissen; man ärgert sich an der Barmherzigkeit, die Gott einem anbieten läßt; man braucht sie nicht. Man hat seine eigene Tugend und Verdienste und rechnet auf das Flickwerk der eigenen Gerechtigkeit. Man widerstehet Gott. Oder das Herz ist verzagt. Man kann sich das Erbarmen Gottes nicht aneignen; man kann kein Kinderherz zu Ihm fassen. „Allen Anderen kann Gott wol gnädig sein, aber mir nicht; „und hätte ich das nur nicht gethan, dann könnte ich noch „auf Gottes Güte hoffen; und wenn ich nur erst besser und „würdiger wäre, dann könnte ich mich Gott nahen; aber so kann Er mich ja nicht erhören." So seufzt das verzagte Menschenherz und trotzt bei seiner Verzagtheit doch noch immer auf eigene Heiligkeit und Würdigkeit und möchte dem Herrn doch immer noch was Selbstgemachtes bringen, indeß der Herr nur das Herz begehrt. Gehet doch einmal ein in Euer Inneres, m. L., fasset sie doch einmal recht genau in's Auge, Euere geistigen Zustände, Euere täglichen inneren Erfahrungen, Euere Kämpfe, Euere Zweifel und Anfechtungen, und wahrlich, wahrlich, Ihr werdet mit dem Propheten von Euch selbst bekennen müssen: es ist das Herz ein trotzig und verzagtes Ding, wer mag es ergründen?

Seht, in diesen Trotz und in diese Verzagtheit, in dieses Widerstreben und Mißtrauen gegen Ihn, den guten Gott, gegen Ihn, dessen Herz doch so ganz ohne Falsch ist, — darein hat die Sünde uns gebracht. Das war des Seelenfeindes, des Lügenvaters Werk, daß er den Kindessinn aus dem Herzen des Menschen riß, daß er das Vertrauen, das in des Menschen Brust wohnte, wegwandte von seinem Herrn und Gotte und es hinwandte auf die Creatur, auf sich selbst, auf ein Nichts. Das ist der Sünde Fluch, daß der Sünder kein Kindesherz zu Gott fassen und sich bewahren, daß er Ihm, dem ewig Guten, nichts Gutes zutrauen kann. Zu allem Anderen faßt er eher ein Vertrauen, als zu seinem Gotte; zu allem Anderen flieht er eher, als zu Ihm; allem Anderen traut er mehr und Besseres zu, als Ihm, dem Gnädigen und Freundlichen. Ach, das ist ein schwerer Fluch der Sünde: daß das gefallene Menschenherz aus sich selbst nicht anders sein kann, als trotzig und verzagt, so daß es niemand zu ergründen vermag, wie weit dieser Trotz und die Verwegenheit geht, wie tief das Mißtrauen gegen Gott in uns wurzelt.

Fühlt Ihr die Schwere dieses Fluches, m. Fr., beim Eingehen in das eigene Herz? Fühlt Ihr, welch' eine Versündigung dieses tägliche Trotzig- und Verzagtsein gegen den Herrn unseren Gott ist? Fühlt Ihr die Unruhe, die Angst, die Qual, die täglich daraus kommt, daß wir Gott, dem Herrn, nicht über alle Dinge, daß wir nicht Ihm allein vertrauen, daß wir nicht bei Ihm allein Alles suchen, auf Ihn allein nur sehen, auf Ihn allein nur hoffen, an Ihm allein genug haben und in Ihm ruhen? Fühlt Ihr das, wahrlich, dann müsset Ihr Euch auch sehnsüchtig umsehen, dann müsset Ihr mit heißem, innigem Verlangen fragen: wie kommen wir los von diesem Fluch der Sünde? wie werden wir frei von dieser täglichen Unruhe und Qual? wie kommen wir heraus aus diesem trotzigen und verzagten Wesen unseres Herzens? wie kommen wir zum Kindessinn, zum Vertrauen auf den lebendigen Gott?

III.

Diese Fragen will ich Euch heute kürzlich noch im dritten Punkte unserer Betrachtung beantworten. So viel werdet Ihr wol schon heraus haben, daß wir bei Beantwortung dieser Fragen aus dem Gesetze nichts werden brauchen können; denn das sagt nur „du sollst," das decket uns nur unsere Sünde auf. Wenn jemand zu Euch sagen würde, „du sollst mir vertrauen," ohne daß Ihr sein innerstes Herz kenntet, ohne daß Ihr irgend eine herzliche Neigung zu Ihm hättet, ja es wäre vielleicht etwas Feindliches gegen ihn in Euch, Ihr würdet sagen: ich kann ihm nicht vertrauen. Nicht wahr? Nun eben um dieses Können, um dieses innerste Wöllen, um diese herzinnige Zuneigung zu Gott, darum handelt es sich ja eben.

Das müssen wir aber Alles da suchen, wo nicht der tödtende Buchstabe, sondern der lebendigmachende Geist waltet, — ich meine: im Evangelium. Ach, wie viel hat Christus zu uns Sündern reden, wie viel hat Er an uns thun, wie sauer hat Er es sich werden lassen müssen, nur um die natürliche Feindschaft des Menschenherzens gegen Gott einigermaßen zu dämpfen, nur um das Trotzen der Sünder gegen Ihn einigermaßen zu besänftigen. Welche Arbeit und Mühe, welche Thaten und Wunder kostete es, um auch nur auf einen Tag die Verzagtheit und das Mißtrauen gegen Gott bei den Menschen in Vertrauen umzuwenden! Welcher Verheißungen, welcher Tröstungen, welcher Begnadigungen und Erbarmungen bedurfte es, um auch nur einigermaßen die finsteren, satanischen Gedanken, mit denen der Mensch seinem Herrn und Gott nichts Gutes zutraute, in Kindesgedanken, in herzliche Zuneigung und Vertrauen zu verwandeln! Davon, m. Fr., könnet Ihr vom Anfange bis zum Ende der Schrift lesen.

Und doch, obgleich Gott manchmal und auf mancherlei Weise zu den Vätern geredet, obgleich er täglich von seinem Herzen ohne Falsch Zeugniß gegeben, was wäre es gewesen, wenn Er nicht zuletzt durch den Sohn zu uns geredet hätte? Ja, in dem Sohne, da hat Er sein ganzes gnädiges und gutes Vaterherz gegen uns ausgeschüttet, da hat Er seine ganze unaussprechliche Liebe zu uns armen Sündern offenbaret, da hat Er geredet und gethan, was noch kein Auge gesehen, was noch kein Ohr gehöret und in keines Menschen Herz gekommen. Da, in dem Sohne, da müssen wir eine herzliche Zuneigung zu Gott fassen, da muß es schwinden, das Trotzige und Verzagte aus unserem Herzen, da müssen wir Gott vertrauen lernen über alle Dinge, oder wir lernen es nirgends und nimmer.

Sehet Ihn, den wahrhaftigen Gott und wahrhaftigen Menschen. Da steht Er umgeben von Tausenden; sie haben kein Brod; das jammert Ihn, das bricht Ihm sein Herz; Er gibt ihnen Brod, Er sättiget sie, Er gibt ihnen mehr, als sie brauchen. Willst du nun dem Herrn, deinem Gotte, nicht vertrauen, du von Sorgen gedrückte Seele? Fliehe doch zu Christo! Sein Sorgen und Geben, das ist ja Gottes Sorgen und Geben. So jammert es Ihn ja noch täglich um deine Noth. Glaubst du, daß Er den verhungern lassen wird, der Ihm nachfolget, der bei Ihm ist? Oder seht Ihn dort, wie ganze Schaaren von Kranken Ihm nachrufen, — Er heilet sie; und was noch mehr ist: Er machte sie gesund an ihrer Seele, Er vergibt ihnen ihre Sünden. Das ist ja Gottes Sinn über Dich, wenn Du krank bist. Willst Du Ihm nicht vertrauen über alle Dinge? Oder seht Ihn dort bei Sturm und Wellen, wie Er die Kleingläubigen hält und tröstet, wie Er Wind und Meer bedräuet. Das ist ja Gottes Sinn über Dich in jeder Gefahr, in jeder Angst und Trübsal Deines Lebens. Willst Du Dich nicht von Ihm halten und trösten lassen? Oder seht Ihn da wiederum, wie eine Schaar von Müttern ihre Kinder zu Ihm bringet, wie Er sie segnet, wie Er den Jüngern zuruft: "Wehret ihnen nicht, denn sol="cher ist das Himmelreich!" Siehe, das ist ja Gottes Sinn über Deine Kinder, und Du grämest und ängstigest und quälest Dich um sie und willst sie nicht ganz in seine treuen, segnenden Hände geben? Und Du wiederum stehest an dem Sarge der Deinen und weinest. Hörest Du nicht das Wort: "Was weinest Du? Sie lebt! Ich bin die Auferstehung "und das Leben; wer an mich glaubet, der wird den Tod "nicht sehen ewiglich." Das ist ja Gottes Wort, Gottes Stimme, das ruft Er ja Dir zu. Willst Du an dem Grabe der Deinen nicht ein Herz zu Ihm fassen? willst Du noch Raum geben der Traurigkeit der Welt, die ja nur den Tod wirket?

Oder seht den Heiland dort in des Pharisäers Hause; da kommet eine reuige, geängstete Sünderin zu Ihm und weinet. Da spricht Er: "Gehe hin in Frieden, dein Glaube "hat dir geholfen, deine Sünden sind dir vergeben." Und zu jener, über welche die Steine schon aufgehoben: "Hat "dich niemand verdammt, so verdamme ich dich auch nicht; "gehe hin und sündige hinfort nicht mehr." Siehe, das ist Deines Gottes Sinn über Dich, wenn Du geängsteten und zerschlagenen Herzens sein Angesicht suchest. Wirst Du nun noch mit Kain sprechen: "Meine Sünde ist größer, denn "daß sie mir vergeben werden könnte!?" Oder Du zweifelst an Gottes Erbarmen, weil Du so oft dasselbe nicht recht gebraucht hast, so oft untreu gewesen bist. Du seufzest: ach, wie wird es mir im Tode ergehen! wird Gott mir da auch gnädig sein? O höre doch, wie Jesus über das verstockte Jerusalem weinet, wie Ihm sein Herz bricht bei den Worten: "Jerusalem! Jerusalem, wenn du bedächtest, was zu dei="nem Frieden dienet!" und wie Er dem Missethäter in der Todesstunde zuruft: "Wahrlich, heute noch sollst du mit mir im

„Paradiese sein!" Das sind ja Gottes Friedensgedanken über Dich in jedem Augenblicke und auch noch in der Todesstunde.

Aber Du kannst noch kein rechtes Herz zu Ihm fassen, Du seufzest über Deine Schuld, alles Widerwärtige erscheint Dir nur als Strafe aus Gottes Hand. Du seufzest: wer nimmt die Schuld und Strafe meiner Sünden von mir? wer ersetzt mir mein ganzes verlorenes Leben? wer gibt mir die Gerechtigkeit, die vor Gott gilt? wer macht, daß Gott ein Wohlgefallen an mir hat? Denn ohne dies kann ich mir ja nichts Gutes von Ihm versehen. Seele, die du darnach fragest und suchest, die ernsten Wochen, denen wir nun entgegengehen, werden es dich lehren. O siehe da mit rechtem Glaubensauge auf den verspotteten und gegeißelten Jesum, siehe da mit suchenden und verlangenden Blicken auf Ihn, den Gekreuzigten, und dann auf den Auferstandenen. Da werden dir Worte des Lebens in das Herz kommen, da werden Kräfte der zukünftigen Welt in dein Innerstes strömen, da wird Gerechtigkeit, Friede und Freude im heiligen Geiste dich umschweben. Denn siehe, das Alles, was du da sehen und hören wirst, das thut dein Herr und Gott für dich, das that Er, um dich zu erretten vom ewigen Verderben, um dich als sein erlöstes und begnadigtes Kind an sein Herz und einst in seinen Himmel zu nehmen.

O lernet da, m. L., ein Herz zu Euerem Gott und Heilande fassen; lernet doch da, herauszukommen aus dem trotzigen und verzagten Wesen Eueres Herzens. An Christo, der gekreuzigten und auferstandenen Liebe, lernet Gott vertrauen über alle Dinge. Saget da nicht: wir können nicht! Denn da ist ja Alles, Alles, was Ihr brauchet: Lust, Geist, Kraft, Stärke, Wollen und Vollbringen. Kommet nur und nehmet! — So nehmet denn, meine Geliebten, heut noch aus der Fülle Christi Gnade um Gnade. Und jedesmal, wenn Ihr von seinen Herzen ohne Falsch höret, jedesmal, wenn Ihr das Evangelium aufschlaget und von seinem Erbarmen über die Menschenkinder leset, dann denket daran: das ist Gottes Sinn, das ist Gottes Herz, das ist Gottes Thun an mir und Dir und an allen Sündern.

Ob Ihr dann nicht ein Herz zu Euerem Herrn und Gotte fassen werdet? ob Ihr Ihm dann nicht Alles sagen, Alles klagen, Alles entdecken werdet? ob Ihr dann nicht alle Tage und in jeder Lage Eueres Lebens Ihn zuerst suchen, auf Ihn allein hoffen, ob Ihr nicht täglich Leib und Seele in Seine Hände befehlen werdet? ob Ihr dann nicht dahin kommen werdet, zu sagen: nein, ich kann ohne Ihn nicht sein, ich mag nicht leben ohne Ihn; ich will auf nichts bauen, als nur auf Ihn!? — seht, das hieße dann: Gott über alle Dinge, Gott allein vertrauen. Versuchet es einmal; es nicht schwer. „Ich vermag Alles, sagt Paulus, durch den, der mich mächtig „macht, Christus." Das könnet Ihr auch — durch Christum; ohne Ihn aber nichts.

Nun, der Herr gebe Euch zu solchem Wollen und Vermögen selbst seinen Segen. Ja, Er pflanze Euch das Vertrauen zu seinem ewigtreuen Vaterherzen selbst in Euere Seelen durch Jesum Christum, seinen lieben Sohn. Amen.

V.

Erste Predigt über das zweite Gebot.

Es ist in keinem anderen Heil, es ist auch kein anderer Name den Menschen gegeben, darinnen wir sollen selig werden, als allein der Name Jesu Christi.

Ja, m. Fr., mit diesem Namen hat sich der ewige, lebendige Gott selber genannt. Alles was nur von Gott mag genannt werden, sein ganzes Wesen, sein liebendes und erbarmendes Herz gegen uns Sünder, Er hat es in diesem Namen geoffenbaret. Unter dem heiligen, theuren Jesus=Namen ist Er, der wahrhaftige Gott und das ewige Leben, uns erschienen, und hat unter uns gewohnt, und wir haben seine Herrlichkeit gesehen, voller Gnade und Wahrheit. Wo darum in der heiligen Schrift vom Namen Gottes die Rede ist, da sollen wir als Christen vor Allem an den theueren Jesus=Namen denken. Und wo uns geboten wird, daß wir den Namen Gottes heiligen sollen, da müssen wir als Christen immer auch den Namen Jesu vor Augen haben. „Denn wer den Sohn „nicht ehret, der ehret auch den Vater nicht, der Ihn gesandt „hat. Er und der Vater sind Eins. Wer Ihn siehet, der „siehet den Vater. Wer Ihn hat, der hat den Vater. Wer „seinen Namen anrufet und anbetet, der betet Gott im Geiste „und in der Wahrheit an."

Das, m. Fr., müssen wir festhalten, wenn uns als Christen im zweiten Gebote der Mißbrauch des göttlichen Namens verboten und der rechte Gebrauch desselben befohlen wird. Doch höret zuerst das zweite Gebot selbst.

2 Mos. 20, 7.

„Du sollst den Namen deines Gottes nicht unnützlich führen."

Luthers Erklärung:

Wir sollen Gott fürchten und lieben, daß wir bei seinem Namen nicht fluchen, schwören, zaubern, lügen oder trügen, sondern denselben in allen Nöthen anrufen, beten, loben und danken.

„Du sollst den Namen deines Gottes nicht unnützlich „führen." Je theuerer uns als Christen der Name Gottes unseres Heilandes sein muß, je fester wir davon überzeugt sind, daß uns alles Heil darin gegeben ist, desto mehr muß uns daran liegen, uns vor jedem Mißbrauche und unnütz=

lichen Führen desselben zu hüten. Der Herr hat sein unausbleibliches Strafgericht an den Mißbrauch seines Namens geknüpft. Täglich können wir in diese Versündigung gegen das zweite Gebot und in das Strafgericht Gottes fallen.

Darum, m. Fr., gemahnt es mich, heute ausschließlich

„von dem unnützlichen Führen des göttlichen Namens oder von dem Mißbrauche des theueren Jesus=Namens"

zu Euch zu reden.

I.

Den theueren Jesus=Namen, in welchem allein alles Heil dem Menschen gegeben ist, kennen, haben, nach ihm sich nennen und ihn doch gar nicht führen, gar nicht brauchen, ist das etwas Anderes, als ihn unnützlich führen, ihn mißbrauchen? Daß es aber solche Christen geben würde, das sah der Heiland voraus, sonst hätte Er nicht gesagt: wer mich bekennet vor den Menschen, den will ich bekennen vor meinem himmlischen Vater; wer mich aber verleugnet vor den Menschen, den will ich verleugnen vor meinem himmlischen Vater. Wer erkennt diese Verleugnung des göttlichen Namens nicht gleich in Redensarten, wie folgende: „der Zufall hat es so gefügt; das Glück ist ihm günstig; das Schicksal will es; dem Himmel sei's gedankt; der Himmel möge es ihm vergeben; seine Natur hat ihm geholfen," und dergleichen mehr. Das ist die religiöse Sprache der sogenannten Aufgeklärten, auch in unseren Tagen. Man schämt sich, den lebendigen Gott da, wo Er doch so ganz sichtbarlich sich offenbaret, bei seinem Namen zu nennen; es ist einem zu gemein; man glaubt, so etwas gehöre nur in den Mund des niederen Volkes; oder es sei etwas, was nur in die Kirche hinpasse, aber nicht in das Leben, nicht in die Welt. Und läßt man sich auch den Namen Gottes noch gefallen (weil eben jeder sich darunter denken kann, was er nun eben will), vor dem Jesus=Namen hat man eine gewisse geheime Furcht; den über die Lippen zu bringen, ihm vor aller Welt die Ehre zu geben, kann man sich nicht überwinden. Man sagt: er sei zu heilig, als daß man ihn brauchen dürfe; oder man fürchtet sich, durch Nennen desselben am Ende zu den Galiläern gezählt zu werden, und was man noch Alles für Gründe hat, womit man seinen Unglauben und seine Feindschaft gegen Jesum zu entschuldigen suchet. Ich sage: seinen Unglauben und seine Feindschaft gegen Jesum. Denn wer an Ihn glaubet, wer sein Freund ist, sollte der von Ihm schweigen können, — gegen die nächsten Seelen, Gattin, Kinder, Verwandte, schweigen können? Saget nicht der Herr selbst: weß das Herz voll ist, deß gehet der Mund über? Hast Du nun auf Deiner Kammer die Kraft und das Licht und den Segen des theueren Jesus=Namens erfahren: kannst Du Ihn dann noch vor der Welt verleugnen? Hast Du in Ihm das höchste Gut, Deine Seligkeit, Dein Ein und Alles gefunden, bist Du gewiß, daß Du ohne seine Erkenntniß ewig verloren wärest: kannst Du dann grausamerweise Deinen armen Brüdern vorenthalten, was auch sie allein nur zur Seligkeit führen kann? Oder muß Dein Herz täglich die Gnade und Erbarmung des Heilandes loben, der Dich wie einen Brand aus dem ewigen Feuer errettet hat: wie könnte da Dein Mund doch schweigen von seinem Ruhme? Nein, das ist nicht möglich! Oder Du kennest den theueren Jesus=Namen in Wahrheit noch gar nicht: ach, und das, ja, das ist der Grund, warum vielleicht gar Manche Ihn noch heute vor der Welt verleugnen, sich seines Namens schämen und Ihn gar nicht brauchen. Sie kennen und erkennen Ihn nicht. Kenneten sie Ihn erst, gäben sie erst die alten Vorurtheile auf, die sie gegen Ihn haben, sie würden bald aus Leugnern Bekenner werden. Aber es ist ihre Schuld, daß sie Ihn nicht kennen lernen wollen; es ist ihre Schuld, daß sie sich einen anderen Jesum aufschwatzen lassen; es ist ihre Schuld, daß sie sein Wort nicht nehmen und selbst suchen und sehen, wer Jesus ist; es ist ihre Schuld, daß sie die Predigt von seinem Namen verachten, daß sie die Welt lieber haben und sich mit allem Anderen lieber befassen und ergötzen, zerquälen und zersorgen; es ist ihre Schuld, daß sie nicht kommen und den Namen suchen, in dem allein das Heil gegeben ist. — Es strafet sich dieser Mißbrauch des Namens Jesu, dieses Nichtbrauchen, dieses Verleugnen desselben selbst, hier zeitlich und dort ewiglich. Hier zeitlich; denn Alles, Alles geht solchen Seelen verloren, was in dem Namen Jesu nur dem Menschen gegeben ist. Und kommt ihnen hier auf Erden noch äußerlich Manches davon zu gute (da Gott seine Sonne über Gerechte und Ungerechte scheinen läßt), — es trifft sie das schmerzenreiche Wort des Herrn: „Der mein Brod isset, tritt mich mit Füßen." Nun, und was einst mit ihnen sein wird, das saget der Heiland sehr bestimmt: Er wird sie verleugnen vor seinem himmlischen Vater.

O darum, m. L., lasset es uns mit dem Gebrauche und mit dem Bekennen des Namens Jesu doch ja genau nehmen! Ihr sehet, welch ein Gewicht der Erlöser selbst darauf legt. Wie Viele von uns seinen Namen kennen und seine beseligende Kraft erfahren haben, so Viele lasset uns auch, gegen den Unglauben und die Gottlosigkeit unserer Zeit, treu bei dem Bekenntnisse desselben verharren und uns Seiner nirgends schämen. Ja, es sei unsere größte Ehre, wenn wir über diesem Bekenntnisse Schmach leiden müssen; es sei unser größter Ruhm, wenn uns die Welt um Jesu willen für Narren hält. Selig seid ihr, so rufet Jesus seinen Bekennern zu, selig seid ihr, so euch die Menschen um meinetwillen schmähen und verfolgen und reden allerlei Uebels wider euch, — so sie daran lügen. So sie daran lügen. Lasset uns das wohl merken. Denn alles Bekennen und alles Brauchen und Führen des

Namens Jesu ist nichts, ja ist ärger noch, als das Verleug=
nen, wenn wir ihn nicht recht brauchen. Darum, m. Fr.,
versündigen wir uns nicht minder, wenn wir

II.

den Namen Gottes unseres Heilandes leichtsinnig, gedanken=
und glaubenslos brauchen.

Wie oft hört man die Rede „Herr Jesus!" oder „ach
Gott! bei Gott! so wahr Gott lebt!" Und sieht man nun,
bei welchen Dingen diese heiligen Worte gebraucht, aus wel=
chem Herzenszustande sie herausgesprochen werden: in welchem
gräßlichen Widerspruche stehen da oft Wort und That und
Herz! Saget nicht, es wäre zu kleinlich, darauf zu achten,
man thäte es ja nur aus Gewohnheit, man habe keine böse
Absicht, man denke eben nichts dabei. Das ist eben die Ver=
sündigung, daß man bei allen anderen Dingen seine Worte
wohl zu wählen weiß, daß man da sich wohl hütet, nichts
Ungeschicktes, Unanständiges zu brauchen, daß man sich recht
abquälen kann, was und wie man dies und das nun sagen
wird. Aber auf das Heiligste und Theuerste achtet man nicht,
dabei will man nichts denken. Denkest Du doch etwas, wenn
Du einen Menschen oder sonst irgend ein Ding beim Namen
rufest. Wie? und Du willst Deine Gedankenlosigkeit beim
Namen des Höchsten entschuldigen? O, m. L., es ist keine
müßige Empfindelei, wenn es dem Christen jedesmal schmerz=
lich durch die Seele gehet bei solchem leichtsinnigen Gebrauche
des höchsten Namens. Ich will hier gar nicht einmal des
Fluchens, Schwörens und Verwünschens gedenken; ich will
hier nur bei dem leichtsinnigen und gedankenlosen Führen des
göttlichen Namens stehen bleiben. Es ist nichts Uebertriebenes,
wenn dem Gottesfürchtigen dabei bange wird, denn es brennt
ihm das Gebot seines Herrn und Gottes in der Seele. Er
erkennt mit Schrecken, wovon und wie tief der Mensch ge=
fallen ist: daß er nämlich den Namen des Herrn, seines Got=

tes, geringfügiger behandelt, als jeden anderen Namen, ja daß er ihm ein leerer Schall, ein Nichts ist. — Christliche Eltern, Ihr wollet, daß Euere Kinder Ehrfurcht und heilige Scheu vor dem Namen des Herrn haben sollen; Ihr wisset und wünschet, daß ihnen das zweite Gebot in der Schule recht eingeprägt werde! Habt Ihr aber auch darauf Acht, was die Kinder von Euch hören? Hütet Ihr Euch auch, den Namen Gottes unnützlich zu führen? Es gilt dies nicht allein von jenen Ausrufungen und Betheuerungen; es gilt vom ganzen Worte Gottes, von allen frommen Reden, die man im Munde führet. Es ist damit noch nicht Alles gethan, wenn Ihr jene ungläubigen, gottlosen Redensarten der Welt in fromme verwandelt und statt vom Zufalle, Glücke und Schicksale, Natur und Himmel zu sprechen, den Herrn, den Heiland, Jesum an die Stelle setzet. Das Uebel kann, wenn man damit schon Alles gethan zu haben vermeint, noch ärger werden: denn nur zu leicht gewöhnet sich das träge Herz an solche Redeweise; nur zu leicht glaubt man, wenn man nur diese Sprache immer habe, so habe man schon das Rechte; nur zu leicht denket man, man glaube an den Herrn, man denke an Ihn und liebe Ihn, wenn man eben bei jedem Dinge nur seinen Namen nennet. Ja man kann wol gar Andere verachten und ohne Weiteres über sie aburtheilen, weil sie nun eben nicht an solche Sprache sich binden wollen. Seid darum nicht schwach, m. L., Euch selbst zu täuschen, aber auch nicht schwach, von Anderen durch Wörter und Namen und Redensarten Euch täuschen zu lassen, am allerwenigsten von den Eurigen. Freuet Euch nicht so übermäßig, wenn Eueren Kindern die frommen Redensarten geläufig sind; sehet vielmehr zu, wie es mit ihren Herzen steht, ob da der Jesus-Name eingegraben ist. Doch dazu müssen wir wol zuerst unsere eigenen Herzen untersuchen. Ja, täglich lasset uns prüfen, ob das, was von Jesu und seinem Worte über unsere

Lippen kommt, uns denn auch wirklich vom Herzen gehe. Es merkt's die Kinder=Seele wohl, ob wir nur reden, um zu reden, oder ob wir nicht anders können, als in Jesu Namen und mit seinem Worte reden. Sie merken es wohl, ob unsere Morgen= und Abend= und Tischgebete nur eine gewohnheits= mäßige Uebung, nur etwas sind, das man wie eine Last trägt und froh ist, wenn man sie nur abgeworfen hat, um sich nun wieder nach Belieben gehen lassen zu können, oder ob unser Gebet aus dem Glauben, aus dem innersten Leben, aus wahr= haftigem Bedürfnisse und Verlangen kommt. Nun, und wenn wir auch Andere mit unserem Reden und Bekennen täuschen könnten: können wir Ihn, den Allwissenden, den Herzens= kündiger täuschen? Seine Augen sehen wohl, ob unser Herz bei dem ist, was wir im Munde führen; seine Augen unter= scheiden wohl die Kälte und Lauheit unseres Herzens, und seine Ohren lassen sich durch ein bloß warmes Reden nicht betrügen. — O Christen, legen wir die Hand aufs Herz und fragen wir uns: Haben wir nicht so oft geredet, was in unserem Herzen gar nicht war? haben wir nicht oft mehr Glauben an Jesum, mehr Wärme für Ihn vorgegeben, als wir wirklich im Innersten hatten? haben wir nicht so oft von unserer Sünde, von unserem Elende, von unserer Ar= muth gesprochen, und es war gar kein Schmerz über uns selbst in unserer Seele, wir gingen vielleicht gleich darauf hin und sündigten viel ärger noch? Und wenn wir darauf zurück= sehen, wie und mit welchem Sinne wir jedesmal das göttliche Wort gelesen, mit welcher Gleichgültigkeit wir hier so oft die geistlichen Lieder sangen, mit welcher Zerstreutheit wir so oft herkamen und die Predigt des Wortes Gottes und die Gebete anhörten: ach! dann müssen wir wol bekennen, wir haben den Namen unseres Gottes und Heilandes ohne Glauben, leichtsinnig und gedankenlos, wir haben ihn unnützlich geführt, öfter, als wir es jetzt wissen und uns erinnern können.

Darum so oft diese Leere und Dürre im Gemüthe, darum diese Verzagtheit, dies Hin- und Herschwanken, diese gänzliche Kraftlosigkeit, diese Unluft und dieser Ekel in dem inwendigen Menschen. Es straft sich das leichtsinnige und gedankenlose Führen des Jesus-Namens damit, daß gerade da, wo wir seine ganze Kraft am meisten brauchen, er gar keine Kraft für uns mehr hat, daß wir den Glauben an Ihn verlieren und daß wir von Allem, was dieser Name uns bringen will, zuletzt nur noch die todten Begriffe im Kopfe nachbehalten, aber von der Sache selbst, vom Wesen und von der Wahrheit weit entfernt bleiben. Dann trifft uns das Wort des Herrn: „Dieses Volk nahet sich zu mir mit seinem Munde und ehret mich mit seinen Lippen, aber sein Herz ist fern von mir." Nun, und zu einem solchen Volke kann der Richter, der Augen hat wie Feuerflammen, nur sprechen: „Du hattest den Namen, daß du lebtest, aber du bist todt. Und weil du lau bist und weder kalt, noch warm, so will ich dich ausspeien aus meinem Munde." O darum, m. L., lasset uns wachen über unsere Zunge, mehr aber noch über die Gedanken und das Sinnen unseres Herzens! Wie frei und freimüthig wir auch stets den theueren Jesus-Namen vor aller Welt bekennen sollen: für uns lasset uns zusehen, daß wir ihn nicht leichtsinnig, glaubens- und gedankenlos führen; denn, ach! es gibt noch eine größere Gefahr.

Aus dem leichtsinnigen und gedankenlosen Führen des göttlichen Namens kann bald ein absichtlicher Mißbrauch, ein heuchlerisches Führen desselben werden, da man nach dem Scheine eines gottseligen Wesens jaget, aber seine Kraft verleugnet. Und das lasset uns heute drittens noch bedenken.

III.

Daß sein heiliger, theuerer Name auch so gemißbrauchet werden würde, das sah der Heiland voraus, sonst hätte Er nicht gesagt: „Nicht Alle, die da sagen Herr, Herr, werden

„in das Himmelreich kommen, sondern die den Willen thun
„meines Vaters im Himmel. Es werden Viele zu mir sagen
„an jenem Tage: Herr, Herr! haben wir nicht in Deinem
„Namen geweissaget? Haben wir nicht in Deinem Namen
„Teufel ausgetrieben? Haben wir nicht in Deinem Namen
„viele Thaten gethan? Dann werde ich ihnen bekennen: ich
„habe euch noch nie erkannt; weichet alle von mir, ihr Uebel=
„thäter!" Und im alten Bunde spricht der Herr: „Was ver=
„kündigest du meine Rechte und nimmst meinen Bund in dei=
„nen Mund, so du doch Zucht hassest und wirfst meine Worte
„hinter dich." Des Herrn Rechte in den Mund nehmen und
seine Zucht hassen, von seiner Gnade und seinem Erbarmen
reden und seine Worte und Befehle doch hinter sich werfen,
Christum mit dem Munde bekennen und Ihn im Leben ver=
leugnen, das heißt seinen Namen heuchlerisch führen, das heißt
ihn lästern. O glaube doch Niemand, daß er von diesem
Mißbrauche des göttlichen Namens zu weit entfernt sei, als
daß das strafende Wort des Herrn Beziehung auf ihn hätte.
Du sprichst: ich fluche ja doch bei dem Namen Jesu nicht, ich
wünsche doch Keinem Böses. Wohl! Erinnert Dich aber
der Jesus=Name auch daran, zu segnen, die Dir fluchen, zu
bitten für die, die Dich beleidigen und verfolgen? Bittest Du
auch nur für die nächsten Seelen, wenn Du Dich durch sie
gekränkt, geärgert fühlest? Und wenn Du Deine Kinder stra=
fest, thust Du es mit Mitleid und Erbarmen? Kannst Du
nach der Strafe mit ihnen zusammen beten? Oder hast Du
nur Aerger? Verwünschest Du nicht oft dies und das? Du
sagest: „es kommt mir Alles aus des Herrn Hand; so wie
Er es schickt, so ist es mir gerade nöthig." Und doch, wie
bist Du oft so unzufrieden, wie murrest Du gegen dies und
das, wie willst Du auch das kleinste Unwohlsein nicht tragen,
nur los sein von dem, was auf Dich gelegt ist! Heißt das
nicht die Zucht des Herrn hassen? heißt das nicht bei seinem

Namen fluchen? Und Du sprichst bei Dir: „ich habe ja doch keinen Meineid geschworen." Hast Du aber auch bedacht, wie Du Deine Eide gehalten' als Gatte oder Gattin, als Christ, als Mann im Amte? Und erinnert Dich der Name Jesu auch stets an seinen Befehl: „Eure Rede sei Ja, Nein; was „drüber ist, das ist vom Uebel?" Hast Du nicht am Ende noch mehr Lust an der Lüge, noch mehr Lust, Dich zu entschuldigen, Dich immer nur im besseren Scheine sehen zu lassen? Bist Du das in der That und in der Wahrheit, was Du scheinen willst? Muß Dir nicht am Ende noch Gottes Wort dazu dienen, Deine Augenlust und Fleischeslust zu beschönigen? O Christen, lasset uns diese Fragen nicht nur heute an uns thun, lasset uns täglich eine solche Selbstprüfung nach dem zweiten Gebote mit uns anstellen. Und wenn wir dann nach allen Seiten uns selber richten, wenn wir mit Paulus sagen müssen: „ich weiß, daß in mir, das ist in meinem Fleische, wohnet nichts Gutes;" wenn wir es mit Schmerzen fühlen, wie so gar oft wir den Namen unseres Gottes unnützlich geführet, wie wir so gar das nicht sind, was wir heißen, nämlich wahrhaftige Christen: o dann, dann lasset uns mit Reue und Thränen den theueren Jesus-Namen anrufen, dann lasset uns ihn recht brauchen lernen. Ja, m. Fr., mit geängstetem und zerschlagenem Geiste, arm und elend, wie wir sind, aber hungernd und dürstend nach der Gerechtigkeit, die vor Gott gilt, vom Herzensgrunde verlangend nach Vergebung, nach Gnade, nach Kraft und Leben, so, so müssen wir alle Tage den Namen Jesu anrufen. Das heißt Ihn recht gebrauchen, das heißt Ihn nützlich führen.

Nun gebe der Herr uns Allen Gnade, daß wir seinen theueren Namen heute und alle Tage so führen und dadurch erlangen mögen das Heil, das allein in seinem Namen gegeben ist! Amen.

VI.
Zweite Predigt über das zweite Gebot.

Das ist ein köstlich Ding, Dir, dem Herrn, danken und lobsingen Deinem Namen, Du Höchster! — des Morgens Deine Gnade und des Nachts Deine Wahrheit verkündigen. Ja, Herr Gott, unser Schöpfer und Heiland, dazu hast Du uns erschaffen, dazu hast Du uns erlöset, daß wir Dich suchen und finden möchten. Dazu hast Du uns bestimmt, daß wir mit Dir umgehen sollen alle Tage und in Ewigkeit. Mit Dir umgehen, Deinen Namen anrufen, beten, loben und danken — das ist Seligkeit. O Herr, laß uns arme Sünder doch diese Seligkeit erfahren. Siehe, wir haben uns zu dieser Stunde zwar vor Dir gesammelt; aber sehnen sich unsere Herzen auch nach Dir? Verlangt uns auch nach der Seligkeit des Umganges mit Dir? — Ach! wir wissen nicht, wie wir uns Dir nahen sollen, wir verstehen nicht recht zu beten, zu loben und zu danken. Vater! wir verstehen nicht umzugehen mit Dir. O erbarme Dich unseres Unglaubens, unseres Gott entfremdeten Sinnes. Decke auf unser unkindliches, knechtisches, weltliches und eiteles Wesen. Strafe uns durch Dein Wort über unsere Trägheit in Deinem Dienste, über unsere Unlust zum Umgange mit Dir. Herr! dann lehre uns aber auch selbst, umzugehen mit Dir. Dann gib uns Deinen lebendig machenden Geist, daß wir mit Zuversicht Deinen Namen anrufen, daß wir mit Lust beten, daß wir mit Freuden loben und danken können alle Tage. Gib, o gib, daß der Umgang mit Dir unseres Herzens höchste Seligkeit sei und bleibe. Erhöre uns, Herr! um Deines heiligen Namens willen. Amen.

Ich habe letzthin vom Mißbrauche des göttlichen Namens zu Euch geredet, versammelte Christen, also vom ersten Theile des zweiten Gebotes. Heute liegt uns der zweite Theil des Gebotes vor: der rechte Gebrauch des göttlichen Namens. Doch ehe ich darüber zu Euch rede, höret das Gebot selbst und die Erklärung unseres Katechismus=Vaters Luther

2 Mos. 20, 8.

„Du sollst den Namen deines Gottes nicht unnützlich führen."

Luthers Erklärung:

Wir sollen Gott fürchten und lieben, daß wir bei seinem Namen nicht fluchen, schwören, zaubern, lügen oder trügen, sondern denselben in allen Nöthen anrufen, beten, loben und danken.

Wir sollen den Namen Gottes in allen Nöthen anrufen, beten, loben und danken, das ist der rechte Gebrauch des göttlichen Namens. Fassen wir das Alles in Eins zusammen, so heißt das nichts anders, als: wir sollen täglich und stündlich mit Gott umgehen, wie die lieben Kinder mit ihrem lieben Vater umgehen. Und das ist es, worüber ich heute zu Euch reden möchte, nämlich:

„Ueber den Umgang mit Gott."

Lasset uns zuerst erwägen:

I. wie es um unseren Umgang mit Gott stehe.

Und dann lasset uns zusehen,

II. wie wir allein den wahren Umgang mit Gott lernen können.

I.

Was das heißt, mit Jemandem einen Umgang haben, nun, das brauche ich wol nicht erst zu sagen; auch das nicht, daß jeder Mensch von Natur schon den Trieb dazu hat. Aber eine andere Frage ist es: weißt Du auch, o Mensch, zu welchem Umgange Du vor allem Anderen und recht eigentlich bestimmt bist? Kennst Du das Haus, wo Du täglich anklopfen, täglich aus- und eingehen sollst? Kennst Du den Vater und Freund, den Du in allen Deinen Anliegen anrufen, den Herrn, den Du um Alles bitten, den Freund, dem Du Alles sagen kannst? Kennst Du den Wohlthäter, dem Du für Alles, was Du bist und hast, loben und danken sollst?

„Wie sollten wir den nicht kennen!" werdet Ihr mit Eueren Kindern sagen, „das ist ja der liebe Gott. Freilich müssen „wir bei Ihm anklopfen und aus- und eingehen, freilich müs= „sen wir Ihn in allen Nöthen anrufen, beten, loben und dan= „ken; freilich sind wir dazu bestimmt, vor Allem mit Ihm „umzugehen, und zwar so recht vom Herzen, so wie wir „mit keinem Menschen, wie wir auch mit Vater und Mutter, „Bruder und Freund nicht umgehen. Denn Gott hat uns ja „nach seinem Bilde geschaffen, und wir sollen und wollen ja „seine Kinder sein. Und jetzt eben sind wir ja bloß deswegen „hier, um mit Ihm umzugehen." Nun gut, ich halte Euch beim Worte, das heißt, wir wollen sehen, ob wir denn das auch wirklich thun, wovon wir eben sagten, daß wir es sehr wohl wüßten. Es gibt ein gutes, deutsches Sprüchwort, das Ihr Alle gewiß kennen werdet. Das Sprüchwort lautet so: „Sage mir, mit wem Du umgehest, und ich will Dir sagen, wer Du bist." Gehen wir nun wirklich mit Gott um, was müssen wir dann für Leute sein? Seht, ich denke mir einen, der einen täglichen Herzensumgang mit Gott hat, so, daß an seinem ganzen Wesen etwas sichtbar werden muß, was nicht von dieser Welt ist, etwas Göttliches, Himmlisches, mit einem Worte, Gottes Bild. Merket man es doch schon bei Kindern an ihrem Benehmen und Wesen, aus was für Häusern sie kommen und was für einen Umgang sie zu Hause haben. Und kann ja doch schon der Umgang mit Menschen so ent= schieden auf einen einwirken: wie sollte das nicht vielmehr der Umgang mit Gott? Wird der nicht auf unser ganzes Denken und Trachten, Thun und Treiben den entschiedensten Einfluß haben? Wird man von einem Freunde Gottes bei Allem, was er redet und wie er sich zeigt, nicht gleich sagen müssen: wahrlich, der hat keinen gemeinen Umgang, der muß einen trefflichen Vater, einen treuen Freund, einen weisen Rathgeber, der muß einen Lehrer und Erzieher haben, wie man ihn unter Menschen wol nicht findet! Nun, m. Fr., ist ein solches Wesen wirklich an uns sichtbar? Tragen wir das Bild dessen, von dem wir sagen, daß wir mit Ihm umgehen, wirklich in uns? Oder stoßen wir nicht, wohin wir nur sehen, rechts und links auf lauter Ungöttliches und Sündliches, auf hundert und tausend Worte und Werke, die mehr das Bild und Wesen des Satans, als des lebendigen und heiligen Gottes an sich tragen? Betrachte Dich doch einmal selbst, o Mensch; gehe doch Stück für Stück Dein Wesen durch; besiehe Dich doch einmal so recht in dem Spiegel des göttlichen Wortes; ja bleibe auch nur bei einem Tage stehen, und siehe, wie Du auch nur an diesem einen Tage von Stunde zu Stunde gedacht, geredet, gehandelt hast, — was siehest Du da, wenn anders Du nicht blind bist gegen Dich selbst, wenn anders Du sehen willst? Nur solches, worüber Du selbst erschrecken, worüber Du seufzen und weinen mußt, lauter Noth und Elend, lauter Mängel und Gebrechen, ungöttlich Wesen und weltliche Lüste, hoffährtige Gedanken, eiteles, albernes Sinnen und Trachten und wie sie alle heißen, die Verzerrungen und Ungestalten an dem wahrhaftigen Bilde des Menschen. Du fragest: woher dies bodenlose Verderben in mir und an mir? Siehe, das ist die Frucht Deines Herzensumganges. Sage Dir doch einmal selbst recht aufrichtig, mit wem gehet Dein innerstes Herz alle Tage und Stunden eigentlich um? Ich sage, Dein Herz, nicht Dein Kopf und Dein bloßer Verstand.

Rufest Du des Morgens, wenn Du erwachest, mit David: „Wie der Hirsch schreiet nach frischem Wasser, so dürstet meine Seele nach Gott, nach dem lebendigen Gotte?" Und wenn Du Dein Tagewerk beginnest, in wessen Namen thust Du es? wen fragest Du um Rath? mit wem besprichst Du Dich? Und wenn es nicht gehen will, wenn Dir etwas dazwischen kommt, wenn Dir etwas gebricht, wenn Dich etwas schmerzet und kränket und ärgert, wen rufest Du an? wo suchest Du Hülfe? Und wenn Dir etwas gelingt, wenn Gutes und Segen auf Dich kommt, wenn Du hast, was Du brauchest, und keinen Mangel leidest; täglich, wenn Du auf Dein Leben zurücksiehest, wen lobest Du, wem dankest Du? Mit Einem Worte: wer ist es, mit dem Dein innerstes Herz alle Tage und Stunden umgehet? Ist es der Herr des Himmels und der Erde, oder ist es die Welt und das, was in der Welt ist? Ist es der lebendige Gott, oder sind es die Götzen der Augenlust und Fleischeslust und Hoffahrt? Der eine Umgang schafft Gerechtigkeit, Friede und Freude im heiligen Geiste, der andere gebieret nur Sünde und Tod und Unseligkeit. Der eine Umgang macht den Menschen erst zum Menschen, der andere erniedriget ihn zu den Thieren des Feldes. Der eine läßt ihn alle Tage im Himmel wandeln und Himmlisches genießen, der andere stürzet ihn in die Hölle. — Ach, Christen, das ist der Fluch der Sünde, daß der Mensch, wie er nun aus sich selbst ist, jeden anderen Umgang lieber hat, als den mit seinem Gotte. Einmal losgerissen von dem Vaterherzen, fühlt er in jedem anderen Hause sich heimischer, als in dem Vaterhause.

Sehet doch einmal recht in die Welt hinein, vor Allem in die Welt des eigenen Herzens. Welche Langeweile hat man, wenn man allein ist. Wie ekelt es einem, auch nur eine Stunde mit seinem Gotte allein zu sein. Welche Mühe gibt man sich nicht um neue Bekanntschaften, um neuen Umgang, um neue Unterhaltung, um neue Zerstreuung! Wie glücklich schätzt man sich, wenn man den und den zum Freunde, wenn man die Gunst eines Großen und Angesehenen hat; wie werden die beneidet, die freien Zutritt bei solchen haben! Aber in Gunst zu kommen bei dem Herrn aller Herren, daran liegt einem wenig; darüber jemanden zu beneiden, möchte schwerlich jemandem auch nur einfallen; um die Bekanntschaft mit dem lebendigen Gotte sich zu bemühen, hält man der Mühe nicht werth. Er mag alle Tage sein Haus öffnen, Er mag noch so freundlich laden, noch so viel verheißen, man geht doch zehn Mal lieber in jedes andere Haus. — Ist es nicht so? Das Beten, Loben und Danken ist einem das schwerste Werk, es ist einem ein Ekel. Man ist froh, wenn es nur abgethan ist. Oder wie? Gibt es nicht immer noch gar Viele, denen ganz unheimlich zu Muthe wird, wenn außer der Kirche einmal von Gott und göttlichen Dingen die Rede ist? Denket Euch doch einmal selbst in irgend eine Gesellschaft hinein, und da stände jemand auf und sagte: lasset uns auch nun einmal an den Herrn, unseren Gott, denken, lasset uns mit einander zu Ihm beten, — was würdet Ihr dazu sagen? Würde Euch das nicht als etwas ganz Neues, Außerordentliches erscheinen? würde das nicht gleich als Stadtneuigkeit erzählt werden? Schlimm genug, daß das Denken an Gott und das Umgehen mit Ihm zu den Neuigkeiten gehören muß! Ihr wollet Alle einmal selig werden, nicht wahr? Nun, habt Ihr auch schon einmal darüber nachgedacht, worin die künftige Seligkeit bestehen wird? Im Schauen Gottes, in ununterbrochenen Umgange mit Ihm, ja ein beständiges Beten, Loben und Danken, das wird die Seligkeit sein, wie Gott das selbst in seinem Worte uns zeigt. Saget, was werden nun alle diejenigen im Himmel anfangen, denen hier auf Erden das Beten und Singen und Loben so zuwider ist, daß sie gar nichts davon hören mögen? Was wollen die in dem ewigen Vaterhause machen, die hier in dem Gotteshause sich langweilen und überall lieber sind, als in der Kirche? Was werden die von dem Umgange mit Gott jenseits haben, die hier den Herzensumgang mit Ihm für Schwärmerei halten und das Trachten nach dem Leben in Gott Frömmelei und Ueberspannung schimpfen? — Nun, m. Fr., zerquält Euch über die Antwort auf diese Fragen nicht weiter. Ich will es Euch nur kurz sagen: solche Leute werden gar nicht in den Himmel kommen und nie den Herrn schauen, sondern hinausgestoßen werden in die äußerste Finsterniß, wo Heulen und Zähnklappen sein wird. Denn was der Mensch säet, das und nur das wird er ernten. Wer auf sein Fleisch säet, der wird von dem Fleische das ewige Verderben ernten; und wer die Welt mehr lieb hat, als Gott, der wird mit der Welt verdammt werden. Dabei bleibt es. — O bedenke doch ein Jeder, was er eigentlich will, wenn er selig werden will! Will er nicht am Ende etwas, was ihm doch hier alle Tage zuwider ist? — Aber nun saget selbst, m. Fr., ist es nicht gräßlich, daß das Größte und Seligste, wozu Gott den Menschen bestimmt, dem Menschen eine Last sein, daß er jedes andere Wort lieber hören und lesen kann, als das Wort seines Gottes, daß er in jedes andere Geschwätz lieber sich einläßt, als in das Beten, Loben und Danken zu dem Herrn, seinem Gotte?! Ist es nicht gräßlich, daß sein Herz mit jedem Götzen der Augenlust und Fleischeslust und Hoffahrt sich lieber beschäftigen kann, als mit dem Herrn der Herrlichkeit?! — So ist es, m. Fr., (wir wollen uns nicht selbst betrügen), so ist es. Ach, wie tief ist das Geschöpf, das Gott zu dem Allerhöchsten, zum Umgange mit Ihm, auserkoren, gesunken! Es will seinen Gott und Vater nicht. Nennt es Ihn auch mit dem Munde, im innersten Herzen will es nichts von Ihm wissen; unfähig ist es, mit Ihm umzugehen, es kann nicht beten, es versteht nicht, zu loben und zu danken, es kennet seinen Gott nicht, es glaubet nicht an Ihn. Das ist der Fluch der Sünde, das ist der Sünden Sold, der Tod schon hier auf Erden. Denn wo das Herz nicht mit dem lebendigen Gott umgehet, da ist lauter Tod, lauter Finsterniß, lauter Hölle.

II.

Nun, Christen, wie kommen wir heraus aus diesem Tode? Wie lernet unser Herz mit Gott, dem Herrn, umgehen? Wie bekommen wir wieder Muth und Glauben, den Namen Gottes in allen Nöthen anzurufen? Wie bekommen wir Lust und Liebe und Verlangen, zu beten, zu loben und zu danken? Aus uns selbst lernen und bekommen wir das nimmermehr. Das „Du sollst" kann uns wol allenfalls auf die Kniee treiben und einige Worte des Betens und Dankens hersagen lassen: es kann uns wol in die Kirche treiben, weil es Sonntag ist; es kann einen wol auch zur Bibel treiben oder sonst zu einem Andachtsbuche; aber es kann dem Herzen keine Lust und Liebe und Freude an dem lebendigen Gott geben, es kann die Seligkeit, die in dem Umgange mit Ihm liegt, nicht schaffen. Und das ist wol auch der Grund, warum so Viele die Seligkeit des Umganges mit dem Herrn gar nicht kennen, warum bei so Vielen das Beten, Loben und Danken nur ein todtes, gewohnheitsmäßiges Gesetzeswerk ist, das man allenfalls Morgens, Mittags, Abends und in der Kirche abthut; das ist der Grund, warum es Manchen so schwer wird, sich einmal von allem Anderen loszumachen und ihre Gedanken auf Gott zu richten. Sie kennen nur das „Du sollst." Und bei diesem „Du sollst" bleibt das Herz sein Lebelang gottlos.

Nein, m. Fr., der Sünder in seinem Abfalle und in seiner natürlichen Feindschaft gegen Gott, er kann sich aus sich selbst zu einem wahren Herzensumgange mit Gott nicht erheben und mag es auch nicht. Solch' selbst gemachter Gottesdienst ist jedesmal nur Götzendienst.

Das könnet Ihr in der Bibel auf allen Blättern lesen. Wenn es Gott dem Herrn nicht um uns armselige Geschöpfe gejammert hätte, wenn es ihm nicht gefallen hätte, mit seinen abgefallenen, Ihm entfremdeten Menschenkindern wieder Umgang anzuknüpfen, wenn Er, der Herr vom Himmel, nicht unseren Umgang gesucht hätte: wir suchten Ihn nimmermehr, wir kümmerten uns nicht um Ihn. Ja, m. Fr., alle jene

Seelen, die lange, lange vor uns auf dieser Erde wohnten und die einen so vertrauten Umgang mit dem Herrn hatten, von deren Anrufen, Beten, Loben und Danken Ihr im ganzen Alten Testamente lesen könnet, — alle jene Seelen, der Herr hat sie zuerst aus Gnaden heimgesuchet; Er hat zuerst mit ihnen Umgang angeknüpfet; Er hat sich ihnen zu erkennen gegeben, hat ihnen sein treues, liebendes und erbarmendes Herz offenbaret; Er hat zu ihnen geredet freundlich und gütig, hat sie herausgerissen aus der argen Welt, aus dem Götzendienste und aus der unseligen Feindschaft des Menschenherzens gegen Gott, und hat es ihnen ins Herz gegeben, ob sie Ihn doch suchen und finden möchten, der nicht fern von seinen Menschenkindern ist, durch den und in dem sie alle nur leben und weben können. Er hat es dem Jacob ins Herz gegeben, zu flehen: Herr, ich lasse Dich nicht, Du segnest mich denn. Er hat es dem David ins Herz gegeben, daß er sagen konnte: Herr, ich habe Lust an Deinem Gesetze. Tag und Nacht rede ich davon. Und wiederum: Aus der Tiefe rufe ich zu Dir: wie ein Hirsch schreiet nach frischem Wasser, so schreiet meine Seele, Gott, zu Dir. Und wiederum: Lobe den Herrn, meine Seele, und was in mir ist, seinen heiligen Namen. Und: Danket dem Herrn, denn Er ist freundlich, und seine Güte währet ewiglich. Er, der Herr, hat es dem Assaf ins Herz gegeben, zu rufen: Wenn ich nur Dich habe, so frage ich nicht nach Himmel und Erde; und wenn mir gleich Leib und Seele verschmachten, so bist Du Gott doch meines Herzens Trost und mein Theil. — Ja, ja, m. Fr., diese Worte athmen schon Leben, die verrathen schon eine Lust, eine Liebe, eine Freude an Gott; die zeigen schon, daß jene Seelen Seligkeit hatten in dem Umgange mit dem Herrn. Ach! und dies Alles sollte ja nur ein Schattenriß der zukünftigen Güter, nur ein Vorgeschmack der verheißenen Seligkeit sein. Gott der Herr wollte uns arme Sünder heimsuchen, wie Er es noch nie gethan; Er wollte auf die Erde kommen und mit uns umgehen, wie noch kein Vater und keine Mutter mit ihren Kindern umgegangen; seinen Geist, seinen Sinn, den wollte Er uns dann ganz und gar ins Herz graben und uns eine Freudigkeit geben, alle Tage vor Ihn zu treten und bei Ihm aus= und einzugehen und mit Ihm zu reden jederzeit, wie es uns gerade um's Herz ist. — Nun, hat der Herr nicht Wort gehalten? Ist er nicht gekommen in unsere elende Hütte? Ist Er nicht Mensch geworden, der Herr vom Himmel, und hat gewandelt und gewohnet unter uns? Haben wir armen, Gott entfremdeten Sünder nicht gesehen seine Herrlichkeit, eine Herrlichkeit als des eingeborenen Sohnes vom Vater, voller Gnade und Wahrheit?!

O Christen, gehet Euch dies Erbarmen des lebendigen Gottes nicht durch's Herz? Der Herr vom Himmel, der wahrhaftige Gott und das ewige Leben, kommt und suchet Umgang mit seinen armen Creaturen. Es lieget Ihm etwas, es lieget Ihm Alles an unserem Umgange. Er suchet, ob Ihn nicht diese und jene Seele bei sich aufnehmen werde. O seht, wie Er so mild und freundlich unter das Dach des Sünders geht, wie Er sich freuet über einen Zachäus und über einen Hauptmann von Capernaum. Seht in sein innerstes Herz, wie es frohlocket, da das Kananäische Weib nicht abläßt, Ihm nachzuschreien. Und mit welcher Huld und Gnade ruhet sein Auge auf der Seele, die zu seinen Füßen sitzet, und auf jener, die mit ihren Haaren seine Füße trocknet. Höret, wie Er die Mühseligen und Beladenen einladet; sehet, wie Er seine Arme nach Jerusalem ausrecket; sehet, wie Er im letz= ten Augenblicke den Umgang mit dem Verbrecher nicht ver= schmähet, wie freundlich und holdselig Er zu ihm redet. Das thut der wahrhaftige Gott Jesus Christus. Ja, Er vergießet sein Blut nur, um uns Zugang zu Gott zu verschaffen. —
Werden wir nun erkennen, was dem Herrn, unserem Gotte,

an dem Umgange mit uns lieget? Fühlen wir nun, wer das ist, der unser Herz, der unsere Zuneigung, unsere Freundschaft begehret? Können wir nun noch unser Herz an alles Andere lieber hängen? Wird uns nun noch in der Nähe des Herrn, unseres Gottes, unheimlich und ekel, angst und bange? Fühlen wir gar keinen Trieb, gar keine Lust, mit einem solchen Gotte einen Umgang anzuknüpfen?

Saget doch, ist dieser Herr ein Herr, der Euch lange vor der Thüre stehen läßt und zuletzt Euch doch nicht annimmt? Ist dieser Herr ein Herr, von dem man nicht weiß, wie er gelaunt sein, was für eine Miene er machen wird, dem man nicht zu ungelegener Stunde kommen darf? ein Herr, dem man allerhand schöne Gaben und Geschenke, Verdienste und Würdigkeiten bringen muß, ehe er einem ein freundliches Gesicht macht? — Christen, lernet doch Jesum kennen, wenn Euch etwas an dem Umgange mit dem Herrn, Euerem Gotte, liegt. Wer Ihn siehet, der siehet den Vater. Er ist der wahrhaftige Gott. Ihr kommet anders zu keinem wahrhaftigen Umgange mit dem lebendigen Gotte, als durch den Umgang mit Jesu. All' Euer Anrufen, Beten, Loben und Danken ist eitel, ist nichts, wenn Ihr Euch nicht an Jesum wendet. — Ich will es Euch sagen, warum so Manche gar keinen Herzensumgang mit Gott haben. Sie erkennen Gott gar nicht; sie wissen gar nicht, wie sie sich Ihn vorstellen sollen; sie wissen höchstens die Namen von seinen Eigenschaften und Vollkommenheiten und so etwas von seiner Vorsehung und Vaterliebe. Und dabei denkt man Wunder, was man hat. Man meint, das heiße Gott im Geiste und in der Wahrheit anbeten. Aber das sind alles leere Gedankengebilde, die wol schnell in den Kopf kommen, indeß das Herz doch gottlos bleibt. Lauter flüchtige Rührungen und Empfindungen, aber kein bleibender Eindruck, keine bestimmte Vorstellung, nichts, woran das Herz sich eigentlich halten kann. Nun, ich berufe mich auf die eigene Erfahrung so Mancher unter Euch. Saget, was hattet Ihr, ehe Ihr Jesum als den wahrhaftigen Gott kanntet, was hattet Ihr von Euerem Umgange mit dem Gotte, den Ihr Euch aus Euerer eigenen Vernunft und aus Eueren eigenen Gedanken zusammensetztet? Gewiß wenig oder gar nichts; denn der Gott war eben so elend, wie wir selbst sind. O darum bitte ich Euch, die Ihr noch irgendwie an jenen leeren Gedanken von Gott hänget, die Ihr meinet, Ihr ginget mit Gott um, und habet nur ein Schattenbild, einen eingebildeten, todten Gott, werfet doch Alles, Alles weg und gehet in das Evangelium hinein und lernet Jesum kennen. Ich bitte Euch, lasset Jesum doch nicht als den bloßen Sterblichen, als den bloßen Tugendhelden und göttlichsten Menschen Euch aufschwatzen, als den todten Christus, der vor einem Paar tausend Jahren gelebt und vor einem Paar tausend Jahren die Menschen gelehret und ihnen ein gutes Beispiel gegeben hat. Haltet Ihn doch nicht für einen Gottessohn, wie auch die Heiden von Göttersöhnen sprachen. Kümmert Euch doch einmal um unsere kirchlichen Bekenntnisse. Leset, was Luther in der Erklärung des zweiten Artikels saget: „Ich glaube an Jesum Christum, wahrhaftigen Gott vom Vater in Ewigkeit geboren." Sehet, wie die Apostel Ihn anbeteten und mit ihnen die ganze, wahre Christenkirche, und wie sie ihre Seligkeit nur im Umgange mit Jesu fanden. O, m. L., es hänget von der richtigen Erkenntniß Jesu Christi Alles ab, es hänget unsere ganze Seligkeit daran. Und darum kann ich Euch, wenn vom Umgange mit Gott die Rede ist, nur sagen: lernet Jesum erst kennen, lernet mit Ihm erst umgehen. Und in seinen Umgang zu kommen, ist nicht schwer. Er ist uns täglich näher, als wir glauben. Denn Jesus, der wahrhaftige Gott, lebet, lebet in alle Ewigkeit. Täglich suchet Er Umgang mit Dir; merke nur darauf. Und erkennest Du Ihn noch gar nicht, hast Du noch nichts von dem Segen erfahren, den der Umgang mit Ihm gewähret, und möchtest es doch gern: nun so falle nieder und bete zu dem unbekannten Heilande. Sprich zu Ihm: Herr, ich kenne Dich nicht, aber ich möchte Dich kennen, mein Herz möchte Dich haben, ich möchte mit Dir umgehen alle Tage und Stunden!

Christen, thut das alle Tage, und Ihr werdet erfahren, ja gewiß, Ihr werdet erfahren, was Christus saget: „Wer „mich liebet, der wird mein Wort halten, und mein Vater „wird ihn lieben, und wir werden kommen und Wohnung „bei ihm machen." Nun dazu verhelfe der lebendige Gott und Heiland uns Allen! Amen.

VII.
Erste Predigt über das dritte Gebot.

In der letzten Katechismus-Betrachtung, m. Fr., da wurde uns der Umgang mit Gott an's Herz gelegt, und wie viel Ihm an diesem Umgange mit uns lieget, das zeiget der Herr auch dadurch, daß Er sogar einen bestimmten Tag dazu ganz besonders ausgewählet und geheiliget hat. Gleich nach Vollendung der Schöpfung segnet Er dazu den siebenten Tag. Und bei der Gesetzgebung auf dem Sinai, da wiederholt Er solches als Gebot. Es ist das dritte Gebot in unserem Katechismus und lautet nach

2 Mos. 20, 8

also:

„Du sollst den Feiertag heiligen."

Luthers Erklärung.

Wir sollen Gott fürchten und lieben, daß wir die Predigt und sein Wort nicht verachten, sondern dasselbe heilig halten, gerne hören und lernen.

Lasset uns nun zuerst sehen:

I. wie wir als evangelische Christen den Feiertag und die Heiligung desselben anzusehen haben;

II. wollen wir es uns aber auch nicht verhehlen, wie es um die rechte Heiligung des Feiertages eigentlich unter uns stehe; und dann lasset uns

III. sehen, was wir von unserer Seite dazu thun sollen.

I.

Nachdem Gott ins Fleisch gekommen und unter uns gewohnet und den Umgang mit uns gesuchet und uns einen Sinn gegeben, daß wir nun auch den Umgang mit Ihm suchen und haben können: so muß uns eigentlich jeder Tag ein Feiertag sein, und jeden Tag sollen und müssen und können wir heiligen, das heißt: an jedem Tage müssen wir den Herrn feiern und anbeten mit Worten und Werken. Jeden Tag müssen wir mit Ihm umgehen; jeden Tag, Alles, was wir thun mit Worten und Werken, zu Seiner Ehre und in Seinem Dienste thun; jeden Tag sollen wir heilig und unsträflich vor seinen Augen wandeln. An jedem Tag sollen und können wir der Sabbathruhe und der Sabbathfreude in dem Herrn genießen. Das ist so wahr, so wahr Christus gekommen ist, uns von dem tödtenden Buchstaben des Gesetzes zu erlösen und uns den lebendigmachenden Geist zu geben, den Geist, der nicht an einen besonderen Ort und nicht an eine besondere Zeit gebunden ist, sondern durch den wir unseren Herrn und Gott überall und zu jeder Zeit im Geiste und in der Wahrheit anbeten können. Wollte aber jemand daraus schließen: „nun geht mich das dritte Gebot nichts mehr an, nun brauche ich mich um den gebotenen Feiertag nicht zu kümmern, brauche mich an die besondere Heiligung desselben nicht viel zu kehren," wollte jemand so schließen, dem muß ich rund heraussagen, daß sein Schluß ganz verkehrt ist und daß er vom lebendigmachenden Geiste des Evangeliums entweder noch gar nichts hat oder denselben noch gewaltig mißverstehet.

In der Regel findet man denn auch eine solche verkehrte Ansicht nicht bei denen, die ihr tägliches Leben zum wahrhaften Gottesdienste machen; nein, der vom Geiste des Evangeliums durchdrungene Christ nimmt es gerade mit dem dritten Gebote sehr genau. Man findet dergleichen verkehrte Ansicht über den Feiertag bei denen, die es mit ihrem täglichen Christenthume nicht so genau nehmen, die die Woche hindurch so ziemlich ohne Gott leben. Ergeht an sie die Mahnung zur Heiligung des Feiertages, dann heißt es: wir können unserem Gotte auch in der Woche dienen. Und ist dann von einem Wochen=Gottesdienste die Rede, so heißt es: wozu haben wir denn den Feiertag? Ihr merket nun wol, daß hinter dergleichen Redensarten sich nur der Unglaube und die Gottlosigkeit verbirgt. Mit Gott umzugehen, Ihn zu feiern, in Ihm zu ruhen und sich zu freuen, das ist einem eine Last, ein unerträgliches Joch, ein Ekel. Und darum sind denn auch des Herrn Tage, falls nur solches an ihnen getrieben, falls sie wirklich geheiliget werden sollen, einem widerwärtig. Das merket man besonders an den Tagen, die vorzugsweise den Charakter des Ernstes und der Trauer an sich tragen, wie der Bußtag und der Charfreitag. Zu jedem anderen fleischlichen Zwecke ist einem sonst der Feiertag recht willkommen.

Nun, das ist ein herzzerreißender Wahn, ein schrecklicher Mißverstand der Sache, an dem aber leider noch gar viele unserer Zeitgenossen krank liegen, träumend, sie wären die

Gesunden und Starken. Hüten wir uns, m. Fr., davor. Hüten wir uns, daß wir unsere evangelische Freiheit ja nicht gebrauchen zum Deckel der Bosheit und Gottlosigkeit. Seht, darum thut es uns vor Allem Noth, daß wir den rechten evangelischen Gesichtspunkt gewinnen, von welchem wir den Feiertag und die Heiligung desselben ansehen müssen. Was soll der Feiertag dem evangelischen Christen sein, als was soll er ihn betrachten? Was meinet Ihr wol? Ich sage: als Gnadengabe, als eine der theuersten, herrlichsten und köstlichsten Gaben der Gnade und Barmherzigkeit unseres Gottes. Nicht allein, daß Gott Dir, der Du sechs Tage im Schweiße Deines Angesichtes hast arbeiten müssen, gnädig und freundlich vergönnet, zu ruhen von aller Deiner Arbeit und Mühe; er gebietet auch allen denen, die sonst Deine Arbeit und Mühe in Anspruch nehmen, daß sie Dich ruhen lassen. Denn so spricht der Herr zu Jedem: „Sechs Tage sollst du arbeiten „und alle deine Dinge beschicken; aber am siebenten Tage ist „der Sabbath des Herrn, deines Gottes. Da sollst du kein „Werk thun, noch dein Sohn, noch deine Tochter, noch dein „Knecht, noch deine Magd, noch dein Vieh, noch dein Fremd=„ling, der in deinen Thoren ist." Doch, m. Fr., die Ruhe, die Gott hier vergönnet und gebietet, das soll keine müßige, unfruchtbare sein. Nein, indem wir ruhen von unseren All=tagswerken, will Gott sein Werk in uns treiben. Ein Schöpfungstag für die neue geistige Schöpfung in uns, das ist jeder Feiertag. Da spricht Gott zu unserer verfinsterten Seele: es werde Licht! Da scheidet Er Licht und Finsterniß in uns, da schaffet Er aus dem Todten und Starren, aus dem Wüsten und Leeren allerhand Lebendiges in uns, woran Er Wohlgefallen haben, was Er segnen kann. Da sollen wir Zug für Zug erneuert werden zu Seinem Bilde. Da schaffet und wirket Er in uns das ewige Leben. An jedem Seiner Tage, da will uns der Herr eine Stufe höher zum Himmel, einen und wol auch viele Schritte näher zu sich bringen. Ja, jeder Sonntag ist eine Sprosse der Himmelsleiter, auf welcher wir hinanklimmen sollen, zu ergreifen das ewigtheuere Kleinod; ein Vorschmack ist er der ewigen Sabbathruhe, die wir einst beim Herrn haben sollen. Jeder Sonntag und jeder Feiertag ist ein Tag der Gnade, wo der Herr jedem Sünder Gelegenheit und alle Mittel bietet, sich zu bekehren und seiner Seelen Seligkeit zu suchen. Sollen wir die christlich=evangelische Bedeutung des Feiertages unter Einer Vorstellung uns vergegenwärtigen: seht, so ist jeder dieser Tage ein Festmahl, das uns der Herr gibt, ein hochzeitliches Mahl, wie es uns im Evangelium geschildert wird. Gott selbst ladet uns dazu. O denket daran jedesmal, wenn Ihr die Festglocken hört. Bei Ihm, dem Allerhöchsten, kommen wir zu Gaste. Das Beste, das Theuerste, das Er hat, bietet Er uns dar. Jesus wird uns dargeboten mit allen seinen Gaben. Das Brod des Lebens, das himmlische Manna, wird uns gereichet, das unsere Seelen nähren und kräftigen soll zum ewigen Leben. Und das nicht nur an einem bestimmten Orte, nicht nur zu einer Stunde, sondern zu Hause und wo Ihr gehet und stehet, und zu jeder Stunde des Tages könnet Ihr es haben. Ja, der Herr hat in Gnaden dafür gesorgt, daß die Gaben seines Festmahles in alle Häuser und in alle Winkel getragen werden können. Ich meine hier die heilige Schrift und Alles, was aus ihr geredet und geschrieben ist. Keinem, Keinem soll die Speise und Freude, die der Herr an Seinem Tage daraus bietet, entgehen. Seht, so freundlich und gütig ist der Herr, unser Gott. Um des Menschen willen hat Er den Sabbath gemacht. Seine weise, zärtliche Fürsorge für uns, die offenbaret der Herr im dritten Gebote so ganz. Sollten wir Ihm dafür nicht danken? Sollten wir nicht kommen, wenn Er uns ladet? Sollten wir nicht heilig halten den Tag, da wir bei Ihm zu Gaste sind?!

II.

Aber ach! wie steht es mit diesem Danke, wie steht es mit dem Kommen, wie steht es mit dem Heiligen des Feiertages auch unter denen noch, die sich Kinder Gottes, die sich evangelische Christen nennen? Leider, leider geschiehet das noch immer, was das Evangelium vom hochzeitlichen Mahle saget. Der König ladet, aber die Geladenen wollen nicht kommen. Denket hierbei nicht nur an die Versäumnisse des öffentlichen Gottesdienstes und des Sacramentes, die absichtlich, ohne Noth, ja ohne sich auch nur einen Vorwurf darüber zu machen, geschehen. Denke ein jeder daran, ob man in seinem Hause auch nur am Sonntage vor das Angesicht Gottes tritt, ob man auch nur am Sonntage betet und ein Lied zur Ehre Gottes singet, ob man auch nur am Sonntage das Wort Gottes zur Hand nimmt. Ja, wenn man in allen Häusern auch nur eine Stunde den Feiertag auf Gott gefällige Weise feierte: die Unwissenheit im Worte Gottes, der Unglaube, die Finsterniß und der Abfall von Gott wäre nicht so groß, wie er leider in unseren Tagen ist. Doch der König ist geduldig und barmherzig. Es jammert Ihn des Volkes, das im Finstern wandelt; es jammert Ihn der Seelen, die an Seinem Tage, statt mit dem Brode des Lebens, sich mit den Trähern der Welt füllen, die, statt die selige Freiheit in Seinem Dienste, lieber die elende Sclaverei im Götzendienste der Augenlust und Fleischeslust suchen. Der Herr läßt den Gästen sagen: siehe, Alles ist bereitet, kommt zur Hochzeit. Ja, der gnädige und barmherzige Gott läßt uns an Seinem Tage Sein Evangelium verkünden; Alles, Alles soll dem Sünder gegeben werden, er soll nur kommen und nehmen. Aber was sagen die Geladenen dazu? Einige verachten es, Andere müssen an ihre Handthierung gehen, noch andere müssen frein und sich freien lassen und sagen höchstens: ich bitte dich, entschuldige mich. Einige endlich feinden die Ladung zum Festmahle des Herrn an und verfolgen seine Boten. — Saget doch selbst, ist es nicht eine Verachtung der Gnadengaben Gottes, wenn man Seinen Tag höchstens dazu braucht, um die in der Woche versäumte Tagesarbeit einzuholen oder um seinen Liebhabereien, seiner Lieblingslectüre, seinen Studien, die aber alle nichts von Gott in sich und an sich haben, nachzugehen? Man nennt das gewöhnlich, den Sonntag für sich haben. — Ja, ja, für sich, aber nicht für Gott und für der Seelen Seligkeit.

Ist es nicht ferner eine Verachtung und Entheiligung des Feiertages, wenn auch er den Sorgen der Nahrung und Kleidung, dem Handeln und Gewinnen, dem Gelderwerbe dienen muß, wenn man, selbst nicht ins Reich Gottes hineinwollend, nun Andere, die einem untergeordnet sind, auch nicht hinein läßt, indem man ihre Dienste zum eigenen Geldgewinne in Anspruch nimmt? Und wahrlich! eine Schändung des Sabbathes ist es, wenn man den schönen Morgen desselben vielleicht nur dazu gebraucht, um von einer vergeudeten Nacht auszuschlafen, und wenn man erwacht, nur daran denkt, wie man den anderen Theil des Tages den Götzen der Augenlust und Fleischeslust opfern wird. Wenn es hoch kommt, so besucht man vielleicht eine Kirche und denkt dabei Wunder, was man noch gethan hat. Man ist froh, wenn man es nur abgethan hat. Das Gelüste, dem man nun weiter nachgehet, weiß man sogar aus dem göttlichen Worte zu rechtfertigen. Man sagt, der Heiland habe ja doch auch einer Hochzeit beigewohnet, ja sogar Wasser in Wein verwandelt, und Paulus sage ja selbst: Freuet euch mit den Fröhlichen. Nun sei einem doch wol erlaubt, auch sein Vergnügen zu suchen. — Seht, so versteht der Satan in den Kindern der Welt auch mit Gottes Worte umzugehen. So wird die theuere Gnadengabe Gottes gemißbrauchet, der Feiertag entheiliget.

Ich bitte Euch, m. Fr., seht einmal auf gestern zurück. Dachtet Ihr gestern wirklich mit ganzem Ernste daran: wie werde ich den Sonntag zur Ehre Gottes verbringen, wie werde ich morgen mich am Besten erbauen, wie werde ich morgen recht viel für meine unsterbliche Seele gewinnen, wie werde ich vorwärts kommen in der Gnade und in der Erkenntniß Jesu Christi, und wie beseitige ich heute Alles noch, was mich morgen im Umgange mit Gott stören könnte, wie könnte ich am Besten morgen alle Stunden zu diesem Umgange gewinnen? Habt Ihr gestern daran gedacht, m. Fr., oder auch nur heute Morgen? Oder lag es uns nicht am Ende weit näher, zu fragen: was werden wir essen, was werden wir trinken, womit werden wir uns kleiden und womit werden wir uns die Zeit vertreiben? Vielleicht kam am Sonnabend eine andere Ladung? Ging die einem nicht über die Ladung des Herrn? Es gab dort zu essen und zu trinken? Ging einem das nicht vielleicht über die Seelenspeise? Es gab dort Scherz und Spiel und muntere Unterhaltung: ging einem das nicht über die Freude am Herrn und an seinem Worte? Und war einem die Sorge, wie gekleidet man dort und dort erscheinen möge, nicht vielleicht wichtiger, als das Trachten nach dem hochzeitlichen Kleide, mit dem man einst vor Gott bestehen soll und das Er an Seinen Tagen uns schenken will? — O Christen, ich bitte Euch, habet doch genauer darauf Acht, wie Ihr den Feiertag begehet. Lasset uns doch, so viel wir die Gnadengabe unseres Gottes erkennen, den Feiertag nicht zum Sündentage machen.

Zu solchem haben ihn leider Viele, Viele unserer Zeitgenossen gemacht. Ja, es ist nicht zu viel gesagt, wenn wir behaupten, daß gerade an diesen Tagen am meisten gesündiget und die Ehre und Majestätsrechte Gottes am meisten geschändet werden. Ein gemißbrauchter Sonntag war es, der schon so manchen Jüngling in Sünden und Laster stürzte, die er an den Arbeitstagen nicht kannte. Der Sonntag war vielleicht der einzige Tag, wo er Gottes Wort hören, wo er das Heil seiner Seele suchen lernen konnte. Aber diesen einzigen Tag, er achtete ihn nicht, er dachte nur daran, „wie werde ich mich recht vergnügen?" und siehe, jetzt stehet er am Abgrunde des Verderbens, abgestumpft für alles Höhere. Ein entheiligter Feiertag war es, der in das Herz so mancher Jungfrau den Schlangensaamen der Eitelkeit und Gefallsucht und Weltlust säete, der sie, statt dem Heilande näher zu bringen, immer stärker in Satans Gewalt verstrickte. Ach! und sehet erst in das Leben des Volkes, merket auch nur darauf, was wir an jedem Feiertage auf den Gassen sehen können, — den Menschen, zum Ebenbilde Gottes geschaffen, gesunken unter das Thier des Feldes, ja tief unter das Thier! O lasset Euch solchen Anblick zu Herzen gehen! Aber lasset uns nicht in Pharisäischer Selbstgerechtigkeit über unsere armen Brüder uns erheben. Sie begehen den Sonntag so, weil sie nichts Besseres wissen, hören und kennen. Was thun wir, die wir das Bessere kennen? O glaubet es doch, vor Gott ist kein Unterschied. Mit welcher Maske die Augenlust und Fleischeslust sich auch umhülle, welche Feinheit, welchen äußeren Anstand sie auch an sich trage, sie bleibet, was sie ist, in allen Gestalten, von der raffinirtesten Weltlust an bis zum thierischen Gelüste, sie bleibet Sünde. — Es ist Zeit, m. Fr., daß wir über das dritte Gebot mit allem Ernste nachdenken, daß wir uns ernstlich bemühen, die Tage des Herrn zu heiligen nach Seinem Willen. Thun wir das nicht, glaubt Ihr dann, daß es uns etwa besser ergehen werde, als denen im Evangelio, welche die Ladung des Herrn verachteten? Wie ging es ihnen? Der König ward zornig und schickte seine Heere aus und brachte diese Mörder um und zündete ihre Stadt an. Ach! und die äußeren Strafgerichte, die auf die muthwillige Entheiligung und Schändung des Sabbathes folgen, sie sind noch geringe gegen das furchtbare Wort, das der Herr über die Verächter seiner Gnadengabe in Ewigkeit sprechen wird: „Die Hochzeit ist zwar bereitet, aber die Gäste waren es nicht werth." Nicht werth! Die Diebe, die Mörder, die Ehebrecher, wenn sie sich bekehren und seine Gnade suchen, — er hält sie seines Mahles werth.

Von wem saget Er: sie sind dessen nicht werth!? Wer Ohren hat, zu hören, der höre.

III.

Nun, Christen, die Ihr Ohren habt, zu hören, wie machen wir es, daß wir die Gnadengabe unseres Gottes recht dankbar benutzen, daß wir den Feiertag recht heiligen? Unser Katechismus-Vater, Luther, gibt uns dazu die trefflichste, echt evangelische Anleitung in seiner Erklärung des dritten Gebotes. Doch darüber muß ich, der Wichtigkeit der Sache wegen, das nächste Mal besonders zu Euch reden. Jetzt nur ein Wort von der äußeren Heiligung des Feiertages. Schwebt Euch dabei nicht die Frage auf der Zunge: was ist denn nun eigentlich an den Tagen des Herrn erlaubt, was soll man nun thun und lassen, welche Vergnügungen kann man genießen, welchen Freuden und Erholungen kann man sich hingeben? Erwartet ja nicht von einem Prediger des Evangeliums, daß er Euch ein Register von sogenannten unschuldigen und erlaubten Dingen angebe, die man am Feiertage treiben könne. Ich bin nicht dazu berufen, über Euere Gewissen zu herrschen und einen Splitterrichter über das abzugeben, was jeder von Euch am Sonntage thut und treibt, ich bin nicht dazu berufen, Euer Zuchtmeister zu sein, sondern ich bin nur dazu berufen, Euch Gottes Wort und Gottes Willen zu verkünden, Euere Seelen zu Jesu zu führen, damit Er selbst Euch in alle Wahrheit leite. Ich habe Euch heute den Willen und die Absicht Gottes in Betreff des Feiertages gesagt, und nun kann ich Euch nur bitten: nehmet es zu Herzen! Gewöhnet

Euch daran, die Tage des Herrn als Gaben seiner Gnade zu betrachten. Wem es nicht um das Heil seiner Seele zu thun ist, wem an dem Umgange mit Gott nichts liegt, wer das Brod des Lebens verachtet, was hilft dem auch die strengste jüdische Sabbathfeier? Ist es Dir aber um den Herrn und um Deine Seligkeit ein Ernst, was soll Dir dann noch vom Erlaubten und Unerlaubten gesagt werden? Wirst Du nicht von selbst schon solches nur suchen, was Dich dem Herrn näher bringet, was Deinen inwendigen Menschen fördert, was zur Ehre Gottes ist? Wirst Du dann nicht von selbst schon am Sonnabende Dein Haus so bestellen, daß Du und Deine Hausgenossen den Tag des Herrn wahrhaft feiern können? Wirst Du dann nicht von selbst die Deinen zum Gebete und zum Worte Gottes sammeln und dem nachstreben, wozu der Apostel ermahnt, wenn er saget: Lasset das Wort Christi reichlich unter euch wohnen mit aller Weisheit, und lehret und vermahnet euch selbst mit Psalmen und Lobgesängen und geistlichen, lieblichen Liedern, und singet und spielet dem Herrn in euerem Herzen!? — Aber einen guten Rath möchte ich Euch doch noch geben, m. L. Seht, die Welt läßt sich oft im Schauspiele von Tugend, Wohlthätigkeit und Menschenliebe rühren, und manche weiche Seelen vergießen dort Thränen über das menschliche Elend. Statt das im Schauspiele zu thun, so thut es doch lieber in der Wirklichkeit. Ach, Christen, öffnet doch Euere Herzen dem leiblichen und geistigen Elende, das uns überall in der Wirklichkeit entgegentritt. Benutzet doch wenigstens Einen Tag in der Woche, um mitzubauen am Reiche Gottes, wozu ja jeder Christ berufen ist. Statt ganze Stunden mit unnützen Reden und nichtigen Dingen, ja oft in der größten Langeweile zu verbringen, suchet sie auf, die Hütten des Elendes, reichet Euch die Hände zum Wohlthun, tretet vom Herzen zusammen zur Förderung des Reiches Jesu. Ach, es thut Noth, wahrhaftig, es thut Noth! Und das, das ist dem Herrn gefällig. Ein reiner und unbefleckter Gottesdienst vor Gott dem Vater ist der, die Wittwen und Waisen in ihrer Trübsal besuchen und sich vor der Welt unbefleckt erhalten. In diesem Sinne machte sich Jesus zum Herrn des Sabbaths. O daß Ihr Ihm darin nachfolgtet, daß Ihr dem Herrn für seine Gnadengabe so danktet an jedem seiner Tage. Nun, dazu verhelfe Euch der Herr selber! Amen.

VIII.
Zweite Predigt über das dritte Gebot.

Herr, unser Gott und Heiland! Welch' unaussprechlich theueres Gut hast Du uns in Deinem Worte gegeben. Alles, Alles, was uns hier und dort selig machen kann, ist in Deinem Worte. Du selbst gibst Dich uns darin. Ach! wenn wir Dein Wort nicht hätten, wir wären verloren in Ewigkeit. Erbarmender Gott, lehre uns denn selbst Dein heiliges, theueres Wort recht gebrauchen. Unterweise uns darin aus Gnaden in dieser Stunde. Wir armen Sünder wissen nicht, was wir mit dem theuersten aller Schätze machen sollen, wenn Du uns darüber nicht erleuchtest und belehrest. O so thue denn das durch Deinen Geist auch heute. Gib, daß wir, die wir so oft Dein Wort hören und lesen, doch einmal rechte Hörer und Thäter desselben werden mögen. Herr Jesu, Du ewiges Wort, erbarme Dich über uns und laß in Erfüllung gehen, was Du als treuer Hoherpriester einst für uns batest, da Du sprachst: Heilige sie, Vater! in Deiner Wahrheit; Dein Wort ist Wahrheit. Erhöre uns um Deiner selbst willen! Amen.

Daß wir den Feiertag nur durch Gottes Wort recht heiligen können, davon sind wir gewiß Alle überzeugt. Aber es kommt Alles darauf an, wie wir es machen, wie wir an das

Wort Gottes gehen, wie wir es ansehen, wie wir es behandeln. Dazu bedürfen wir einer Anweisung, und die gibt uns unser Katechismus-Vater, Luther, in seiner Erklärung des dritten Gebotes. Höret das Gebot und die Erklärung.

2 Mos. 20, 8.
„Du sollst den Feiertag heiligen."

Luthers Erklärung:

Wir sollen Gott fürchten und lieben, daß wir die Predigt und sein Wort nicht verachten, sondern dasselbe heilig halten, gerne hören und lernen.

Eine

„Unterweisung zum rechten Gebrauche des Wortes Gottes,"

nach den eben verlesenen Worten Luthers, soll heute den Inhalt unserer Betrachtung ausmachen.

I.

Es heißt zuerst: **Wir sollen Gott fürchten und lieben, daß wir die Predigt und sein Wort nicht verachten.**

Die Verachtung der Predigt und des Wortes Gottes kommt zunächst aus dem Unglauben. Es führen wol Viele den Namen Gottes im Munde, aber im Grunde glaubt man doch an keinen lebendigen Gott, man fürchtet Ihn nicht, man liebt Ihn auch nicht. Eben so spricht man wol auch von einem Worte Gottes, aber wie Viele glauben es denn, daß dieses Wort von Gott selbst geredet, von Ihm selbst den heiligen Männern eingegeben worden, daß dieses Wort gewiß und wahrhaftig Gottes Gedanken und Rathschlüsse enthält, daß Er darin sein Herz ausschüttet, daß Er darin in sein innerstes Wesen uns sehen läßt? Wird doch dieses in unseren Tagen sogar von vielen Frauen und Kindern geleugnet! „Was soll uns die Bibel?" heißt es da. „Wer steht uns dafür, daß „es wahr ist, was sie erzählt? Sie wird wol eben solch' ein „Buch sein, wie jedes andere." Und da fängt man denn an, seinen Witz und seine Afterweisheit daran zu probiren. „Dies," sagt man, „sei unmöglich: das streite gegen die gesunde Vernunft; das wiederum sei nur ein Bild, eine jüdische Vorstellung, und das müsse man so und so deuten. Es kommt darauf hinaus, daß man nur das für Gottes Wort halten will, was man sich mit seinem Alltagsverstande selber sagen kann. Man will darum am liebsten auch das nur predigen hören, was nicht über die Religion, die man sich selber fertig gemacht hat, hinausgeht. Und so ist es denn natürlich, daß man die Predigt des eigentlich wahrhaftigen Wortes Gottes, die Predigt der verborgenen Weisheit, der Geheimnisse Gottes, des gekreuzigten Christus, die Predigt der Wahrheit, die man aus eigener Vernunft und Kraft weder wissen, noch verstehen kann, daß man sie verachtet, für eine Thorheit hält, sich daran ärgert, ja, sie wol gar anfeindet. Wo es so steht, da wird man freilich am Sonntage nach jedem anderen Buche, und sei es auch das schaalste, lieber greifen, als nach der Schrift, und alles Andere lieber hören, als die Predigt des Evangeliums.

Aber nächst dem Unglauben ist es auch wirklich die Unwissenheit, die so Manche in der Verachtung des göttlichen Wortes dahingehen läßt. Man ist mit der Bibel unbekannt, man kennt die Schätze gar nicht, die sie in sich schließt; die Geheimnisse und Wahrheiten, von denen jedes schon das ganze Herz beseligen kann, sind einem verborgen, oder wenn man sie höret, verstehet man ihren Sinn nicht; wenn man sie lieset, bleiben sie einem dunkel und verschlossen. Man ist so gewöhnt die ganze Religion nur in ein Paar dürftige Ideen von Gott und Vorsehung, von Tugend und Unsterblichkeit zu setzen und denkt dabei noch Wunder, was man hat. Die ganze Fülle der in der Schrift geoffenbarten Wahrheiten aber übersieht man, man läßt sie liegen, man kümmert sich nicht darum. Man denket: es ist genug, wenn du nur die Hauptsachen weißt, damit kannst du schon durchkommen. Aber am Ende ist das, was man für die Hauptsache hält, nichts. Ja, Bekanntschaft mit dem Worte Gottes, Lesen, Forschen, Auslegung desselben thut Noth, wenn die Predigt des Evangeliums und die Schrift unter uns nicht aus Unwissenheit verachtet werden soll. Darum, m. L., lege ich es Euch ans Herz, recht ernstlich zu bitten, daß Euch der Herr Gelegenheit schenke, mit seinem Wort näher bekannt zu werden und dasselbe richtig verstehen zu lernen. Es ist eine große Gnade, wenn Gott sein Wort im Schwange gehen läßt; es ist das schwerste Strafgericht, wenn Gottes Wort unter den Scheffel gestellt wird, wenn die Lehre und der Unterricht in demselben gehemmet wird. Das lehret uns jene Zeit vor der Reformation zur Genüge. Lieget es Euch darum an Euerer Seelen Seligkeit, so bittet den Herrn, daß Er Euch sein Wort reichlich bieten möge, bittet täglich darum, wenn Ihr das Vater Unser betet. Denn daß der Name Gottes geheiliget werde, daß sein Reich zu uns komme, sein Wille geschehe, und Alles, was wir sonst noch zu unserem wahren Seelenheile erflehen, das hängt Alles davon ab, daß das Wort Gottes unter uns wohne und wachse und ungehindert und mit aller Freudigkeit gelehret und geprediget werde. Doch, m. F., wir wollen es uns nicht verhehlen, daß die Verachtung der Predigt und des Wortes Gottes auch daraus kommt, daß man die Welt mehr lieb hat, als Gott. Wer von der Welt ist, der denket und redet von der Welt und liest und hört am liebsten, was von der Welt ist. Wenn Du also die ganze Woche in und mit der Welt gelebt hast und Du bringest es nun auch über Dich, am Sonntage die Bibel in die Hand zu nehmen oder die Predigt des göttlichen Wortes zu hören, sage: wie wird die Bibel und die Predigt Dir vorkommen? Nicht wahr? wie eine Antiquität, wie ein Gespenst.. „Was soll ich damit machen?" wirst Du sagen. „Was soll mir dieser Jesus? Wie kann ich den brauchen für mein Leben?" Nicht wahr? Alles, was Du liesest und hörest, wird in dem grellsten Contraste stehen zu Deinen sonstigen Lebensansichten und zu Deinem täglichen Thun und Treiben. Die Glaubenswelt, in die das Wort Gottes Dich einführt, sie hat gar keine Wahrheit für Dich; sie kommt Dir vor wie ein Machwerk der bloßen Einbildung, wie eine Fabel, wie ein Mährchen. So ist es, m. Fr., wahrlich! so ist es, wenn wir nicht täglich im Worte Gottes bleiben und leben. Gebet Euere Seelen nur einen Tag der Welt hin und dem, was in der Welt ist, der Augenlust und Fleischeslust und Hoffahrt, und bald wird Euch das Wort Gottes fremdartig vorkommen, ja zuwider sein. Sättiget Euch nur Einen Tag mit den Trübern der Welt, und morgen schon habt Ihr einen Ekel an dem Worte des Herrn. Stundenlang kann es vor Euch liegen, und Ihr greifet lieber nach allem Anderen rechts und links, als nach dem Worte Gottes. Wollet Ihr darum den Feiertag, wie es der Herr will, mit seinem Worte heiligen und davon wirklich etwas haben, o so sehet zu, wie Ihr nicht allein am Sonntage, sondern täglich die Welt verleugnen möget mit ihrem ungöttlichen Wesen. Denn wahrlich! so viel wir der Welt leben, so viel sehen und hören wir im Worte Gottes nichts. Und nur so viel wir der Welt absterben, so viel sehen und hören wir im Worte Gottes, so viel kommt davon in unser Herz und Leben, so viel bleibt uns in Ewigkeit.

Aber, Christen, eine Verachtung der Predigt und des Wortes Gottes ist es nicht minder, wenn man nicht Alles, was Gott zu uns redet, sondern nur immer das und das, was einem gerade angenehm ist, hören und lesen will. Solche

Leute kann man mit Recht ekele Geister nennen. Sie haben an der Predigt und am Worte Gottes immer etwas auszusetzen.. Bald ist es ihnen zu hart und zu strenge, bald ist es ihnen zu weich und zu milde. Bald stoßen sie sich an einen Ausdruck, bald ist ihnen das Ganze zu einfach. Bald meint man, das passe für einen nicht mehr, darüber sei man schon längst hinweg, das gehöre nur für die und die, und was dergleichen mehr. Ja man kann wol gar dahin kommen, zu wähnen, als bedürfe man der Warnung, der Züchtigung, der Strafe, als bedürfe man des Gesetzes und der Bußpredigt nicht mehr, als gehen einem die Gebote Gottes nichts mehr an, man sei nun schon so vollkommen, daß man nur noch eine Aufmunterung nöthig habe; man will lauter Evangelium, lauter Süßes hören. Hüten wir uns, m. Fr., vor solcher und jeder Verachtung des göttlichen Wortes, und am meisten da, wo wir uns einbilden, wir lieben Gottes Wort.

II.

Das zweite Stück in Luthers Unterweisung zum Worte Gottes heißt: Wir sollen die Predigt und das Wort Gottes heilig halten.

Heilig halten! was heißt das? Nun, gerade das Gegentheil von allem dem thun, was die thun, welche die Predigt und das göttliche Wort verachten. Heilig halten können und sollen wir nun das, was von Gott selbst ausgeht. Vor Allem wird also hier von uns gefordert, daß wir glauben, und zwar von ganzem Herzen glauben, daß Er der heilige, lebendige Gott selbst es ist, der aus der Predigt und aus seinem Worte zu uns redet. Alles, Alles hängt von diesem Glauben ab. Und darum können wir uns dieses nicht oft genug einschärfen. Ja, ich muß Euch dringend dazu auffordern, den Herrn selbst darum zu bitten, daß Er Euch diesen Glauben schenke. Denn nehmet Ihr die Schrift in die Hand und es kommt Euch nicht zum Bewußtsein, „jetzt redet der wahrhaftige Gott zu

„mir, der Gott, dessen Wort Wahrheit ist, der Gott, der mich „einst nach diesem seinem Worte richten wird," nehmet Ihr die Schrift gedankenlos zur Hand, wie jedes andere Buch, ohne daß es Euch durch's Herz geht, wer darin redet, wer da gebietet, wer da tröstet, wer da leidet und stirbt, wer die Sünder zu sich ruft, kurz, ohne den Glauben, daß der wahrhaftige Gott jetzt zu Euch und mit Euch redet: dann, das versichere ich Euch, werdet Ihr keinen Nutzen vom Lesen des Wortes Gottes haben, denn Ihr haltet es nicht heilig. Fraget Euch doch einmal: was ist der Grund, daß man so oft weder beim Lesen der Schrift, noch nach dem Lesen derselben, Erleuchtung, Erbauung, Trost und Segen spüret? Was ist es, daß man das ernsteste Wort hundert Mal lesen kann, und man läßt sich doch nicht strafen, nicht bekehren, man richtet sein Leben doch nicht darnach ein? Und so das tröstlichste Wort, und man läßt sich doch nicht trösten, man lieset es noch hundert Mal und quält sich doch immer wieder ab und kommt zu keinem Frieden? Was ist der Grund davon? Das ist es, daß man das Wort Gottes nicht heilig hält; man glaubt es nicht, daß der wahrhaftige Gott da sei und zu einem rede. O ich bitte Euch, m. L., errinnert Euch doch jedesmal daran beim Lesen der Schrift. Und auch, wenn Ihr kommt, die Predigt des göttlichen Wortes zu hören, suchet doch darin nicht bloß eine Unterhaltung, wollet doch nur nicht bloß etwas Neues hören; höret doch nicht die Predigt des Wortes Gottes wie jedes andere Menschengerede! Saget es Euch einmal selbst: Warum schaffet die Predigt so wenig in uns? Warum können so Viele höchstens nur über die Predigt reden, aber so Wenige nach der Predigt thun? Warum ist bei so Manchen noch ein solches ekeles Mäkeln an der Speise, die hier dargeboten wird? Ich frage Euch Alle: Glaubet Ihr jedesmal, wenn Ihr hier die Predigt des Wortes Gottes höret, daß nicht ich zu Euch reden will, daß nicht der schwache Mensch

Euch warnen, bitten, trösten, einladen will? Glaubet Ihr, daß der wahrhaftige Gott selbst hier ist und zu Euch aus seinem Worte redet, daß Er, Er selbst es ist, der da warnet und strafet, der da bittet und ladet? Glaubt Ihr das? Kämet Ihr wirklich, von diesem Bewußtsein durchdrungen, in die Predigt: seht, dann würdet Ihr Euch als gehorsame Kinder unter das Wort Gottes stellen, so wahr Ihr ja doch Alle Gott fürchten und lieben wollet; dann würde keiner an dem Worte des Lebens mäkeln; dann würde es nicht heißen: das und das hat er, der Mensch, der Prediger gesagt; dann würde man aufhören, über die Predigt zu sprechen, man würde anfangen, nach der Predigt zu thun und zu leben. Ja wahrhaftig, wo die Predigt des Wortes Gottes unter uns heilig gehalten würde in diesem Sinne, da müßte jede Predigt gesegnet sein an Eueren Seelen.

Freilich könnte jemand sagen: "Wer bürget mir dafür, "daß ich in der Predigt auch jedesmal das reine Wort Gottes "höre? Es sind am Ende des Predigers eigene, selbsterfun- "dene Gedanken, die Er nur für Gottes Wort ausgibt. Wie "soll ich da nun von vorn herein mit dem Glauben in die "Predigt kommen, daß darin der wahrhaftige Gott selbst zu "mir rede?" Nun, m. Fr., ich zwinge Keinen, meine Predigt für Gottes Rede zu halten; aber ich ermahne einen Jeden, es so zu machen, wie die Berrhöer es machten, da sie das Wort aus dem Munde des Paulus hörten. Sie forschten nämlich fleißig in der Schrift, ob es sich also hielte, wie er geredet. Ihr habt die Schrift. Sehet und forschet nach jeder Predigt, ob es sich so halte, wie die Schrift saget und lehret. Ich bitte Euch darum, ja ich bin von Amtswegen und nach den Grundsätzen unserer Kirche dazu verpflichtet, Euch beständig dazu zu ermahnen und anzuhalten. Ich bin verpflichtet, allen denjenigen, welche Auskunft und Belehrung über die Predigt und das Wort Gottes wünschen, solche zu geben. Jederzeit bin ich bereit, den Fragenden und Suchenden gern zu dienen. Beschwere sich also niemand, daß ihm in der Predigt etwas geboten werde, wovon er doch nicht recht wisse, ob es Gottes Wort sei oder nicht, und daß er daher nicht so ganz zuversichtlich glauben könne, ob Gott selbst hier zu ihm rede. Prüfet, sehet. Aber wenn Ihr es Euch gestehen müsset, ja, die Predigt ist das reine Gotteswort: o dann fanget doch an, die Predigt heilig zu halten, kommet doch nie in die Predigt, höret sie nie, ohne Euch zuvor in dem Gedanken zu sammeln, jetzt redet Er, der wahrhaftige Gott, selbst zu mir. Denket doch daran, daß der Prediger, wenn er das Wort im Namen Gottes ausspricht, daß er sich ebenfalls als armer Sünder unter das Wort stellet, daß dasselbe Wort, womit er Andere warnet und strafet, eben so auch ihn warne und strafe und verurtheile. Ich bitte Euch, m. L., sehet bei der Predigt ab von dem Menschen, verwechselt nicht Gottes Stimme mit dem Geschöpfe. O lasset uns doch zusammen als die gehorsamen Kinder uns unter das Wort stellen. Zusammen lasset uns hier jedesmal sprechen: Rede, Herr! Dein Knecht höret. Zusammen lasset uns die Predigt und das Wort Gottes heilig halten, dann wird der Segen Gottes auf Lehrer und Hörer kommen.

III.

Und nun das dritte Stück der Unterweisung zum Worte Gottes: **Wir sollen die Predigt und das Wort Gottes gern hören.**

Auf das Gernhören oder, wie Jacobus sagt, auf das Schnellsein zum Hören, darauf kommt viel an, m. Fr. Doch versteht darunter ja nicht jene Sucht, die immer nur was Neues hören will und nicht genug hören kann, wobei es aber, wie das Sprüchwort saget, gewöhnlich so ist, daß das, was in das eine Ohr hineingehet, aus dem anderen wieder herausgehet. Nein, das Wort Gottes gern hören, das heißt: es mit ganzer Liebe, mit der höchsten Sehnsucht des Herzens, mit Hunger und Durst hören, wie Maria; alles Andere gering achten gegen die Augenblicke, wo einem das Wort des Lebens geboten wird, und, wie es in dem Psalm heißet, denken: „Ein Tag in Deinen Vorhöfen ist besser, denn sonst tausend, und Dein Wort ist süßer, denn Honig, und Deine Zeugnisse besser, denn Geld und viel feines Gold." Wenn wir nun jedesmal in die Predigt kommen mit dem Bewußtsein, Er, der wahrhaftige, lebendige Gott, will nun zu uns reden, wie sollten wir da nicht gern hören wollen? Jedes seiner Worte ist ja ewige Wahrheit, keines seiner Worte täuschet; was Er zusaget, das hält Er gewiß, seine Verheißungen sind alle Ja und Amen. Mit jedem Worte schließt Er uns sein Vaterherz auf, jedes Wort soll das Saatkorn einer ewigen Frucht in unserem Herzen sein, mit jedem Worte will Er uns erleuchten, bekehren, trösten, heiligen, selig machen. O Seele, hast du den wahrhaftigen Gott in Jesu erkannt und Jesus, die ewige Liebe, redet nun zu dir, wirst du seine Worte nicht gern hören? Saget Er ja doch von Allen, die Ihn sehen und hören konnten: „Selig sind, die da sehen, was ihr sehet, und „die da hören, was ihr höret. Könige und Propheten sehnten „sich, meinen Tag zu sehen, und haben ihn nicht gesehen." Nun, Christen, wir sehen in dem Evangelio den wahrhaften Gott, unseres Fleisches und Blutes theilhaftig, unter uns wohnend und wandelnd; Gottes innerste Gedanken, Gottes ganzes Herz gegen uns, das wird uns mitgetheilt, das wird uns aufgeschlossen zu unserer Seelen Seligkeit. Jesus redet. Sollten wir nicht gern hören?

Aber, m. Fr., zum Hören gehören Ohren. Nicht umsonst saget der Heiland sehr oft zu denen, die Ihn hörten: „Wer Ohren hat, zu hören, der höre!" Das setzet also voraus, daß Einige und vielleicht die Meisten keine Ohren haben, das heißt, es fehlen ihnen die Ohren, die zum Hören des Geistigen, Göttlichen und Ewigen taugen. Der natürliche Mensch vernimmt nichts vom Geiste und Worte Gottes, es ist ihm eine Thorheit. Er höret vielleicht alle Sonntage und höret doch nichts heraus; er behält vielleicht auch viel im Gedächtnisse, aber er hat doch nichts davon. Er höret von Christo, von seinem Leiden und Sterben, von Gnade und allen himmlischen Dingen, aber es bleibt ihm ein Gleichniß; er faßt diese Dinge ebenfalls wol auch in seinem Kopfe und bildet sich ein, nun habe er es, aber es ist nichts. Es kommt ihm das Wort Gottes nicht in das innerste Herz, es fällt das göttliche Samenkorn nicht in die tiefste Tiefe der Seele, es durchschneidet ihm das Schwert des Geistes nicht Mark und Bein, sondern es schwirrt ihm höchstens bloß im Kopfe herum. Seht, darum saget Paulus: „Was kein Auge gesehen, kein Ohr gehöret und in keines Menschen Herz gekommen, was Gott bereitet hat denen, die Ihn lieben," das hat Er uns geoffenbaret durch seinen Geist, das heißt, kein Mensch verstehet aus eigener Vernunft und Einsicht das Wort Gottes; Keiner hat von Natur ein Ohr dafür, sondern der Geist Gottes muß uns erst die Ohren öffnen. Und wenn wir auch das leiseste Gehör von Natur haben, und wenn uns auch kein einziges Wort von der ganzen Predigt entgeht: es ist doch eben so gut, als ob wir nichts gehört hätten, wenn der Geist Gottes uns nicht Ohren gemacht hat, wenn wir nicht mit Ohren dieses Geistes gehört haben.

Seht, darum kann ich Euch nichts dringender ans Herz legen, als dieses. Jedesmal nämlich, wenn Ihr das Wort lesen oder hören wollt, bittet, o bittet den Herrn von ganzem Herzen, daß Er selbst Euch zuvor die Ohren öffnen möge. Unterlasset das ja nie, thuet es auch während des Lesens und Hörens. Wahrhaftig! es ist sonst alles Lesen und Hören umsonst. — Verschmähet auch diesen Rath nicht, den ich Euch noch zum gesegneten Hören des Wortes Gottes geben will.

Sind Euere Gedanken nämlich im Gebete zum Herrn gesammelt (und das ist die Hauptbedingung eines rechten Hörens, daß wir nicht mit zerstreueten, eigenen Gedanken dasitzen, sondern daß wir von Allem unsere Seele abziehen und für nichts Anderes Sinn haben, als für das Wort Gottes, das wir hören sollen): dann höret aber auch die Predigt mit ganzer, ungetheilter Aufmerksamkeit, ja ich muß hier sagen, mit Selbstverleugnung. Gebet Euch nicht diesen und jenen unnützen Gedanken, die in Euch während der Predigt aufsteigen könnten, hin; lasset Euch durch nichts in Euch und außer Euch stören, Ihr verliert darüber das Ganze, Ihr mißverstehet, Ihr kommet in Euere eigenen Gedanken hinein. Werfet Alles weg und höret nur und bemühet Euch, zu behalten. Dann aber, wenn Ihr aus der Kirche kommt, dann versäumet ja nicht, darum bitte ich Euch, das Gehörte für Euch im Gebete noch einmal durchzumachen. Da denket über jedes Einzelne aus der Predigt nach; da wendet es an auf Euer Herz und Leben; da bittet den Herrn, daß Er nun jedes Wort an Eueren Seelen lebendig machen möge. Versäumet das ja nicht, m. Fr. Es ist dies Beten nach der Predigt eben so wichtig, als das vor dem Hören. Warum kommt der Teufel und nimmt das Wort von so vielen Herzen, kaum daß sie es gehöret? Darum, daß sie hingehen und das Gehörte verschwatzen und ihre Seele in der Welt zerstreuen lassen und an das Durchmachen der Predigt vor dem Herrn und in der Kammer des eigenen Herzens nicht denken.

So viel über das dritte Stück unserer heutigen Katechismus-Unterweisung.

IV.

Und nun noch in Kurzem das Vierte: **Wir sollen die Predigt und das Wort Gottes auch lernen.**

Ja, lernen, m. Fr., und zwar alle Tage. Viel Verkehrtheit herrschet in dieser Beziehung auch in unserer Zeit.

Womit glaubt man nämlich am leichtesten fertig zu sein? Mit dem Worte Gottes und mit göttlichen Dingen. Da halten sich die Meisten für gelehrt genug, da glaubet Jeder genug zu verstehen, um zu urtheilen und abzusprechen. Wollen wir das nicht thun, m. L., und zwar aus dem Grunde, weil wir sonst blind und unwissend bleiben unser Lebenlang. Wollen wir es lieber so machen. Jedesmal, wenn wir das Wort Gottes in die Hand nehmen, dann lasset uns sprechen: ach Herr! ich weiß noch gar nichts, ich bin noch so blind, ich verstehe noch so wenig von Deinen Gedanken und Wegen. Und jedesmal, wenn wir in die Predigt kommen, dann lasset uns sprechen: ach! mein ganzes Sinnen und Trachten ist noch so verkehrt, meine Seele so jämmerlich, mein Leben so sündenvoll, mein Herz ist noch so hart und ungehorsam, so ungläubig. Lieber Gott! mache es doch anders mit mir; laß mich aus Deinem Worte und aus der Predigt doch etwas Rechtes lernen.

Arm am Geiste und als Unmündige, so müssen wir an das Wort Gottes gehen: denn die Welt in ihrer Weisheit kann Gott in seiner Weisheit nicht begreifen. „Und ich danke Dir, Gott," saget Christus, „daß Du es hast verborgen den Weisen und geoffenbaret den Unmündigen; also ist es wohlgefällig gewesen vor Deinen Augen." Gehen wir so an das Wort Gottes, dann wird auch der Geist aus der Höhe in uns kommen, der uns nicht allein das Verständniß des Wortes öffnen, sondern der uns auch unser ganzes Inneres aufdecken wird. Und das ist die Hauptsache. Wir müssen in die verborgensten Winkel unseres Herzens sehen, wir müssen unsere ganze innere Gestaltung vor Augen haben können. Wir müssen es erkennen und fühlen, worauf das Wort Gottes jedesmal in uns zielt; wir müssen es anwenden können auf uns. Nur dann haben wir recht gehöret, nur dann lernen wir etwas. Und was uns dann das Wort Gottes auf diese Weise gibt, das muß durch Gebet und Flehen festgehalten, das muß bewahret, das muß gethan und geübet werden, wollen wir uns nicht selbst betrügen. Kein Schüler lernet etwas ohne tägliche Uebung. Wir lernen nichts vom Worte Gottes, wenn wir es nicht halten, nicht thun und üben. So jemand ist ein Hörer des Wortes und nicht ein Thäter, der ist gleich einem Manne, der sein leiblich Angesicht in dem Spiegel beschauet. Nachdem er sich beschauet hat, gehet er von Stund' an davon und vergißt, wie er gestaltet war. Wer aber durchschauet in das vollkommene Gesetz der Freiheit und darinnen beharret und ist nicht ein vergeßlicher Hörer, sondern ein Thäter, derselbe wird selig sein in seiner That. Ja, selig sind, die Gottes Wort hören und bewahren. Amen.

IX.
Erste Predigt über das vierte Gebot.

Gnade sei mit uns und Friede von Gott dem Vater und dem Herrn Jesu Christo, der uns geliebet und sich selbst für uns dahin gegeben hat. Ihm sei Ehre nun und in alle Ewigkeit. Amen.

Wir kommen heute, versammelte Christen, in unseren Katechismus-Betrachtungen zur zweiten Tafel der Gebote Gottes. War die Summe der Gebote der ersten Tafel diese: „Du sollst Gott, Deinen Herrn, lieben von ganzem Herzen, von ganzem Gemüthe und von allen Kräften," so ist der Hauptinhalt der zweiten Tafel dieser: „Du sollst Deinen Nächsten lieben, als Dich selbst." Es beginnt aber die zweite Tafel, wie Ihr wisset, mit dem vierten Gebote. Hört es:

2 Mos. 20, 12.

„Du sollst deinen Vater und deine Mutter ehren, auf daß dir's wohl gehe und du lange lebest auf Erden."

Luthers Erklärung:

Wir sollen Gott fürchten und lieben, daß wir unsere Eltern und Herrn nicht verachten, noch erzürnen, sondern sie in Ehren halten, ihnen dienen, gehorchen, sie lieb und werth haben.

Nach dem eben verlesenen vierten Gebote soll heute, unter Gottes Beistande, der Gegenstand unserer Betrachtung und Erbauung sein:

„Die Ehre der Eltern."

Lasset uns sehen:
I. worauf diese Ehre beruhet;
II. warum Gott der Herr sie geordnet und geboten; und
III. wie sie den Eltern von den Kindern erwiesen werden soll, und wie wir zu der Erfüllung dieses Gebotes stehen.

I.

Die Ehre, welche die Eltern von ihren Kindern haben sollen, beruhet nicht auf etwas, das in den Eltern selbst wäre. Nicht die etwaigen persönlichen Vorzüge der Eltern, nicht ihre Mühe und Arbeit, ihr Sorgen und Wachen um die Kinder, ihre Liebe und Treue gegen sie, nicht das ist es, warum den Eltern die Ehre von den Kindern gebühret, und was die Eltern Achtung und Ehrung von den Kindern zu fordern berechtiget. Die Eltern sollen und dürfen nicht zu ihren Kindern sagen: darum, weil wir so und so sind, darum müßt ihr uns ehren und lieben. Denn dagegen könnten ihnen ihre eigenen Kinder (und wie viele gottlose Kinder haben es schon gethan!) — die eigenen Kinder, sage ich, könnten den Eltern hundert Dinge vorhalten, warum sie sie nicht zu ehren brauchten. Oder gibt es nicht noch heute gar manche Kinder, die, statt den Eltern zu danken, ihnen nur Vorwürfe machen, die ihnen ins Gesicht sagen: warum habt Ihr mich nicht so erzogen, warum habt Ihr das und das nicht an mir gethan, warum habt Ihr das versäumt?

Gibt es nicht noch heute Kinder, welche die Sünden, die Schwächen und Fehler der Eltern sehr scharf und genau beobachten und diese ihre Beobachtung den Eltern sehr fühlbar merken lassen? — Kinder, die nicht allein in den Sünden ihrer Eltern ein Sündenpolster für sich suchen und sagen, Vater und Mutter machen es auch so, sondern die auch in Worten und Betragen geradezu eine Verachtung ihrer Eltern an den Tag legen? Wer von uns diese traurige Erfahrung gemacht hat, der sehe zu, woran es liege: ob die Schuld mehr an den Kindern, oder ob sie mehr an den Eltern sei?

Darum, m. Fr., lasset es uns merken: wir haben den Grund der Ehre, die den Eltern von den Kindern gebühret, nicht in dem und dem, was den Eltern eigen ist, zu suchen. Denn angenommen, es gebe auch im christlichen Sinne vollkommene Eltern, — ist diese christliche Vollkommenheit das Eigenthum der Eltern? haben sie es etwa aus sich selbst? Oder ist nicht Alles, was sie ihren Kindern sein und geben können, eine Gnadengabe Gottes? Sind sie nicht dieselben armen Sünder, wie ihre Kinder? Versündigen sie sich nicht täglich (ach! und noch weit mehr, als die eigenen Kinder gegen sie) gegen den Vater im Himmel? Wem gebühret also eigentlich allein die Ehre? Doch nur dem einen, lebendigen Gotte.

Hinge die Ehre, welche Kinder ihren Eltern schuldig sind, nur von dem Verdienste und der Würdigkeit der Eltern ab, mit welchem Rechte könnten wahrhaft christliche Eltern, die ja doch täglich bekennen, daß sie aus sich selbst gar kein Verdienst und keine Würdigkeit haben, mit welchem Rechte könnten sie auf Ehrung und Achtung bei ihren Kindern Anspruch machen? Oder wie stände es dann mit der Ehrung derjenigen Eltern, die wirklich nicht das sind, was sie durch Gottes Gnade ihren Kindern doch sein sollten und könnten, wie stände es mit der Ehrung schlechter Eltern? Glaubt Ihr, Gott hätte im vierten Gebote befohlen, wir sollten bloß den guten Vater und die gute Mutter ehren? Oder hat unser Heiland seine Mutter bloß um ihrer etwaigen persönlichen Vorzüge und Muttertreue willen geehret? Das wäre grundfalsch. Denn Jesus war ohne Sünde, und Maria war eine Sünderin. Und doch ehrete Er sie und war seinen Eltern unterthan. Nein, es heißet im vierten Gebote: „du sollst deinen Vater und deine Mutter ehren," gleichviel, wer und wie dein Vater und deine Mutter auch seien: du sollst sie ehren. Wenn dein Vater ein Verbrecher in Ketten wäre und du schämtest dich seiner, du verachtetest ihn, du erwiesest ihm nicht die Ehrerbietung, die das Kind dem Vater nach Gottes Willen schuldig ist, so wärest du ein schändliches und verfluchtes Kind. Und wenn deine Mutter tief vor Gott und vor den Menschen gefallen wäre und du verachtetest sie deswegen und wendetest dein Herz von ihr weg und schämtest dich, sie Mutter zu nennen und als Mutter zu ehren: so bist du nicht minder ein schändliches und verfluchtes Kind.

Das ist der Sinn des vierten Gebotes, m. Fr. Daraus begreifen wir erst, warum der Haltung desselben solch' großer Segen schon hier auf Erden verheißen ist. Wir sollen Vater und Mutter ehren ohne Ansehen der Person. Verstehen wir nun den Grund der Elternlehre? Merken wir nun, worauf dieselbe ruht und was die Kinder immer und in jedem Falle dazu verpflichtet? Es ist Gottes Wille, Gottes Ordnung, Gottes Gebot. Gott gebietet: wir sollen Vater und Mutter ehren. Und da hat kein Kind zu fragen: wer ist mein Vater, und wie ist meine Mutter, und haben sie die Ehre auch verdient? Es wäre dasselbe, als wenn sie fragen wollten: soll man denn auch Gottes Gebote befolgen?

Auf solchem Fundamente ruhet die Ehre der Eltern; nicht auf dem Sandboden etwaiger Vorzüge und eigener Würdigkeiten, nicht auf dem Sandboden der natürlichen Liebe und der natürlichen Ehrfurcht, nicht auf der bloßen Blutsverwandtschaft, sondern auf dem Felsen des göttlichen Gebotes, der nie wanket, der fest und unbeweglich bleibet. — Danket dem Herrn, Ihr Eltern, daß Er Euere Ehre so begründet, so gesichert, so festgestellt hat. Was Ihr nun von Eueren Kindern fordert, worauf Ihr nun bei Eueren Kindern dringet, Ihr fordert es nicht für Euch, als für sündige Menschen, Ihr fordert es für Ihn, den heiligen Gott. Lasset es Euch nun, Ihr Eltern, die Ihr den Herrn fürchtet, lasset es Euch nun nicht beikommen, mit Zucht und Ermahnung bei Eueren Kindern anzustehen, werdet nicht matt und muthlos, weil Ihr Euch selbst nur als arme Sünder, weil Ihr Euch selbst nur als ungehorsame Kinder gegen den höchsten Vater fühlet. Nicht Euerem Verdienste und Euerer Würdigkeit gebühret die Ehre, sondern Gott fordert sie. Gottes Gebot sollen Euere Kinder halten; in Gottes Ordnung sollen sie sich fügen; Gott dem Herrn sollen sie gehorchen. Danket nun aber auch, ihr Kinder, dem Herrn, Euerem Gotte, daß ihr Vater und Mutter ehren sollet um Gottes willen. Euere Verpflichtung gründet sich nicht auf Menschenlaunen und Menschenwillkür; sie gründet sich auf Gottes Wort und Gottes Willen. Wie darum auch die Eltern seien, — ein sanftes Joch und eine leichte Last wird euch in allen Fällen ihre Ehrung sein, wenn ihr es stets vor Augen und im Herzen habet: Gott der Herr gebietet es mir; seinen Willen thue ich, wenn ich den Eltern unterthan bin; Ihn, den Allerhöchsten, ehre ich, wenn ich die Eltern ehre. Was ich den Eltern thue, das thue ich Ihm, dem lebendigen

Gotte, selbst. Gnade und Segen verheißet Er jedem gehorsamen Kinde.

II.

Jetzt, m. Fr., wird es uns leicht sein, über unsere zweite Frage uns Rechenschaft zu geben, nämlich: warum hat Gott die Ehrung der Eltern angeordnet, warum gebietet Er dieselbe so unbedingt, warum hat Er die Ehre der Eltern so hoch und fest gestellt? Warum fordert Er mehr als bloße Liebe von den Kindern? Nichts Geringeres ist der Grund, als dieser: in den Eltern will Gott der Herr selbst von den Kindern geehret sein; in den Eltern sollen die Kinder Ihm, dem Herrn, dienen, Ihm gehorchen; in den Eltern sollen sie Ihn lieb und werth halten. Von dem ersten Hauche ihres Lebens an will Gott den Kindern nahe sein, Er will ihr Gott sein. Sichtbar und fühlbar will Er sie umgeben, schützen, nähren, pflegen. Da, wo sie seinen Namen noch nicht lallen können, da will Er sie mit Namen nennen; da wo sie noch nichts von seinem ewigen, unsichtbaren Wesen fassen, da will Er ihnen erscheinen. Seht, und das will der barmherzige und freundliche Gott in Vater und Mutter, das will Er durch die Eltern, das will Er durch Alle thun, die Vater- oder Mutterstelle an den Kindern vertreten. Was die Kinder an guten Gaben aus den Händen der Eltern empfangen, was diese mit ihrem Munde und aus ihrem Herzen den Kindern zukommen lassen: Gottes Gabe, Gottes Gebote, Gottes Segnungen sind es.

Spricht ein ernstwarnender Vater, so spricht Gott durch ihn. Strafet er die Sünde und den Ungehorsam des Kindes, so strafet Gott durch ihn. Wachet er über das Seelenheil der Seinen, so sorget und wachet der Herr durch ihn. Und opfert sich eine Mutter für ihr Kind wahrhaft auf, will eine Mutter nichts von Weltlust und Bequemlichkeit wissen, gibt sie willig Tage und Nächte für das leibliche Wohl ihrer Kinder hin, und scheuet sie keine Mühe, das geistig Verlorene und Verirrte wieder zu suchen, zu ermahnen, zu bitten: so will in allem diesem die Liebe des Sohnes Gottes an den Kindern sich offenbaren. Durch den Vater will die ernste Jesus-Liebe, (welche sich selbst verleugnete, welche das Leben am Kreuze hingab, welche einem Petrus strafend zurief: „Hebe dich, Satan, „von mir, du bist mir ärgerlich, denn du meinest nicht, was „göttlich, sondern was menschlich ist;" — aber auch die Liebe, welche demselben Jünger mit unendlicher Huld und Freundlichkeit die Frage vorlegte: „Simon Johanna, hast du mich „lieb?") und durch die Mutter die erbarmungsvolle, langmüthige, geduldige, nachgebende, suchende und rettende Liebe des guten Hirten schon an der jungen Kindes-Seele sich offenbaren, die Liebe, welche da spricht: „Kann auch die Mut= „ter vergessen des Säuglinges, daß sie sich nicht über den „Sohn ihres Leibes erbarme; vergäße sie sein, ich will doch „dein nicht vergessen;" die Liebe, von der es heißet: „Er wird „seine Heerde weiden, wie ein Hirte, Er wird die Lämmer „in seine Arme sammeln und in seinem Busen tragen." Ja „die Gnade unseres Herrn Jesu Christi, die Liebe Gottes und „die Gemeinschaft des heiligen Geistes," die will in den Eltern den Kindern erscheinen, die will sich ihnen eindrücken vom ersten Hauche ihres Lebens an. Stellvertreter Gottes, das sollen Vater und Mutter den Kindern sein, bis diese dahin kommen, selbst zu suchen und zu erkennen den, welcher der rechte Vater ist über Alles, was da Kinder heißet im Himmel und auf Erden. Wie die Kinder einst, wenn sie erwachsen, den lebendigen Gott in Ehren halten, wie sie ihm gehorchen und dienen, ihn lieb und werth halten sollen, — das sollen sie mit dem ersten Denken und Hören und Reden schon in dem Ehren und Gehorchen der Eltern lernen. Wie sie sich einst in alle göttliche Ordnungen freudig fügen, der Obrigkeit und den Herrschaften, den Lehrern und Seelenhirten gehor=

chen und unterthan sein sollen, das sollen sie frühe schon im Gehorchen und Unterthansein gegen Vater und Mutter lernen. Das ist der Wille Gottes. Darum hat Gott die Ehrung der Eltern angeordnet, darum hat Er sie so unbedingt geboten, so hoch gestellt und fest begründet.

Nun, Ihr Väter und Mütter, habt Ihr sie auch schon recht ernstlich bedacht, die Ehre und Würde, die Euch der Herr im vierten Gebote gibt? Habt Ihr es bedacht, warum der Herr sie Euch gibt? Wahrlich, es ist nichts Geringes, es ist nichts Gleichgültiges, warum Euere Kinder Euch ehren sollen. Stellvertreter Gottes sollet Ihr ihnen sein. Haben wir das alle Tage vor Augen und im Herzen? Wir fordern, daß unsere Kinder uns ehren sollen, — ach! und wie erscheinen wir ihnen oft? Ist es der Ernst und die Liebe Gottes, die aus uns zu unseren Kindern redet? ist es das heilige Wesen Gottes, das ihnen aus uns entgegenkommt? ist es die Sanftmuth und Demuth Christi, die sie an uns sehen? Ach wie viel Tage und Stunden gibt es, wo wir uns vor den jungen Seelen gehen lassen in Laune und Willkür und Selbstsucht, wo wir es vergessen, was wir ihnen nach dem Willen Gottes sein und wie wir ihnen erscheinen sollen! In diesem Augenblicke ärgert einen das Geringste an den Kindern; da kann man in Zorn, in Wuth und Leidenschaft gerathen, kann strafen ohne Liebe, nur aus Aerger, nur mit Rachegefühl, so daß das Ebenbild Gottes, das die Kinder an einem nur sehen sollten, sich in Satans Bild verzerrt. In jenem Augenblicke wiederum haben Vater oder Mutter weder Auge noch Ohr für die abscheulichsten Versündigungen der Ihrigen. Aus Liebe zur Bequemlichkeit, aus Trägheit, aus weichlicher, falscher Liebe, ja wol gar aus Feigheit und Furcht, man möchte es mit den Kindern verderben, sie möchten einem eine böse Miene machen, da waget man es nicht, ein ernstes Wort zu reden, man unterläßt Strafe und Zucht. So ist in so manchem

Hause nur Seufzen statt Freudigkeit, nur ein Rückwärtskommen statt Vorwärtsgehen. Hier liegen nur auf einem Theile alle Sorgen, indeß der andere Theil gar nichts thut. Dort sind beide Theile matt und schwach. Die Eltern sind nicht zusammen das, was sie ihren Kindern sein sollen: Gottes Diener, Gottes Gesandte.

O, m. L., die Ihr Väter und Mütter seid und bisher den Sünder-Heiland noch so wenig suchtet, lernet ihn hier doch suchen! Denn wahrlich der Sünden, die wir als Eltern gegen unsere Kinder begehen, sind viele, sind groß, und sie müssen uns bange machen, denn es kommt ein Tag, wo wir werden Rechenschaft ablegen müssen. Nur Jesus kann uns helfen. Er nur kann uns arme Sünder tüchtig machen zu dem schweren Eltern-Berufe; Er nur kann uns Muth und Freudigkeit geben, täglich von Neuem die Probe zu bestehen. Ach ja, täglich müssen wir mit unserer Untreue und mit unserem Elende zu Ihm kommen. Anders geht es nicht; anders werden wir keine christlichen Eltern, keine Eltern nach dem Herzen Gottes sein. Mit Jesu aber sei uns die Ehre und Würde unseres Berufes täglich ein neuer Trieb, an den Unsrigen zu thun nach Gottes Willen.

III.

Auf welche Weise sollen die Kinder nun Vater und Mutter ehren? — Bedenken wir es, was Gott der Herr beim Stande der Eltern im Sinne hat, welch' ein wichtiger, heiliger, schwerer Beruf der Eltern-Beruf ist, wahrlich! dann werden wir wol sagen: Kinder können ihre Eltern nie genug ehren. Wir werden es nicht zu viel finden, wenn es in unserem Katechismus heißt: „Wir sollen unsere Eltern nicht verachten, noch erzürnen, sondern sie in Ehren halten, ihnen dienen, gehorchen, sie lieb und werth halten."

Wir sollen unsere Eltern nicht verachten. — Gibt es kein Kind unter uns, daß sich zur Zeit seiner Eltern geschämt?

Sie sind vielleicht geringen Standes; sie haben nicht die Bildung, die vor der Welt gilt; sie sind vielleicht schwach im Glauben, schwach in der Erkenntniß; sie fehlen hier und da: haben wir sie trotz dessen immer geehrt und geachtet? Oder hat sich das Herz nicht oft über sie erhoben, über sie gestellt, sie gemeistert, ja wol gar über sie gelächelt? Hat bei ihrem Warnen und Bitten und Ermahnen nicht oft das Herz sich von ihnen abgewandt und gewünschet: „ach, wenn sie doch „nun aufhörten zu reden, wenn sie doch lieber gar nicht da, „wenn sie doch lieber schon todt wären?!" Hat nicht das Herz sich einem Theile der Eltern nur deswegen zugewandt, um den anderen Theil desto weniger zu ehren, um ihn desto frecher zu verachten? — Ach! über solche Kinder rufet die Schrift den furchtbaren Fluch: „Ein Auge, das den Vater „verspottet und verachtet, der Mutter zu gehorchen, das „müssen die Raben am Bache aushacken und die jungen Adler „fressen."

Wir sollen unsere Eltern aber auch nicht erzürnen, sondern sollen ihnen gehorchen. — Die Hand aufs Herz, m. L., haben wir unsere Eltern nie muthwillig geärgert? haben wir ihnen nie Thränen und Seufzer ausgepreßt? haben wir sie nicht oft dahin gebracht, daß sie im Zorne über uns sich versündigten? Wo sind die Kinder, die stets nachgaben, die stets schwiegen, die gegen Vater und Mutter nicht Recht haben wollten? Oder was sehen wir in dem frechen Widerspruchsgeiste der heutigen Jugend Anderes, als unsere eigenen Jugendsünden? Was sehen wir in dem Unglauben und Ungehorsame gegen Gottes Wort, in dem Verachten des Evangeliums, in dem Murren gegen Gott, in dem frechen Aburtheilen über göttliche Dinge und Ordnungen, in dem Auflehnen gegen Gesetz und Obrigkeit, in dem Selbst=Gottseinwollen, in der ganzen Gottlosigkeit unserer Zeit, — was sehen wir da Anderes, als die Frucht der Sünden gegen das vierte Gebot!? —

O lasset uns das doch bedenken, damit wir einmal verstehen, woran es lieget und wo wir anzufangen haben, wenn es besser werden soll!

Wir sollen unseren Eltern aber auch dienen, so heißt es im vierten Gebote weiter. — Da gibt es denn doch wol noch gar manche Söhne und Töchter, die sich von den Eltern lieber bedienen lassen; Söhne und Töchter, welche die Dienstboten des Hauses tyrannisiren, statt daß sie selbst Hand anlegen und auf den Wink der Eltern zu Allem bereit sein sollten. Wie mancher Sohn, der doch schon längst dem Vater dienen könnte, schämet sich nicht, diesem das Letzte, schwer Erworbene aus der Tasche zu ziehen. Und wie manche Tochter, die der Mutter schon längst beistehen könnte, kann ruhig zusehen, wie die Mutter sich zersorgt und zerquält, indeß ihr Sinn nur auf den Putz und Tand und Romanlesen gerichtet ist. — Doch, meine Freunde, lassen wir es hier nicht bei dem Allergröbsten bewenden. Denken wir doch daran: waren wir nie unbillig, wenn unsere Eltern sagten: „thue dies und das," oder wenn sie es auch nur wünschten?

Und wie steht es mit dem ausdrücklichen Begehren Gottes: wir sollen unsere Eltern lieb und werth halten! — Die Herzen der Eltern standen uns vielleicht täglich offen, aber wir wollten ihre Freundschaft und Liebe nicht; wir suchten uns andere Freunde, die es nicht so genau mit uns nahmen, die alle Sünden an uns gut hießen.

Es wurde einem im Eltern=Hause zu enge; die Gegenwart von Vater und Mutter war einem drückend; die Lust der Welt war einem mehr werth, als Vater= und Mutterliebe; täglich empfingen wir Liebesgaben aus den Händen der Eltern, aber Wochen, Tage, Jahre vergingen, wo es einem auch nicht einmal einfiel, zu danken. Man konnte sich zur Zeit so gebehrden, als ob man sein Lebenlang von den Eltern nur Böses empfangen.

Ach, Christen, die Sünden gegen das vierte Gebot, die auf unser Aller Herzen lasten, sind groß, sind unzählbar! Und leider, leider fühlen wir sie dann erst recht schmerzlich, wenn sie gegen uns selbst begangen werden, wenn wir selbst Vater oder Mutter sind, oder dann erst, wenn wir keine Eltern mehr haben; wenn sie schon im Grabe sind. Dann möchte man sie aus dem Grabe holen; dann möchte man ihnen alle Ehre und Liebe erweisen.

Wer ist unter uns, der in der That und in der Wahrheit sagen könnte: mir kommt die Verheißung zu gut, die der Herr dem vierten Gebote beigegeben? Ach! wir und unsere Kinder, wir wären verloren in Ewigkeit, wenn der Herr gedenken wollte der Sünden unserer Jugend, wenn Er uns vergelten wollte nach unseren Missethaten. Wahrlich! Fluch, lauter Fluch träfe uns und unsere Kinder, wenn Gott nicht seinen Sohn gegeben hätte, uns von diesem Fluche zu erlösen. Ja, Jesus Christus, der wahrhaftige Gott, wurde ein Kind; Jesus war unterthan und gehorchte seinen Eltern; Jesus ehrete Vater und Mutter während seines ganzen Jugendlebens; er hielt sie lieb und werth an seinem Kreuze noch, — nur, um unsere Jugend-Uebertretungen zu versöhnen, um unsere sündenvolle Jugend zu einer unschuldigen und heiligen vor Gott zu machen, damit uns auch in diesem Stücke an der Gerechtigkeit, die vor Gott gilt, nichts fehle: An seinem Kreuze, da hat Er (indem Er sterbend noch das vierte Gebot erfüllte) unsere Uebertretungen gebüßt; da hat Er den Fluch, der uns und unsere Kinder traf, von uns abgewendet und uns den Segen erworben, den Gott verheißet.

Ihr, die Ihr einst Kinder waret und nun Väter und Mütter seid, bedenket dies doch in Euerem Herzen und lasset durch die Liebe des Sohnes Gottes Euch ermahnen, Eueren Kindern wahrhaftig Vater und Mutter zu sein! Ihr Kinder, die Ihr noch Eltern habt, will es Euch schwer fallen, ihnen zu dienen, zu gehorchen, sie in Ehren zu halten (ach! und es kann zur Zeit wol schwer sein), sehet auf Eueren gekreuzigten Heiland; Er erwirbt Euch ja ewigen Segen. Sein heiliges, theueres Blut hat es Ihm gekostet, Euer Jugendleben zu versöhnen, Euch Gott angenehm zu machen. O sehet auf Ihn, den Herrn der Herrlichkeit, wie Er sich selbst verleugnete und ein sanftmüthiges, demüthiges Kind im Hause seiner Eltern war. Nehmet sein Joch auf Euch, es ist nicht schwer. Lernet von Ihm, kommet zu Ihm, wenn Ihr gegen Euere Eltern gefehlt und Euch versündiget. Bittet Ihn um Vergebung, rufet Ihn an, daß Er Euch reinige von Euerer Uebertretung. Bittet Ihn, daß Er selbst Euch lehre, Vater und Mutter recht zu ehren, damit Gottes Segen auf Euch komme. Er kann es Euch lehren; denn Er ist selbst ein gehorsames Kind gewesen. Amen.

X.
Zweite Predigt über das vierte Gebot.

Herr unser Gott und Heiland. Du willst nicht allein von den Großen angebetet sein; auch aus dem Munde der Kinder und Säuglinge hast Du Dir eine Macht zugerichtet um Deiner Feinde willen. Du selbst sagest: „Lasset die Kindlein zu mir kommen und wehret ihnen nicht, denn solcher ist das Reich Gottes." Ja wahrhaftig, Du hast unsere Kinder geehrt mit einer größeren Ehre, als wir bitten und verstehen können. Du wurdest selbst ein Kind, ein armes Menschenkind. O gib, daß wir diese Ehre, die du unseren Kindern erwiesen, recht bedenken und verstehen.

Gib Gnade, daß wir von Dir lernen die Kleinen ehren, die Du uns gegeben hast. Herr! gib uns dazu für diese Stunde Deinen Geist und leite uns in alle Wahrheit. Dein Wort ist Wahrheit: Amen.

Versammelte Christen. Wir stehen noch bei der Betrachtung des vierten Gebotes. Höret es, wie wir es aufgezeichnet finden.

2 Mos. 20, 12.

„**Du sollst deinen Vater und deine Mutter ehren, auf daß dir's wohl gehe und du lange lebest auf Erden.**"

Luthers Erklärung:

Wir sollen Gott fürchten und lieben, daß wir unsere Eltern und Herrn nicht verachten, noch erzürnen, sondern sie in Ehren halten, ihnen dienen, gehorchen, sie lieb und werth haben.

Die Ehre der Eltern, das war nach dem eben verlesenen vierten Gebote der Gegenstand unserer letzten Betrachtung. Soll diese göttliche Ordnung, die Ehre der Eltern, in der That und in der Wahrheit aufrecht unter uns erhalten werden, so ist es wichtig, daß wir auch die andere göttliche Ordnung nicht übersehen, nämlich: die Ehre der Kinder, die in dem vierten Gebote ebenfalls mit inbegriffen ist. Wollen wir Eltern von unseren Kindern geehret sein, so müssen wir auch unsere Kinder ehren. Das ist der ausdrückliche Wille Gottes. Und darum will ich heute unter dem Beistande Gottes zu Euch reden:

„Von der Ehre der Kinder."

Lasset uns nun sehen:
I. von wem die Kinder ihre Ehre haben;
II. worin diese Ehre bestehe; und
III. wie wir diese Ehre unseren Kindern nach dem Willen Gottes erweisen sollen.

I.

Die Ehre, von welcher hier die Rede ist, die haben die Kinder nicht von ihren Eltern. Es hilft den Kindern nichts, daß sie von reichen oder vornehmen Eltern herkommen, daß sie Geld und Gut, Namen und weltliche Ehre von ihnen erben, sie sind in Gottes Augen das, was das ärmste und niedrigste Menschenkind ist — Fleisch vom Fleische. Auch aus sich selbst haben die Kinder diese Ehre nicht. Schwache und weltlichgesinnte Eltern pflegen wol viel Aufhebens zu machen, wenn ihr Kind ein hübsches Gesicht hat oder besondere Talente, Fähigkeiten und Gaben zeiget. Jedes Wort aus dem Munde des Kindes wird von ihnen bewundert; man erstaunt vor seinem Verstande und Witze; man freuet sich im Geheimen und ist stolz darauf, was doch Alles aus dem Kinde werden wird; ja selbst bei den abscheulichsten Ungezogenheiten und Versündigungen kann man sich eines gewissen Wohlgefallens wenigstens an der Klugheit seines Kindes nicht erwehren. Man macht einen rechten Götzen aus dem eigenen Kinde. Man läßt wol gar sich und das ganze Haus von ihm beherrschen. Ihr Kind, meinen solche Eltern, das sei etwas ganz Besonderes, das sei mit anderen gar nicht zu vergleichen, das müsse darum auch eine ganz besondere Behandlung und Erziehung haben. Und man ärgert sich und fühlt sich verletzt, wenn Andere das nicht zugeben wollen. Man ist unglücklich und kann sich grämen, wenn die eigenen Kinder nur irgendwie zurückgesetzt werden. Oder man entbrennt von Neid und Scheelsucht, wenn andere Kinder mehr hervorgezogen und ausgezeichnet werden. — Solch' ein Sinnen und Trachten, das gehört mit zur Hoffahrt dieses Lebens. Darum mag es wol viele Eltern geben, viele Eltern, die sich einbilden, Muster von Liebe und Zärtlichkeit und Sorgfalt gegen ihre Kinder zu sein, und am Ende treiben sie mit ihnen nur hoffährtiges Wesen. Wir wissen aber aus dem göttlichen Worte, was die

Hoffahrt vor dem Herrn für ein Greuel ist und wie Er den Hoffährtigen widerstehet. — Hüten wir uns darum, m. Fr., unseren Kindern eine Ehre zu geben, die ihnen gar nicht zukommt, die sie und uns selbst nur ins Verderben bringet. Hüten wir uns doch davor, zu glauben, als ob unsere Kinder durchaus etwas Besonderes und Außerordentliches sein müßten. Nicht allein, daß wir durch ein solches selbstisches Wesen anderen Kindern unsere Liebe entziehen und kalt und todt für Alles werden, was uns selbst nicht gehört, sondern wir werden dadurch auch blind gegen die Sünden und Fehler unserer eigenen Kinder, werden also unfähig zu einer wahren Liebe gegen sie.

Doch, es mag auch noch immer Einige geben, welche meinen, es käme den Kindern eine gewisse Ehre zu wegen ihrer Unschuld, wegen ihres noch reinen und unverderbten Sinnes; sie wüßten ja noch nichts von der Schlechtigkeit der Welt, ihr Zustand sei der glücklichste; wenn sie stürben, müßten sie nothwendig selig werden. Ja man sieht mit einer gewissen Wehmuth auf die eigenen Kinderjahre, man wünschet sich selbst in die Zeit der Kindheit zurück. — Wie viel ist daran nun wahr? Unwahr ist es, wenn man die Kinder für unschuldig, für rein und unverderbt in sich selbst hält: denn kein Mensch ist nach dem Sündenfalle von Natur gut und rein, im Gegentheile ist das Tichten und Trachten des Menschen böse von Jugend auf. Im Abfalle von Gott, mit der Sünde behaftet, Fleisch vom Fleische, wird der Mensch zur Welt geboren; das lehret uns das Wort Gottes sehr entschieden. Und wer das nicht glauben will, der sehe doch nur ein wenig genauer die Unarten seiner eigenen Kinder an und denke einmal darüber nach, woher der Eigensinn, der Eigenwille und dergleichen mehr doch wol kommen möge, und ob nicht die Keime zu allem Bösen in dem Kindesherzen schon liegen? Und was die Unbekanntschaft mit der Schlechtigkeit der Welt betrifft, so ist das eben kein glücklicher und beneidenswerther Zustand, da es ein Zustand der Unwissenheit ist. Wir haben also in diesen Punkten keine Ursache, uns in die Kinderjahre wieder zurück zu wünschen. Solches hatte der Erlöser auch wahrhaftig nicht im Sinne, da er sagte: „Wenn ihr nicht „umkehret und werdet wie die Kinder, so könnet ihr nicht in „das Reich Gottes kommen." Nein, Christen, die wahre Ehre, welche unsere Kinder haben und genießen sollen, die haben sie nicht von den Eltern, auch nicht aus sich selbst; sie haben sie einzig und allein von Ihm, dem großen Kinderfreunde, der da spricht: „Lasset die Kindlein zu mir kommen und wehret „ihnen nicht, denn solcher ist das Reich Gottes."; von Ihm, dem Sohne Gottes, der die Kinder herzte und seine Hände auf sie legte und sie segnete. Die Ehre also, die der Heiland unseren Kindern gibt, das ist die einzige, das ist aber auch die wahre und höchste Ehre, die sie haben und genießen sollen. Dieser Ehre sollen alle getauften Christenkinder theilhaftig sein, ob von reichen oder armen, vornehmen oder geringen Eltern, wohlgestaltet oder häßlich, gesund oder gebrechlich, begabt oder nicht begabt. Allen Kindern sind wir schuldig, ihnen die Ehre zu geben und zu erweisen, die sie vom Heilande haben. Jesus befiehlt ausdrücklich, daß wir die Kinder ehren sollen.

II.

Lasset uns nun zweitens sehen: worin diese Ehre, welche unsere Kinder vom Heilande haben, bestehe. — „Ihnen soll „das Reich Gottes gehören, aus ihrem Munde hat sich Gott „eine Macht zugerichtet, ihre Engel sehen allezeit das An= „gesicht des Vaters unseres Herrn Jesu Christi, wer ein sol= „ches Kind aufnimmt in Jesu Namen, der nimmt Ihn selbst „auf, und nicht nur Ihn, sondern auch den, der Ihn gesandt „hat," so heißet es in dem göttlichen Worte, solche Ehre wird den Kindern gegeben. Und das einzig und allein aus diesem Grunde: weil Er, der wahrhaftige Gott und das ewige Leben, es nicht verschmähet hat, selbst ein armes hülfloses, hülfsbedürftiges Menschenkind zu werden. Er hat nicht die Natur der Engel an sich genommen, sondern, indem die Kinder Fleisch und Blut haben, ist Er desselben gleichermaßen theilhaftig geworden und ist auch in diesem Stücke gleich geworden seinen Brüdern. — Als Fleisch vom Fleische, als Sünder von Sündern geboren, könnte Gott kein Wohlgefallen an unsern Kindern haben; ihr Leben, vom ersten Hauche an, wäre kein Gott geheiligtes, gesegnetes, sondern ein von Gott getrenntes, fluchbeladenes Leben, wenn nicht der ewige Sohn Gottes das Fleisch und Blut unserer Kinder an sich genommen, wenn er nicht selbst ein Kindlein geworden wäre. Er war das reine, unschuldige Kind, das Menschenkind ohne Sünde. An ihm hatte der Vater ein Wohlgefallen, vom ersten Hauche seines Lebens an. Durch seine unschuldige, sündenlose und reine Kindheit hat Er das Leben unserer Kinder vom ersten Hauche an gereiniget, geheiliget und unschuldig und unsträflich vor Gott dargestellt. Unsere Kinder bedürfen nicht nur eines Versöhners, Mittlers und Stellvertreters, eines Christus für sie, sondern sie haben ihn auch. Christi heilige Kindheit kommt unsern Kindern zu Gute. Christi heilige Kindheit hat unsere Kinder vom Fluche der Sünde erlöset und ihnen den Segen Gottes erworben.

Und auch am Kreuze gestorben und sein Blut vergossen und eine ewige Erlösung erfunden hat der Sohn Gottes nicht allein für uns, sondern auch für unsere Kinder. Sehet, das ist es, warum wir als Christen unsere Kinder so früh als möglich taufen lassen. Mit diesem gnadenreichen Wasser des Lebens, mit diesem Bade der Wiedergeburt, von Gott dem Herrn selbst verordnet, sollen unsere Kinder gereiniget werden von der Sünde, die sie vor Gott verwerflich macht. Dadurch sollen sie, aus natürlichen Kindern des Fleisches, wiedergeboren werden zu geistigen Kindern, zu Kindern Gottes, zu Erben des ewigen Lebens. Alle Ehre und Rechte, die Jesus Christus durch sein Leben, Leiden, Sterben und Auferstehen den Menschen erworben, die sollen unseren Kindern schon durch die Taufe zugeeignet werden, unsere Kinder schon sollen sie besitzen. Ein armes, sündiges, unheiliges Menschenkind bringen die Eltern dem Herrn in der Taufe zu, und ein reiches, gerechtes, heiliges Gotteskind gibt der Herr ihnen wieder. Ein mit dem Blute des Sohnes Gottes errettetes und theuer erkauftes Leben, ein vom himmlischen Vater geliebtes und gesegnetes Kind, ein Kind, auf dem das ganze väterliche Wohlgefallen Gottes ruhet, wofür sein Herz sorgt, worüber sein Auge wachet, worüber Er seinen Engeln Befehl thut, ein solches Kind wird Vater und Mutter durch die Taufe wiedergegeben. Wenn sie nun ihr Kind ansehen, wenn sie es nun an ihr Herz drücken: dann soll ihnen das Alles zum Bewußtsein kommen, dann sollen sie dankend sprechen: „ja „wahrhaftig, auch unser Kind ist ein Kind Gottes; auch um „seinetwillen ist der Sohn Gottes ein Kindlein gewesen; auch „unseres Kindes Leben hat Er geheiliget vom ersten Hauche „an; auch für unser Kind hat Er sein theueres Leben gelassen; „auch für das unsrige Gottes Vatersegen erworben. Nun „können wir froh und fröhlich sein. Unschuldig sind unsere „Kinder vor Gott durch Christum. Gott hat ein Wohlgefallen „an ihrem Kindessinne, an ihrem Jugendleben durch Christum. „Gott kann und wird uns nicht verlassen; Er wird für uns „sorgen; Er wird uns segnen um unserer Kinder willen, die „Ihm so theuer sind. — Ja unser Reformator Luther hat „Recht, wenn er saget: „die Kinder essen nicht mit den Eltern, „sondern die Eltern mit den Kindern. Sie, die Kinder, sind „recht eigentlich die Versorger und Ernährer des Hauses; um „ihretwillen gibt uns Gott reichlich und täglich. Und ist es „des Herrn Wille, sie uns zu nehmen, sterben sie uns heute: „sie werden selig, Gott nimmt sie in seinen Himmel durch

„Jesum Christum, ihren Heiland." So denket und redet das christliche Elternherz.

Nicht wahr, m. Fr., es ist ein köstlicher Trost, es ist ein hohes Glück und eine über Alles gehende Freude, wenn Eltern ihre Kinder so ansehen, wenn sie so von den Kinderjahren der Ihrigen denken und reden dürfen? Und das dürfen sie, das sollen sie. Ja, es wäre das ein Zeichen eines unchristlichen, gottlosen und ungläubigen Sinnes, wenn Eltern ihre Kinder nicht so ansähen.

Aber je größer der Schatz, je theurer die Gabe ist, die der Herr den Eltern in den Kindern anvertrauet, desto ernster und heiliger muß ja nun auch die Verpflichtung werden, solchen Schatz und solche Gabe recht zu ehren und treu zu verwalten. Oder kann dem Menschen hienieden etwas Größeres oder Wertheres anvertraut werden? Christen, ist das etwas Geringes, wenn Gott der Herr eins von seinen Kindern, eine unsterbliche, nach seinem Bilde geschaffene, durch das Blut des Sohnes Gottes theuer erkaufte und errettete Seele uns in die Arme und an das Herz legt? O bedenket es doch, was eine Menschen=Seele, was die Seele jedes Kindes in Gottes Augen ist; bedenket es, wie lieb Gott der Herr jede Menschen=Seele hat! Freilich danach zu schließen, mit welcher Gleichgültigkeit im gewöhnlichen Laufe der Welt von einer Menschen=Seele gedacht und geredet wird; danach zu schließen, wie viele Eltern froh sind, wenn sie ihre Kinder nur los und der Sorge für sie überhoben sind; danach zu schließen, wie viel verwahrlosete, dem leiblichen und geistigen Elende preisgegebene Kinder einem überall aufstoßen; — danach möchte es wol scheinen, als ob Gott der Herr das allergleichgültigste Herz gegen eine Menschen= und namentlich gegen eine Kinder=Seele hätte. Und doch, wie hat Er sie so lieb. Ist Er nicht selbst in ihr Elend gekommen? hat Er nicht selbst ihr Fleisch und Blut an sich genommen? hat Er nicht für jede Menschen=Seele, für jede Kinder=Seele das Unaussprechliche gethan und gelitten? Ja wahrhaftig, nicht uns allein, sondern auch die Seelen unserer Kinder umschloß seine Liebe und bewegte sein Herz, da Er am Kreuze sein Leben ließ. Für jede, jede Seele mußte ja das ganze Lösegeld gezahlt werden, jede Seele kostete ihm sein ganzes Leben und seine ganze Liebe. — Nun das, was unser Gott und Heiland so geliebet, das sollten wir, da Er es aus Gnaden unserer Liebe anvertrauet, gleichgültig und lieblos behandeln? Das, was der Herr der Herrlichkeit so hoch geehret, daß Er es in seine Arme nahm und herzte und es über Alle stellte, die da meinten, sie seien etwas, das sollten wir nach bloß eigenem Gutdünken, nach Laune und Willkür behandeln wollen? Das, was dem ewigen Sohne Gottes so werth und theuer gewesen, daß Er es nicht verschmähete, dasselbe, nämlich selbst ein Kind zu werden, das sollte uns werthlos erscheinen? Wahrlich! m. Fr., wir sind keine Christen, wenn wir unsere Kinder nicht ehren; wir sind keine Christen, wenn wir nicht täglich und mit ganzem Ernste danach fragen, wie wir unsere Kinder recht, wie wir sie nach dem Willen Gottes, ihres Heilandes, selbst ehren sollen. Oder zweifelt noch jemand, daß dies der Wille Gottes wirklich sei? Ich sage, — nein, nicht ich, sondern das Wort Gottes befiehlt es; — daß die Kinder nicht allein von Vater und Mutter, nein, daß sie von jedem Christen ohne Ausnahme Ehre haben sollen. Und wer ihnen diese Ehre nicht erweiset, wer eins der Kleinen ärgert, es nicht nach dem Willen Gottes behandelt, dem wäre besser, daß ihm ein Mühlstein um den Hals gehänget und er im Meere ersäufet würde, da es am tiefsten ist. Das sage nicht ich, sondern das saget der lebendige Sohn Gottes zu uns Allen.

O Väter, Mütter, Christen, wie müßte dies Wort uns Allen auf's Herz fallen! wie müßten wir mit Furcht und Zittern uns hüten, daß wir ja nicht eins von den Kleinen verachten, deren Engel allezeit das Angesicht Gottes sehen! wie müßten wir mit allem Ernste suchen, unsere Kinder zu ehren nach dem Willen Gottes! Eben das ist es, was ich Euch noch im letzten Punkte unserer heutigen Betrachtung zu bedenken geben möchte, nämlich: wie sollen wir unsere Kinder nach des Herrn Willen ehren?

III.

In wenig Worten saget uns das der Heiland, wenn Er spricht: „Lasset die Kindlein zu mir kommen und wehret „ihnen nicht!" und Paulus: „Ziehet auf Euere Kinder in „der Zucht und Ermahnung zum Herrn." Das ist also die rechte Ehre, die wir unseren Kindern erweisen sollen, daß wir sie zum Heilande kommen lassen und selbst zu Ihm führen, daß wir sie in der Zucht und Vermahnung zu Ihm erziehen. Eine größere und bessere Ehre können wir unseren Kindern nicht erweisen. Aber darum gibt es auch keine größere Verachtung und keine ärgere Mißhandlung der Kinder, als diejenige ist, wenn man ihnen wehret, zum Heilande zu kommen, wenn man sie nicht in der Zucht und Vermahnung zum Herrn erziehet.

Bedenken das diejenigen Eltern, welche ihre Kinder nicht früh genug in das Wesen dieser Welt, in die Augenlust und Fleischeslust und Hoffahrt des Lebens einführen können? Darauf gehet ihr Sinnen und Trachten, wie ihre Kinder doch nur recht schön geputzt Anderen in die Augen fallen mögen, wie sie durch ihre Talente und Kunstfertigkeiten und angelerntes Wesen doch nur ja recht vielen Beifall einernten, wie sie einmal recht viel von weltlichen Ehren und Gütern erringen mögen. Wie ihre Herzen aber zu Gott dem Herrn stehen, wie es in ihrem Innersten aussieht, wie es mit ihrem Gehorsam gegen Christum und sein Wort beschaffen ist, — darum kümmert man sich nicht, davon ist nicht die Rede, dergleichen Dinge überläßt man dem Confirmationsunterrichte. Da, meint man, sei noch Zeit genug, sich Religion und was sonst zur Seligkeit gehöret, anzueignen. — Ihr, die Ihr so mit Eueren Kindern umgehet, Ihr glaubet Euere Kinder auf diese Weise zu ehren, Ihr glaubet recht väterlich und mütterlich für sie zu sorgen: ach, Ihr verachtet die Eurigen, Ihr mißhandelt, Ihr mordet die Seelen, für die Jesus sein Leben gelassen! — Ist das der Dank, ist das die Treue, die Ihr dem Herrn bei der Taufe der Eurigen gelobtet?! — Wahrlich, wahrlich, darum hat der Herr schon so manchen Eltern das Ihre nehmen müssen, denn sie hätten es nicht zu Ihm geführet, sie hätten es nicht in den Himmel, sie hätten es in die Hölle gebracht. Der treue Hirte mußte sich erbarmen und das verlorene Schäflein von den Wölfen nehmen!! Wer Ohren hat, zu hören, der höre!

Bedenken aber auch diejenigen Eltern, ob sie recht an ihren Kindern handeln; die, welche nichts Angelegentlicheres thun können, als die Ihrigen vom Heilande abzuhalten; die, welche ihren Kindern alle Gelegenheit abschneiden, sein Wort zu hören! Unter dem sonderbaren Vorwande, sie möchten zu fromm werden, sähen sie die Ihrigen lieber in Sünden und Laster versinken, als daß sie nur dem Herrn lebten. Man fürchtet die Frömmigkeit und Gottseligkeit wie eine Pest, man suchet allerhand Mittel dagegen, und wo einmal bei einem Herzen etwas davon sichtbar wird, da glaubt man diesem keinen größeren Liebesdienst erweisen zu können, als wenn man ihm alle ernste Gedanken verjaget und zerstreuet. Nun, dies kann in Vorurtheilen, in Blindheit, in geistiger Dummheit seinen Grund haben.

Aber wie, wenn die Zunge der Eltern vor den Kindern absichtlich das Heiligste antastet; wenn sie die heilsame Lehre des Wortes Gottes sammt dem Lehrer vor ihnen verdächtig machen; wenn man keinen Anstand nimmt, zu witzeln und zu spötteln über das, was die junge, noch unbefangene Seele von dem Worte des ewigen Lebens so gern aufgenommen, was ihr so theuer ist; wenn in den Häusern absichtlich niedergerissen wird, was Schule und Kirche mit unsäglicher Mühe aufbauen; wenn absichtlich kein geistliches Lied im Hause gesungen, kein Abend- und Morgensegen gehalten, kein Bibelwort gehöret wird; — heißet das nicht: den Kindern wehren, sie abhalten von Jesu und ihrer Seelen Seligkeit? Heißet das nicht: selbst nicht in das Himmelreich hinein wollen und Andere auch nicht hinein lassen? — Das ist das größte Aergerniß, das den Kleinen gegeben werden kann. Und denen, die ein solches Aergerniß geben, denen wäre es besser, daß ihnen ein Mühlstein an den Hals gehänget und sie ersäufet würden im Meere, da es am tiefsten ist. Das saget Jesus, der Richter der Lebendigen und der Todten, Jesus, der große Kinderfreund, saget es.

So Viele nun unter uns Jesum und sich selbst und ihre Kinder lieb haben, so Viele wollen wir uns hüten vor solchem Aergernisse. Aber nicht das allein, sondern unser ganzes Sinnen und Trachten sei darauf gerichtet, wie wir unsere Kinder so früh als möglich zu Ihm, dem Heilande, führen und sie in der Furcht und Vermahnung zu Ihm erziehen. Saget, lieben wir denn die Unserigen etwa mehr, als Er, der sein Blut für uns vergossen? Können wir ihnen etwas Besseres geben, als Er, der sein Leben für sie gelassen? Ach! machet aus Eueren Kindern, was Ihr wollet, machet sie verständig, geistreich, gewandt, gelehrt, klug, reich, — Ihr ehret sie damit nicht, denn sie sind verloren, wenn sie Jesum nicht haben!! Und was ist es denn mit unserem Sorgen, mit unserem Bewachen, mit unserem Erziehen? Wir, aus uns selbst, können an unseren Kindern nur verderben, nur verpfuschen. Wenn wir selbst nicht alle Tage suchend und bittend zu dem einzigen, wahren Erzieher, wenn wir nicht mit unseren Kindern zu Jesu kommen; wenn wir sie nicht alle Tage seinem Herzen anempfehlen; wenn wir unsere Kinder selbst nicht in seine Gemeinschaft bringen, daß sie von Ihm bitten, von Ihm nehmen, mit Ihm reden, Ihm gehorchen lernen: wahrlich, dann ist es mit aller unserer Kinderzucht und Kinderbehandlung nichts. Denn wir übertreten dann das Hauptgebot des Heilandes, wir ehren unsere Kinder nicht nach seinem Willen.

Fangen wir aber damit vor allen Dingen an, unsere Kinder zu ehren nach Gottes Willen, dann wird es mit ihrer Zucht und Behandlung auch nicht so schwer sein. Ihr brauchet dann nicht nach den neuesten Erziehungsbüchern Euch umzusehen und bald diese, bald jene Methode zu versuchen. Jesus selbst, der einzig rechte Erzieher, wird Euch in alle Wahrheit leiten. Bei Ihm gehet nur recht fleißig in die Schule, Alle, die Ihr zu erziehen habet. Und lasset Euch vor allen Dingen selbst von Ihm erziehen. An einem Erziehungsbuche lässet Er es uns auch nicht fehlen. Täglich ins Wort Gottes!! Das ist das wahre, das ist das beste Erziehungs- und Methodenbuch. Daraus können wir lernen, uns und unsere Kinder zum Himmel zu erziehen.

Nun gebe der Herr, daß wir das recht fleißig lernen mögen. Ja, gebe Er in Gnaden, daß wir unsere Kinder immer mehr ehren lernen nach seinem gnädigen und guten Willen, daß wir auch in diesen Stücken ein Volk werden mögen, das da wandele in allen Geboten und Rechten des Herrn. Gebe Er in Gnaden, daß auch aus dem Munde unserer Kinder sein Lob ertöne und eine Macht zugerichtet werde gegen alle Feinde seines Reiches! Amen.

XI.
Erste Predigt über das fünfte Gebot.

Aus Gnaden kann ich selig werden,
Herz! glaubst du's, oder glaubst du's nicht?
Was willst du dich so blöd' geberden?
Ist's Wahrheit, was die Schrift verspricht,
So muß auch dieses Wahrheit sein:
Aus Gnaden ist der Himmel dein.

Ja, aus Gnaden allein können wir selig werden. Und Du, Herr Jesus, allein bist die einzige Quelle der Gnade! Ach, laß uns das nicht bloß mit dem Munde bekennen; laß es uns fühlen, lehre es uns erkennen und verstehen! Willst Du mit uns rechten nach unserer Sünde und Missethat, Du heiliger Gott! wer will vor Dir bestehen? Nach Deinem Gesetze, nach Deinen Rechten sind wir Sünder verloren. Du kannst kein Wohlgefallen an uns haben: wir sind ein Greuel in Deinen Augen. O gib, daß wir das auch heute aus der Predigt Deines Gesetzes und Deiner Rechte erkennen. Und haben wir es erkannt, dann gib Gnade, o Gott! daß wir von ganzem Herzen Jesum ergreifen, den Du gegeben hast zur Versöhnung für unsere Sünde. Ja, Herr Jesu! ergreife Du uns, sonst bleiben wir im Tode. Ach, erbarme Dich über uns und laß dieses Stündlein an unseren Herzen gesegnet sein!

Wir kommen heute, versammelte Christen, in unseren Katechismus-Betrachtungen zum fünften Gebote. Höret es, wie wir es aufgezeichnet finden,

2 Mos. 20, 13.
„Du sollst nicht tödten."

Luthers Erklärung:
Wir sollen Gott fürchten und lieben, daß wir unserem Nächsten an seinem Leibe keinen Schaden, noch Leid thun, sondern ihm helfen und fördern in allen Leibes-Nöthen.

Zwiefaches schließet nach der Erklärung des Wortes Gottes und unseres Katechismus dies Gebot in sich:

I. das Verbotene, wir sollen unserem Nächsten an seinem Leibe keinen Schaden noch Leid thun;

II. das Gebotene, wir sollen ihm helfen und fördern in allen Leibesnöthen.

I.

Du sollst nicht tödten, weder einen Anderen, noch Dich selbst. Du sollst weder einem Anderen, noch Dir selbst Schaden oder Leid an Leib und Seele thun. Das ist der Wille des Herrn, das Gebot, das Er uns gegeben hat. Fragen wir, warum es uns heilig und unverletzlich sein muß, warum wir auf keine Weise und in keinem Sinne den Nächsten tödten dürfen, so ist die Antwort: „das Leben des Anderen, wie das eigene, es ist Gottes Gabe, Gottes Geschenk, Gottes Werk." Wer da tödtet oder ein Menschenleben zerstöret, der zerstöret Gottes Werk, Gottes Ebenbild, der greifet frevelnd in die Rechte und Ordnungen des heiligen Gottes ein. Solches thut freilich Jeder, der irgend ein Gebot Gottes übertritt. Gibst Du Vater und Mutter nicht die Ehre, die sie nach Gottes ausdrücklichem Befehle von Dir haben sollen, so greifest Du auch frevelnd in die Rechte und Ordnungen Gottes ein und bist in Gottes Augen dem Mörder gleich. Und streckest Du Deine Hand nach fremdem Gut aus, oder gelüstet Dich auch nur nach dem, was des Anderen ist; greifest Du die Ehre und den guten Namen Deines Nächsten fälschlich und hinterrücks an, so frevelst Du nicht minder gegen Gottes Ordnungen und Rechte; denn Eigenthum und Ehre des Anderen sind Gottes Gaben. Du bist also auch so in Gottes Augen dem Mörder gleich. Doch der Frevel gegen Gott und Menschen, am stärksten muß er uns zum Bewußtsein kommen gerade bei der Uebertretung des fünften Gebotes. Und es möchte wol niemand unter uns sein, der daran noch zweifelte, daß das Tödten wirklich ein Frevel sei. Wer nur irgend vom Geiste Gottes schon berührt ist, der schaudert vor Mord und Todtschlag zurück, ja schon die Nachricht davon erreget in ihm ein Grausen. Jeder nur etwas denkende Mensch muß sogleich darauf kommen: wie würde es dir gefallen, wenn ein Anderer mit Gewalt dich anginge und dir das Leben nähme?

Wie, wenn im Worte Gottes, obgleich das fünfte Gebot das Tödten verbietet, dieses aber dennoch erlaubt, ja wol gar geboten wird? Ist das etwa ein Widerspruch und wird dadurch das Gebot aufgehoben? Nimmermehr! Wo das Tödten im Worte Gottes erlaubt und geboten wird, z. B. im Kriege oder der Obrigkeit, da geschiehet es auf Gottes Gebot und Befehl. Manche zartfühlende, im Ganzen aber ungläubige Seelen mögen deswegen das Alte Testament nicht, weil Gott da so schrecklich erscheint, weil Er selbst tödten und schlachten läßt. Das ist aber eine große Thorheit, an dem, was der heilige und allmächtige Gott thut, etwas tadeln oder meistern wollen. Was müßte man nicht daran aussetzen und tadeln, daß Gott seinen eingeborenen, lieben Sohn ausdrücklich und nach vorgedachtem Rathe schlachten lässet? Das wollen denn auch gar Viele in ihrer Weisheit nicht wahr haben. Indeß nennet das Wort Gottes solche Leute Narren, weil gerade in dem vorherbedachten Tode des Heilandes die ganze, tiefe Weisheit Gottes lieget. Gott, der allmächtige Schöpfer, kann also, wie Er lebendig machet, so auch tödten, wen und wo und wann Er will. Aber auch nur Er allein und wem Er es befiehlt, wie der Obrigkeit. Den Nächsten oder uns selbst dürfen wir Menschen aus uns selbst nimmermehr tödten, das ist und bleibt ein Frevel gegen Gottes Recht und Ordnung, gleichviel, wie es geschehe, grob oder fein, öffentlich oder heimlich, gezwungen oder, wie im Zweikampfe, sich selbst preisgebend, unter dem Namen einer Heldenthat ober unter dem Schandnamen des Verbrechens. Es ist ein Frevel gegen Gott und Menschen. Nun, das erkennen und fühlen denn auch wol die Meisten, aber dabei bleibt man denn auch gewöhnlich stehen. „Du hast doch noch kein Mord-„Werkzeug gegen Jemanden aufgehoben, noch Keinen absicht-„lich beschädiget; du bist ja doch noch nicht mit Mordgedan-„ken gegen Jemanden umgegangen, hast dir ja auch selbst „noch nie das Leben nehmen wollen; dir ist jeder Mörder ja „ein Greuel; du wünschest ja allen Menschen ein langes Le-„ben." Das kann man sich sagen, und damit, meint man, habe man doch wenigstens das fünfte Gebot nicht übertreten und sei doch wenigstens in diesen Stücken kein Sünder. — Was meint Ihr nun, Christen, ist das so? Stehen wir in Beziehung auf das fünfte Gebot so rein da, wie Einige mei-nen? Lasset uns das im zweiten Punkte unserer Betrachtung näher untersuchen.

II.

Lasset uns nämlich nach dem wahren, geistigen und gött-lichen Sinne des fünften Gebotes fragen, lasset uns zusehen, was Tödten im Sinne des Wortes Gottes heißet?

Das müssen wir, wenn anders wir die Wahrheit und Ge-rechtigkeit erkennen wollen, die vor Gott gilt; denn Gott wird uns nicht danach richten, wie wir nach unserem Belieben seine Gebote gedeutet und genommen haben, sondern Er wird uns danach richten, wie Er sein Gebot gemeint und ausgelegt hat. Und wie Er es meint, das saget und zeiget Er uns in seinem Worte. Wenn Ihr auch keinem anderen Katechismusausleger glauben wollet: Einem müsset Ihr glauben, ich meine dem, der ohne Sünde war, der nur Gottes Wort, Gottes Gedan-ken und Gottes Lehre redete, dem, welcher sagen konnte: ich bin die Wahrheit. Ihm und denen, die Er selbst in alle Wahrheit leitete, müssen wir glauben. — Wie leget nun Chri-stus das fünfte Gebot aus? Er saget: „Ihr habt gehöret,

„daß zu den Alten gesagt ist: du sollst nicht tödten. Wer
„aber tödtet, der soll des Gerichtes schuldig sein. Ich aber
„sage euch: wer mit seinem Bruder zürnet, der ist des Gerich-
„tes schuldig; wer zu seinem Bruder saget: Racha (ein Schmäh-
„wort unter den Juden), der ist des Rathes schuldig; wer
„aber saget: du Narr, der ist des höllischen Feuers schuldig."
Und Johannes saget: „Wer seinen Bruder hasset, der ist ein
„Todtschläger." Das ist die wahre, geistige und göttliche Auslegung des fünften Gebotes; das hat Gott im Sinne gehabt,
da Er dies Gebot gab. Alles, was aus irgend einer feindseli-
gen, gehässigen, neidischen, rachsüchtigen und lieblosen Gesinnung gegen den Nächsten gedacht, geredet und gethan wird,
das ist Versündigung gegen das fünfte Gebot, das ist Mord
in Gottes Augen. — Hier, z. B., strafet ein Vater im un-
gebändigten Zorne sein Kind. Er strafet es nicht aus Mitleid,
nicht aus Erbarmen mit des Kindes Seele, nicht aus Sorge
für sein Heil, sondern aus Aerger, aus Rachsucht, aus Laune
und Willkür. Im Augenblicke der Strafe denket er nicht
daran, was sein Kind für einen Schaden an Leib und Seele
nehmen könne; er suchet nur seine Leidenschaft zu befriedigen.
Stehet in solchem Augenblicke nicht der Vater als Mörder
seines Kindes da? — Oder dort vernachlässiget eine Mutter
ihren Beruf; nach der Eitelkeit und Lust der Welt stehet ihr
Sinn, indeß ihr Kind, geistig und leiblich verwahrloset, da-
hingeht, höchstens einer schlechten Wärterin überlassen. Als-
bald zeigen sich die Schäden des Leibes und der Seele an
demselben. Wer trägt die Schuld davon? wer hat die andere
Seele in Elend und Tod gebracht? — Ach, und wie Viele
gibt es, die seufzen nach Brod, sie haben keine Mittel, sich
und die Ihrigen zu nähren und zu kleiden. Was sind die,
die sie dahingebracht, die es ihnen entzogen? Was sind die,
welche, um selbst nur reich zu werden und alle Wollust des
Lebens zu haben, den Aermeren bedrücken, ihn aus seiner

Nahrung ausstoßen und alle jene Mittel, wodurch Hunderte sich nähren könnten, an sich reißen? Was sind die, welche das Uebermäßige von den Dienenden fordern, welche nicht darauf Rücksicht nehmen, ob die schwere Arbeit den Arbeitenden nicht krank mache, und für alles das den Arbeitern doch noch ihren Lohn entziehen und schmälern; für die Wittwen und Waisen derer, die sich in ihrem Dienste zerquält, auch nicht die geringste Sorge tragen, sondern ruhig zusehen können, wie diese betteln gehen? Und was sind die, die dem Anderen seine Stelle, seinen Platz nicht gönnen, die darauf sinnen, wie sie ihn wegschaffen können? Was sind die Kinder, die Verwandten, die da wünschen, daß doch die Eltern oder die und die nur sterben möchten, damit ihnen einmal das Erbe zufalle? Was sind die Alle? Oft sehr ehrbare, angesehene, geachtete Leute vor der Welt; vor Gottes Augen aber sind sie Mörder: denn wer seinen Bruder hasset, der ist ein Todtschläger. — Doch lasset uns noch einen Schritt weiter gehen. Jene, die darauf sinnen, wie sie eine andere Seele zum Werkzeuge ihrer bösen Lust brauchen können, jene, die durch Worte, Mienen und Gebehrden die Sünde und die böse Lust in den Herzen Anderer entzünden, jene, die sich ein Geschäft und einen Beruf daraus machen, den Anderen mit sündlichen Dingen, die Leib und Seele verderben, aufzuwarten, — mit einem Worte: die Verführer, — thun sie etwas anderes, als das, was das fünfte Gebot verbietet? Thun sie nicht noch Schrecklicheres? Ach und solche Uebertreter des Gebotes gibt es schon auf den Schulbänken, schon in der Kinderstube! — Wol könnten hierbei Viele sagen: „wir „haben ja doch Keinen zur Unzucht, zur Unmäßigkeit, zum „Spiele und Trunke verführt." Aber Ihr sehet vielleicht zu, wie die Eurigen in ihres Herzens Gelüste sich gehen lassen; Ihr duldet es, daß sie dies und das probiren; Ihr freuet Euch vielleicht, welche Gewandtheit sie schon hierin und darin zeigen; Ihr sehet zu, wie sie die schlechtesten Bücher in die Hand nehmen; Ihr wißt nicht einmal, was die Euerigen thun und treiben. Wollet Ihr Euch da noch der Erfüllung des Gesetzes rühmen? Glaubt Ihr, daß der allheilige Gott Euch für etwas Besseres halte, als für Uebertreter des fünften Gebotes? Irret Euch nicht, lieben Freunde! — Und denken wir daran, wie viel Worte des Hasses, des Zankes und der Zwietracht, wie viel Worte der Lieblosigkeit und Bitterkeit unter uns gehöret werden, Worte, die der anderen Seele wie ein Messer durch's Herz gehen, oder welche die jungen Seelen zu demselben sündlichen Wesen verleiten; denken wir daran, wie viel liebloses, kaltes, bitteres Wesen gegen Andere in uns war und wie dieses so oft bis zum Anwünschen des Bösen, bis zum Fluchen sich steigerte; denken wir daran und halten uns das Wort des Heilandes vor: „wer mit seinem Bruder zürnet," und das Wort des Apostels: „wer seinen Bruder hasset," — wessen sind wir schuldig? welches Gebot klaget uns an? was sind wir in Gottes Augen? Ja, wahrlich! der Seelenmord ist auch ein Mord. Und wer die Seele tödtet, ist auch ein Todtschläger. — Haben das die bedacht, welche mit Spott und Lästerreden das Heiligste, was die Seele haben soll, angreifen, die, welche sich ein Geschäft daraus machen, die Keime des Glaubens und der Frömmigkeit in anderen Seelen zu unterdrücken und auszurotten? Haben das die bedacht, welche Jesum und sein Reich anfeinden, welche seine Gläubigen verfolgen, ihnen Ehre und guten Namen rauben, welche selbst nicht in das Himmelreich wollen und auch Andere nicht hineinlassen, haben sie es bedacht, daß sie jenen Weingärtnern gleichen, welche da sprachen: „das ist der Erbe, kommt, lasset uns den tödten," daß sie mit jenem mordsüchtigen Volke den Uebelthäter losbitten und Jesum, den Gerechten, verurtheilen, daß sie mit jenen Henkersknechten dem Heilande die Nägel durch die Hände und

Füße treiben? Wahrlich, wahrlich, ein Todtschläger ist in Gottes Augen jeder, der Jesum hasset!

Ach! so standen wir Alle, ehe wir an Jesum glaubten und Ihn lieben lernten. Christen, wer ist unter uns, der da sagen könnte: ich habe das fünfte Gebot nicht übertreten? Wer ist, der sich auch nur in diesem oder jenem von dem, was ich Euch eben vorgehalten, nicht schuldig fühlte? Ihr erschrecket vor dem Gedanken des Tödtens und Mordens, Ihr habt einen Abscheu vor einem Mörder? Wie, wenn nun Keiner unter uns wäre, der nicht getödtet hätte? wenn Keiner unter uns wäre, den Gott in seinem natürlichen Zustande nicht als Todtschläger ansehen müßte? Zweifelt Ihr daran? Saget, was war es denn, daß es bei Euch nicht zum thatsächlichen Tödten kam, daß Ihr es nur bei Worten und Mienen bewenden ließet? Nicht wahr, man fürchtet die Obrigkeit, man fürchtet für seinen guten Ruf, man meinet, sich dann selber nicht mehr achten zu können, und was dergleichen mehr. Aber vor dem allheiligen und allwissenden Gotte Gedanken des Mordes und Hasses in sich zu tragen und zu nähren, fürchtet man sich nicht. Als ob vor Gott nur die That, als ob nicht jede böse Lust vor Ihm ein Greuel wäre. Nun, und wenn Ihr auch bis heute bewahret bliebet vor dem Tödten, welches die Welt ein Verbrechen nennet, könnet Ihr das Eueren guten Herzen zuschreiben? Denket doch daran, wie seid Ihr erzogen, und wie ist jener Verbrecher in Ketten erzogen? Wie seid Ihr vielleicht behütet worden vor allem Bösen, und wie ist jener vielleicht als Kind schon allem Bösen preisgegeben gewesen? Nichts als Gnade ist es, daß es bei uns nicht so weit gekommen ist, dies und das gerade zu thun. Dafür verhält sich aber auch der leiseste Gedanke des Tödtens und Hassens in unserer Brust, wie sich das Morden mit der Faust bei dem Verbrecher verhält. Er thut nur auf seine Weise, was wir auf unsere Weise thun. Vor dem Herrn ist es gleich. — Nun, bei solcher Erkenntniß müßten wir wol einen Abscheu vor uns selber haben. Da müssen wir wol mit Paulus bekennen: ich weiß, daß in mir, das ist in meinem Fleische, wohnet nichts Gutes. Oder woher kämen sonst die Mordgedanken, wenn nicht Mord im Herzen wäre? Wird uns da nicht mit Schrecken das Wort des Herrn klar, wenn er saget: „Ihr seid vom Vater dem Teufel, und nach Eneres „Vaters Lust wollet Ihr thun; derselbige ist ein Mörder vom „Anfange an." Ja, wie wir aus uns selbst sind, so müssen wir uns verabscheuen; die Gedanken, die aus unserem Herzen kommen, zu denen auch der Mord gehöret, — ein Greuel sind sie vor Gottes Augen. Der Fluch, der auf dem ersten Brudermörder ruhete, er lieget auch auf uns, die wir das Gebot „du sollst nicht tödten!" übertreten haben. „Denn „wer seinen Bruder hasset, der ist ein Todtschläger. Und „ihr wisset, daß ein Todtschläger nicht hat das ewige Leben, „bei Ihm bleibend." Nein, nicht das ewige Leben, sondern nur Strafe, nur Verdammniß, nur den ewigen Tod! — das haben wir nach dem fünften Gebote verdient, nur das haben wir nach dem natürlichen Zustande unseres Herzens zu erwarten.

III.

Nun, sollen wir uns damit bescheiden? Oder dränget es uns nicht, in dieser Stunde noch zu fragen: wie kommen wir los von dem Fluche, der nach dem fünften Gebote auf uns liegt? Wie kommen wir aus den Mordgedanken unseres Herzens zu Gedanken des Friedens und der Liebe? Wie kommen wir aus dem Tode in das Leben? Ich habe es Euch oft und immer gesagt, daß wir den Geist und das Leben nicht im Gesetze zu suchen haben; denn das Gesetz richtet nur Zorn an, und sein Buchstabe kann den Sünder nur verurtheilen, verdammen, tödten. Ins Evangelium müssen wir hinein, da wehet der lebendigmachende Geist. Das Evangelium richtet nur Frieden an; es kann dem Sünder nur vergeben, es kann ihn nur frei, kann ihn nur lebendig machen. Was dem Gesetze unmöglich war (sintemal es durch das Fleisch geschwächet ward), das that Gott und sandte seinen Sohn in der Gestalt des sündlichen Fleisches, und verdammte die Sünde im Fleische durch Sünde, auf daß die Gerechtigkeit, vom Gesetze erfordert, in uns erfüllet werde, die wir nun nicht nach dem Fleische wandeln, sondern nach dem Geiste.

Ja, Jesus, der wahrhaftige Gott und das ewige Leben, Er hat es vollendet, was dem Gesetze unmöglich war. Da stehet Er im Gerichte, der Heilige und Gerechte, von seinen eigenen Brüdern verurtheilt; da tönt der furchtbare Spruch: Er ist des Todes schuldig. Siehe Ihn recht an, den Gerichteten! Was für eine Schuld lieget denn auf Ihm, daß Er den Tod des Mörders verdienen sollte? Unsere Sünde, unsere Schuld, die hat das Lamm Gottes auf sich genommen, die büßet Jesus. Als unser Bürge stehet Er da, nicht bloß in dem menschlichen Gerichte, nein, in dem Gerichte Gottes. Der Mörder wird freigegeben, Jesus zum Kreuze verdammet. — Wen siehest Du unter dem Mörder, mein Christ? Stehest Du noch an, Dich selbst in ihm zu sehen? willst Du es nicht wahr haben, daß Du damit gemeint seiest? O glaube es doch nur, wenn anders Du fühlest, was Du nach dem fünften Gebote verschuldet; glaube es doch nur, wenn anders Du frei werden willst von dem Fluche und der Verdammniß, die Du nach Deinen Thaten verdienet.

Da werden dem Menschensohne die Hände und Füße durchgraben, da wird Ihm seine Seite durchbohrt, da hänget Er an dem Holze des Fluches, und es rinnet sein Blut. Warum rinnet sein heiliges, theueres Blut auf die Erde? Ach, diese Erde, sie hatte einst das Blut des gemordeten Bruders getrunken, Ströme des Blutes waren seitdem auf ihr geflossen! Und wo auf ihr das Blut des Leibes nicht kann, da hatte sie sehen und hören müssen die Mordgedanken ihrer Bewohner. Das Blut des Sohnes Gottes, es rann vom Kreuze, zu versöhnen diese entweihete, entheiligte, befleckte Erde. Aber nicht diese Erdenscholle, sondern die entweiheten, entheiligten, befleckten Herzen ihrer Bewohner, unsere Herzen. Das Blut des Sohnes Gottes kostete es, uns zu reinigen von den Blutschulden, die wir täglich über uns gehäuft, da wir des Herrn Gebot „Du sollst nicht tödten!" übertraten. Glaubt Ihr das? m. Fr. Habt Ihr das schon einmal recht zu Herzen genommen?

Es gibt gar Manche, welche da glauben, es könne ihnen der Lohn und die Seligkeit jenseits gar nicht entgehen, sie hätten die gerechtesten Ansprüche darauf; gar Manche gibt es, die da meinen, sie hätten doch wol mehr verdient, als dem Schächer am Kreuze gegeben ward, mehr als Schächergnade. Habt Ihr das fünfte Gebot verstanden? m. Fr. Habt Ihr es begriffen, was wir darnach in Gottes Augen sind? Habt Ihr es verstanden und begriffen? Nun wahrlich, dann kann und darf und wird Keiner von uns mehr begehren wollen, als dem Schächer am Kreuze ward; denn Keiner von uns ist besser, als er. So viel aber müssen wir uns sagen: unbußfertiger, ungläubiger, trotziger und verzagter, als er, das mögen wir wol Alle sein. Ach gebe Gott, daß die herzliche Reue und Traurigkeit, die Bußfertigkeit und der Glaube, wie sie in jenem waren, heute und alle Tage und in der letzten Stunde in uns wären! Gebe Gott, daß die Liebe seines Sohnes, mit der er sich für uns in den Tod gegeben, unsere Herzen einmal erweichte und die Feindschaft gegen Ihn und die Mordgedanken gegen unseren Nächsten in Gedanken des Friedens und der Liebe umwandelte!! Ja wahrhaftig, wer Jesum, die gekreuzigte Liebe, in sein Herz aufnimmt, dem sind alle seine Sünden und Schulden vergeben; er stehet in Gottes Augen nicht mehr als ein Todtschläger da, sondern als ein reines, unschuldiges, liebes Kind; Gott hat ein Wohlgefallen an Ihm, wie an seinem lieben Sohne. Und was noch mehr ist: wer Jesum in sein Herz aufgenommen, der kommt aus der Uebertretung in die Erfüllung, aus dem Tödten ins Beleben, aus dem Hassen ins Lieben; er kommt aus dem Tode in das Leben, er kann die Brüder lieben. Wer aber Jesum nicht aufnimmt in sein Herz, der thue so liebevoll, wie er wolle, er ist und bleibt ein Todtschläger in Gottes Augen. Denn Jesum nicht aufnehmen, da er sich einem als Bürge und Lösegeld, als Versöhner und Seligmacher darbietet; Jesum nicht aufnehmen, da Er mit seinem Blute einen reinigen will von aller Sünde; Jesum, die ewige Liebe, nicht wieder lieben, das ist ärger denn Mord und Todtschlag, das ist die ärgste Todsünde. So lange diese Sünde in dem Menschenherzen ist und herrschet, so lange ist ihm keine Sünde vergeben. Höret sie aber auf, diese Sünde wider Jesum, dann höret alle andere Schuld auf, dann sind alle, alle Sünden vergeben, dann thut der Herr, was Er durch den Propheten saget: „Und wenn deine Sünde blutroth wäre, so will Ich „sie doch weiß machen wie Wolle." Das erste Kommen zu Jesu, das erste Niederfallen vor Ihm, das erste Suchen und Sehnen nach Ihm, das ist zugleich der erste Schritt aus dem Tod in das Leben. O lasset uns ihn thun, m. Gel., heute noch thun, auf daß wir aus dem Tode in das Leben kommen mögen! Amen.

XII.
Zweite Predigt über das fünfte Gebot.

Wir stehen noch bei der Betrachtung des fünften Gebotes, m. Fr. Ehe wir heute darin fortfahren, so höret das Gebot selbst, wie wir es aufgezeichnet finden:

2 Mos. 20, 13.
„Du sollst nicht tödten."

Luthers Erklärung:

Wir sollen Gott fürchten und lieben, daß wir unserem Nächsten an seinem Leibe keinen Schaden, noch Leid thun, sondern ihm helfen und fördern in allen Leibes-Nöthen.

Der erste Theil des eben verlesenen Gebotes, oder was uns im fünften Gebote verboten wird, war letzthin der Gegenstand unserer Betrachtung. Lasset uns nun heute unter Gottes Beistande unser Augenmerk richten auf den zweiten Theil des fünften Gebotes oder auf das, was uns darin geboten wird. Dieses lautet aber: „wir sollen unseren Nächsten helfen und fördern in allen Leibesnöthen." Oder mit anderen Worten: „wir sollen unseren Nächsten lieben, als uns selbst."

Das Erste, worüber wir in dieser Beziehung zur Erkenntniß kommen müssen, ist dies:

    wer nach dem Willen Gottes eigentlich unser Nächster sei?

Das Zweite:

    wie nach dem Willen Gottes die Nächstenliebe beschaffen sein und geübet werden soll?

Das Dritte aber:

    was einen zur Nächstenliebe bringen müsse?

I.

„Meister, was muß ich thun, daß ich das ewige Leben „ererbe?" So fragte einst ein Schriftgelehrter unseren Heiland. Jesus aber sprach zu ihm: „wie stehet im Gesetze ge= „schrieben? wie liesest du?" Der Schriftgelehrte antwortete so richtig, daß Jesus ihm nur sagen konnte: „thue das, so „wirst du leben." Doch eben dieses „thue das!" mochte ihm ein solcher Stachel im Gewissen sein, daß er nicht umhin konnte, zu fragen: „wer ist denn mein Nächster, von dem „das Gesetz saget, daß ich ihn lieben soll, wie mich selbst?" Darauf erzählte ihm der Heiland die Geschichte vom barm= herzigen Samariter und setze ihm in dieser Geschichte den Be= griff des Nächsten so auseinander, daß es ihm wol' wie ein zweischneidiges Schwert durch die Seele dringen und ihm zei= gen mußte, wie es mit seinem bisherigen Thun und Halten des Gesetzes beschaffen gewesen.

Wir, m. Fr., kennen auch Alle das königliche Gesetz von der Liebe; Jeder hat es wol auswendig gelernt und öfter her= gesagt. Niemand hat dagegen etwas einzuwenden. Jeder ist davon überzeugt, daß es die Bedingung des ewigen Lebens sei. Aber dabei läßt man es denn auch gewöhnlich bewenden. Wenn es an's Thun gehen soll, wenn es gilt, nicht mit der Zunge, sondern mit der That und mit der Wahrheit zu lie= ben: dann hat man hundert Wenn und Aber; man kann den Nächsten nicht finden, wenn er einem auch, wie Lazarus dem reichen Manne, vor der Thüre liegt, so daß man über ihn fallen möchte; oder man siehet den Nächsten sehr wohl, aber man gehet mit dem Priester und Leviten an ihm vorüber.

O wenn das „Thue das, so wirst du leben!" aus dem Munde des Erlösers uns Allen doch auch ein Stachel in un= serem Gewissen wäre, wenn es uns doch so recht klar und deutlich zeigen möchte, wie es mit unserem bisherigen Halten des fünften Gebotes eigentlich beschaffen gewesen! Wenn wir

Alle, die wir das Gebot von der Nächstenliebe kennen, heute doch nur zuerst ganz redlich fragen möchten: „wer ist denn „nach Gottes Willen mein Nächster? wen soll meine Liebe „umfassen? bis auf wen soll sie sich erstrecken? Habe ich „mich in diesem Punkte nicht getäuscht? Habe ich mir nicht „einen eigenliebigen Begriff davon gemacht?"

Diese Fragen sind wichtig. Denn abgesehen davon, daß in der Welt durchgehend nur der Grundsatz herrschet, „daß „jeder sich selbst der Nächste ist," so ist doch auch bei denen, die in der Nächstenliebe stehen möchten, und bei denen, die sich derselben rühmen, der Begriff davon so engherzig, so fleischlich und selbstisch, daß der Sinn des göttlichen Gebotes darin nicht wieder zu erkennen ist. — Das Gewöhnlichste, worauf man alle Nächstenliebe zurückführet, was ist es? Ein Sorgen für die, die einem durch Fleisch und Blut angehören, ein Sammeln und Scharren für sie, ein Verzärteln und Verweichlichen derer, die das eigene Fleisch liebt. Das nennen Viele Elternliebe. (Zärtliche Seelen gegen das eigene Fleisch und Blut, aber lieblos und hartherzig gegen Alles, was nicht zu ihrem Hause gehört.) Die Ihrigen kleiden sie in Seide und köstliche Leinwand und lassen sie bedienen, können aber dabei ruhig zusehen, wie hundert Kinder hier und dort nackt und bloß herumlaufen. Für die Ihrigen wissen sie nicht, womit sie sie überraschen und ihnen Freude machen sollen, indeß man bei der Nachricht von der Noth und dem Elende Anderer höchstens nur ein mitleidiges Achselzucken hat. Man hat keine anderen Nächsten, als die, die eben dem eigenen Fleische nahe sind. Saget, wie paßt das zusammen mit dem Worte Christi, wenn Er spricht: „Wer ist meine Mutter, und „wer sind meine Brüder? Alle, die den Willen thun meines „Vaters im Himmel." Oder wen betrachtet man sonst als den Nächsten? Nicht wahr, die, mit denen man am liebsten

umgehet, mit denen man verkehrt, die man gut aufnimmt und von denen man wieder gut aufgenommen wird, von denen man etwas hat? Das sind einem die Nächsten. Den aber gerade als seinen Allernächsten zu betrachten, der einen mit nichts aufnehmen kann, von dem man nichts hat, das fällt einem wol kaum ein. Wie paßt das nun zusammen mit dem Worte Christi: „So Ihr Euch nur zu Eueren Brü=
„dern freundlich thut, was thut ihr Sonderliches? Machen „es nicht also auch die Zöllner? Und wenn du ein Gast=
„mahl gibst, so lade nicht solche, die dich wieder laden kön=
„nen, sondern rufe die Armen, die Nackten, die Hungrigen „und Durstigen!" — Wenn nun ein solcher Nackter und Hungriger einem aufstößt, wenn ein Dürftiger Hülfe von einem begehrt, ist man da nicht, ehe man noch die Hand rührt, sehr geneigt, zu fragen: „ja, wird er mir dafür auch „dankbar sein, und wenn ich ihm leihe, wird er es mir auch „wiedergeben?" Wie paßt das zu dem Worte Christi: „So „ihr liebet, die Euch lieben, was habt ihr für Lohn davon? „Thun solches nicht auch die Zöllner? Und wenn ihr leihet, „von denen ihr hoffet zu nehmen, was Danks habt ihr da=
„von? Denn die Sünder leihen den Sündern auch, auf daß „sie Gleiches wieder nehmen. Leihet, daß ihr nichts dafür „hoffet." Oder man pflegt doch wenigstens zu fragen: „Hat „der und der es denn auch verdient, daß ich ihn unterstütze? „hat er sein Unglück nicht selbst verschuldet? Wer weiß, „warum Gott ihn so ins Unglück gestürzt hat, er mag es „wohl verdient haben, er ist der Unterstützung unwürdig. Ja, „er hat mich doch so oft beleidiget, er hat mich verleumdet, „er hat mir so manches Aergerniß gemacht." Nun, wie reimt sich dies zu dem Worte: „Liebet euere Feinde, segnet, die euch „fluchen. Seid barmherzig, wie euer Vater im Himmel barm=
„herzig ist. Und gib Jedem, der dich bittet, und wende dich „nicht von dem, der dir abborgen will?"

Seht, so kann es sehr wohl geschehen und geschiehet auch täglich, daß einem der Nächste vor der Thüre lieget, aber man siehet ihn nicht; man fällt über ihn, aber man erkennet ihn immer noch nicht. Man kommt über dem Fragen: „wer ist mein Nächster?" nicht zur Liebe desselben.

Wer ist denn nun im Sinne des göttlichen Wortes unser Nächster? Die Antwort darauf lieget in der Geschichte vom barmherzigen Samariter; das heißet, wir sollen nicht erst fragen, sondern jeder, der bei uns anklopfet, jeder, der uns begegnet, jeder, der unserer Hülfe bedarf, ist unser Nächster. Jedem sollen wir helfen und fördern in allen Leibesnöthen, jeden so lieben, als uns selbst. Das ist der Sinn des göttlichen Gebotes. Davon heißet es: thue das, so wirst du leben. Danach prüfe nun ein Jeder, wie es mit seiner Nächstenliebe aussiehet.

II.

Doch, um zu prüfen, wie es um unsere Nächstenliebe steht, ist es nicht genug, daß wir nur zur Erkenntniß darüber kommen, wer nach Gottes Willen unser Nächster ist. Wir müssen auch zur Erkenntniß darüber kommen, wie die Nächstenliebe nach dem Willen Gottes beschaffen sein, wie sie geübet werden soll.

Auch darüber belehret uns der Heiland in der Geschichte vom barmherzigen Samariter. Dieser Samariter reisete und kam dahin, wo der halbtodte Jude lag. Als er ihn sah, machte er es nicht, wie der Priester und Levite. Er hätte wol fragen können: ist denn dieser Jude auch mein Nächster, dieser, dessen Volk uns Samariter verachtet und hasset? Er hätte wol denken können, was werden meine Landsleute sagen, wenn ich mit einem Juden Gemeinschaft mache? Er hätte wol auch die Wichtigkeit seiner eigenen Geschäfte in Anschlag bringen können und daß Weib und Kind schon auf ihn warteten, wobei ihm das Sich=Einlassen mit dem hülfsbedürftigen

10*

Juden nur Aufenthalt und Zeitverlust war. Ja, er hätte auch so schließen können: die Juden rühmen sich ja, die auserwählten Kinder Gottes zu sein, und verachten uns. Wäre dieser Jude, der da lieget, nun wirklich ein Kind Gottes, so hätte ihm solch' ein schreckliches Unglück nicht begegnen können; Gott hätte ihn ja schützen müssen. Er ist also wol ein Verworfener, er leidet wol nur die Strafe seiner Sünden, er hat es nicht verdient, daß man ihm hilft. Durch Solches und Aehnliches (die Welt nennet das Vernunft und Klugheit) hätte der Samariter sein plötzlich erregtes Mitleid und sein Gefühl abkühlen und in Schranken halten können. Aber nein, als er den Unglücklichen sah, da war kein Gedanke an sich selbst in ihm, er hatte nur ein Auge für die Noth des Anderen, nur Gedanken und Gefühle für den Unglücklichen; es jammerte ihn seiner.

O prüfet Euch, m. Fr., ob es Euch auch jedesmal so ist, wenn Ihr die leibliche und geistige Noth Euerer Brüder sehet oder davon höret, oder ob Ihr nicht durch Hunderte von Vorurtheilen und selbstischen Gedanken jedes warme Gefühl erkaltet und ersticket, ob nicht der Gedanke an uns selbst immer nur der erste ist und dann allenfalls ein Bischen Mitleid hinten nachhinket, und das auch vielleicht nur des Anstandes, der sogenannten Tugendhaftigkeit halber und um denn auch einige sogenannte gute Werke aufweisen zu können. Solches Wesen tauget vor Gott nichts. Davon saget Paulus: und wenn ich auch alle meine Habe den Armen gäbe und hätte der Liebe nicht, so wäre es mir nichts nütze.

Doch es ließ sich der Samariter an seinem Jammergefühle über den Anderen nicht genügen; damit war dem Unglücklichen nicht geholfen. Er ging zu ihm.

Er ging zu ihm. Dies Wort, Christen, gibt uns viel zu bedenken. Rühren wir auch die Füße, wenn uns die Noth unserer Brüder zu Gesichte oder vor die Ohren kommt?

Scheuen wir keinen Gang in die Hütten des Elendes oder für die Wittwen und Waisen oder zu den Kranken und Sterbenden? Und wenn wir auch zehn Mal vergeblich gegangen sind, laffen wir uns dennoch zum eilften und zwölften Male die Mühe nicht verdrießen? Und wenn wir zu den Nothleidenden selbst nicht gehen können, gehen wir auch nur wenigstens jedesmal, wenn wir von ihnen hören, für sie zum Herrn und rufen sein Erbarmen über das Elend unserer Brüder an?

Ach, Christen, was wird aus bloßer Bequemlichkeitsliebe von uns des Guten unterlassen, was wird aus Trägheit und Faulheit gesündiget! Man gibt wol, wenn es einem gerade vorkommt, man trägt auch wol zur Unterstützung bei; wie oft aber nur, um den Armen los zu sein und nicht weiter incommodirt zu werden. Aber das Selbstgehen, das Selbst-Handanlegen, wie sauer wird einem das, wie hat man im Durchschnitte nicht einmal einen Begriff davon, man weiß gar nicht einmal (wenn man auch geneigt ist, zu helfen), man weiß nicht einmal, wie man es anfangen soll! Lehret die Liebe nicht Alles? Wo aber solche Unwissenheit ist, wie kann da die Liebe sein?!

Doch weiter. Der Samariter verband dem Unglücklichen seine Wunden und goß darein Oel und Wein. — Er hatte wahrscheinlich keine Arzeneiwissenschaft studirt, er hatte vielleicht noch keinen Halbtodten in Kur gehabt, aber die Liebe erinnerte ihn an das, was helfen konnte, die Liebe lehrete ihn verbinden und Schmerzen lindern. Ach, Christen, wie viel Wunden gibt es leiblich und geistig zu verbinden, brennende, gefährliche und todbringende Wunden! Wie viel sieche, ermattete, elende Leiber gibt es, die der Stärkung bedürfen; wie viel verzagte, muthlose, todtkranke Seelen gibt es, die Aufrichtung, Trost, Ermahnung, Belehrung, Warnung, Heilung nöthig haben! Haben wir es nie gescheuet, dem Nächsten jene leiblichen Dienste zu leisten? Und wo wir hinkamen, brachten wir da das Oel und den Wein des Evangeliums für die verwundeten Herzen? Dachten wir auch nur stets beim Anblicke des Armen daran: „er hat ja auch eine unsterbliche Seele, er liegt ja auch krank an dem Sündenübel, seine Seele ist verloren, wenn nicht in ihre Wunden das Oel und der Wein des Evangeliums kommt, wenn sie nicht zu Christo, dem einzigen Arzte und Retter, gebracht wird?" Oder waren wir damit zufrieden, wenn wir nur selbst den Trost des Evangeliums hatten, wenn es in unserem Hause nur christlich herging, wenn unsere Kinder nur die gesunde Milch des Wortes Gottes hatten?

O welch' ein Stachel im Gewissen Aller, die wir uns Christen nennen, welch' ein Stachel muß uns der barmherzige Samariter sein! denn er gehet in seiner Nächstenliebe noch weiter. Er läßt den Unglücklichen nicht in seiner Lage, er hebt ihn auf sein Thier, er führt ihn in die Herberge, er pfleget sein. Und da er fort muß und ihn selbst nicht mehr pflegen kann, gibt er, was er hat, dem Wirthe und bittet ihn, sich des Armen anzunehmen, und verspricht ihm, alle seine Mühe und Kosten zu ersetzen. Er gab vielleicht Alles, was er hatte, und doch hatte er noch eine Reise vor. Aber er fühlte die Noth des Anderen wie seine eigene. Wäre er selbst in solcher Lage gewesen, er hätte ja für sich keine Kosten gescheuet, um sich Hülfe zu verschaffen. Die Lage des Anderen fühlte er wie die seine. Darum konnte er nicht anders als Alles daran setzen, was er hatte. Er that es im Vertrauen auf den lebendigen Gott, der ihm in der nächsten Stunde ja hundertfältig wiedergeben konnte, was er jetzt fortgab.

Was lernen wir aus allem diesem? — Das ist die wahre Nächstenliebe, die nicht bloß gibt, nicht bloß im Augenblicke hilft, sondern die die leibliche und geistige Zukunft auch im Herzen trägt. O wie viele Seelen gibt es, die gerettet werden könnten, wenn sie aus ihrer gegenwärtigen Lage herausgerissen, in eine andere Lage versetzt würden! Wie viele Kinder gibt es, die zu tüchtigen Christen erzogen werden könnten, wenn sie herausgerissen würden aus den Flüchen, aus den Sünden und Lastern ihrer Eltern, wenn sie gesammelt würden von den Straßen und Krügen, wo sie ihre Stätte haben und wo so viel Böses ihre Herzen vergiftet! Wie viel tüchtige Dienstboten hätten wir, wenn über die jungen Seelen, die der Armenschule entlassen werden, noch weiter ein mütterliches Auge wachte, wenn man sich um die, die man einmal unterstützt, nun auch weiter kümmerte! Es kostet oft so wenig Mühe, es kostet nur einen Gang, nur ein Wort, um diesen und jenen aus seiner traurigen Lage herauszubringen. Es gilt oft nur, die Hülfe Anderer anzusprechen, nur sich eines Kleinen zu entäußern, ja es gilt, wo man selbst nicht Hand anlegen kann, die Sorge um die Zukunft eines Armen nur vor den Herrn zu bringen. Thun wir das, m. F.? So viele freie und müßige Stunden hat man, von denen man nicht weiß, wie man sie ausfüllen soll. Ist auch nur eine derselben einer solchen Nächstenliebe gewidmet?

Mit Einem Worte: wer unter uns ist ein barmherziger Samariter? Wer liebet alle Tage und Stunden wie er? O spreche doch Niemand von seiner Nächstenliebe; glaube doch Niemand, durch seine Nächstenliebe den Himmel zu ererben, so lange seine Liebe nicht Zug für Zug jener Samariter=Liebe gleicht. Nur diese, und keine geringere, gilt vor Gott. Nur eine Liebe, welche nie das Ihre suchet, sondern das, was des Anderen ist; eine Liebe nur, die da segnet den, der ihr fluchet, die da wohlthut denen, die beleidigen und verfolgen, die da bittet für die, so sie hassen, eine Liebe nur, welche Alles glaubet, Alles hoffet, Alles verträgt, eine solche nur kann vor Gott bestehen, eine solche gebietet Gott, eine solche ist des Gesetzes Erfüllung. Wer hat sie? Wer übet sie? Wer unter uns kann durch des Gesetzes Werke das ewige Leben ererben? Ich sage: Keiner. Nein, nicht ich, sondern der lebendige Gott saget zu uns Sündern: Keiner.

III.

Gibt es denn nun gar keinen barmherzigen Samariter? Hat Keiner seinen Nächsten geliebet, als sich selbst? Hat Keiner das königliche Gesetz erfüllet? Ja, Christen, es gibt einen barmherzigen, einen ewig barmherzigen Samariter. Es gibt Einen, der seinen Nächsten geliebet, als sich selbst, und mehr als sich selbst. Es gibt Einen, der das königliche Gesetz erfüllet, der mit seiner Liebe vor Gott bestanden, der durch seine Liebe Millionen von Sündern Gottes Wohlgefallen erworben. Einer ist es, — der wahrhaftige Gott und der wahrhaftige Mensch, Jesus Christus; Er, den wir Erlöser, Heiland, Helfer, Retter, Seligmacher nennen. Er ist der barmherzige Samariter. Er verließ seine ewige Herrlichkeit, er kam vom Himmel, er erniedrigte sich zu der Knechtsgestalt unseres sündlichen Fleisches und kam in unser Elend. Was trieb Ihn dazu? Er sah uns am Wege liegen, auf dem Wege der Verdammniß. Wen sah Er da liegen? Seine Feinde, seine Peiniger, seine Kreuziger. Aber sie waren unter die Mörder gefallen; ihre Sünden und Uebertretungen, ihre bösen Lüste und Begierden hatten sie leiblich und geistig zerrüttet und halbtodt gemacht. Priester und Leviten, Gesetz und Opferdienst, Gebote und Satzungen waren wol da und kamen immer noch dazu; aber wie sie kamen, so gingen sie auch kalt an den Halbtodten vorüber und halfen ihnen nichts. Hier und da wollte sich einer herausmachen, aber mühselig und beladen, zerknickt und verlöschend fielen sie wieder zu Boden. Das sah der himmlische Samariter, und das jammerte Ihn. Es jammerte Ihn so, daß Er weinete. Da fragte Er nicht: wer ist mein Nächster? Da ging Er zu ihnen, zu den Verlorenen, Verirrten, Verdammten, Kranken und Halbtodten. Höret es, die Sünder sind nicht zuerst zu Ihm gegangen,

sondern Er, unser Gott und Heiland, ist zu uns Sündern ge=
gangen. Er hat sich unseres Elendes nicht geschämet; der
Hungrigen, die kein Brod, der Nackten, die keine Kleider hat=
ten, der Kranken, die mit allerlei Seuchen behaftet, der See=
len, die mit den gräßlichsten Greueln befleckt waren, hat Er
sich nicht geschämet, der wahrhaftige Gott. Er ist zu ihnen
gekommen, Er ist mit ihnen umgegangen, Er hat ihr Loos
getheilt. Er hat selbst nicht gehabt, wo Er sein Haupt hin=
legen konnte, und seine Freude ist es doch gewesen, Andere
satt und reich zu machen. Er ist selbst voll Schmerzen und
Krankheit gewesen, und doch hat Er von Herzen gern jeder=
mann gesund gemacht. Er ist selbst voller Wunden gewesen,
und damit hat Er uns geheilet. Er hat selbst zittern und za=
gen müssen, und doch hat Er, wo Er nur ein zerstoßenes
Rohr sah, es nicht zerknickt, und wo ein Döchtlein noch
glimmte, dasselbe nicht ausgelöscht. Er hat selbst erseufzet
unter der Last der Sünden der ganzen Welt (meine und deine
und unser Aller Sünden haben ihn gemartert), und doch hat
Er alle Tage die Mühseligen und Beladenen eingeladen und
sie erquicket und Ruhe für ihre Seelen gegeben. Ja, Er ist
selbst ein Verfluchter, ein Verworfener, ein von Gott und
Menschen Verlassener gewesen, und doch hat Er Niemandem
geflucht, hat Keinen, der zu Ihm gekommen, hinausgestoßen,
noch keine, keine Seele hat Er jemals verlassen. Er hat sich
wie ein Verbrecher geißeln und martern und tödten lassen,
und noch hat Er keinen Sünder, der zu Ihm gekommen,
wie einen Verbrecher behandelt, Er hat ihnen das Paradies
gegeben, noch keine Seele, die seinen Namen angerufen, hat
Er im Tode gelassen, Er hat ihr Leben und Seligkeit gegeben.
Und was soll ich noch mehr von unserem himmlischen Sama=
riter sagen? Erzählet nicht jedes Wort im Evangelium von
seiner Liebe, von seiner Liebe bis in den Tod, von seiner Liebe,
die über Tod und Grab hinausgeht in alle Ewigkeit, wie sie

beim Scheiden von der Erde für das Ihre gesorget, wie sie das Beste gegeben, was sie hatte, sich selbst, den Geist, die göttliche Natur, Allen, die sich von ihr lieben lassen wollen, und wie sie beim Wiederkommen Alles, Alles noch geben will und wird.

Christen, seid Ihr jemals unter die Mörder gefallen gewesen, — und Ihr seid es Alle, denn Euere Sünden berauben und tödten Euch täglich, — habt Ihr je halbtodt am Wege gelegen, — Ihr habet Alle so gelegen oder lieget noch so da, denn die Straße ist breit, die zur Verdammniß und zum Tode führet, und Viele sind, die darauf wandeln, — mit Einem Worte: habt Ihr in der größten Noth, in der wir Alle von Natur schmachten und aus der keine menschliche Macht und Hülfe, keine Moral und Tugend=Predigt, kein Priester und Levit uns helfen kann und helfen wird, habt Ihr in Euerer Sündennoth die Barmherzigkeit des himmlischen Samariters an Euch erfahren? Wisset Ihr, wie Er in dem größten Elende sich Euerer nicht geschämet, wie Er bei Eueren täglichen Sünden und Missethaten Euch nicht gelassen, wie Er immer wieder zu Euch gegangen, wie Er bedecket Euere Sünden und Schulden, wie Er geheilet die Wunden Eueres Herzens, wie Er das Oel des Trostes in die zerquälte Brust geträufelt, den Wein des Glaubens und der Stärke in die verzagten Gebeine gegossen, wie Er Euch, da Ihr verirret in Sünde und Wollust, in Fleisch und Eitelkeit dahinginget, wie Er Euch nachging, Euch auf seine Schulter nahm, Euch bis heute getragen mit allen Eueren Sünden und Schwachheiten und Gebrechen und Euch täglich geführet, wie elend Ihr auch waret, in seine Herberge, in seinen Freudensaal, in sein ewiges, himmlisches Reich, und wie Er täglich dafür gesorget, daß seine Mühe an Euch nicht vergebens wäre, durch die Predigt und sein Wort und seine Gnadenmittel, durch Kirche und Seelsorge, — wisset Ihr das, Christen, habt Ihr das erfahren, erinnert Ihr Euch dessen, stehet es Euch lebendig vor Euerer Seele: dann, nun dann wisset Ihr etwas von dem, was Samariterliebe, was Nächstenliebe, was die Liebe Christi ist! Dann dürfet Ihr aber nicht allein davon wissen, dann muß die Liebe Christi Euch dringen, bringen muß sie Euch, hinzugehen und desgleichen zu thun. Dann könnet Ihr nicht anders, dann müsset Ihr dem Nächsten helfen oder fördern in allen Leibesnöthen. Ihr müsset, oder Euer Wissen von Christo ist leer und todt, ist nichts werth. —

Könnet Ihr Euch wol denken, daß der unter die Mörder gefallene Jude (da er nachher gesund einherging), wenn nur ein Funken von Dankgefühl in seinem Herzen lebte, an einem halbtodten Samariter vorübergegangen wäre? Nun, so gehet auch Ihr, die Ihr halbtodt waret und durch den himmlischen Samariter gesund geworden, gehet auch Ihr nicht an der Noth und dem Elende Euerer Brüder vorüber! Fraget nicht: wer ist mein Nächster? Jeder Arme, jeder Nothleidende, jeder Elende, jedes verwahrlosete Kind ist Euer Nächster. — Wie, wenn Christus, Euer Retter und Helfer, nun halbtodt am Wege läge, wenn Er an Euere Thür klopfte, wenn Er etwas von Euch bäte, würdet Ihr da noch fragen: ist Er auch mein Nächster? würdet Ihr Ihn nicht für den Allernächsten halten, für näher noch, als Vater und Mutter, Weib und Kind? Nun, der Herr Jesus Christus tritt uns in allen Nothleidenden entgegen. Wer sie aufnimmt, nimmt Ihn auf; wer sie speiset und tränket und kleidet, der thut es Ihm. „Ich bin hungrig gewesen, und ihr habt mich gespeiset; ich „bin durstig gewesen, und ihr habt mich getränket; ich bin ein „Gast gewesen, und ihr habt mich beherberget!" so saget Er selbst. Ja, der Herr Jesus erweiset uns armen Sündern die unaussprechliche Gnade, daß Er sich von uns speisen und tränken und wohlthun lassen will.

O, Christen, denket doch daran! Was Ihr thut, wem es auch sei: könnet Ihr noch viel fragen, kann es Euch noch leid thun, könnet Ihr noch berechnen, noch geizen? Ihr thut es ja nicht den Menschen, Ihr thut es ja Ihm, dem Herrn. Und was Ihr Ihm thut, wahrlich! es wird Euch nicht unbelohnet bleiben.

Wisset Ihr nun, m. Fr., was christliche Nächstenliebe ist? Von der Liebe Christi sich dringen lassen, Christum als seinen Allernächsten betrachten, Christum in jedem Nothleidenden sehen und Ihm in jedem Nothleidenden thun, wie Er uns gethan hat, das ist christliche Nächstenliebe, das ist die Liebe, von der Paulus 1. Cor. 13. redet, das ist die Liebe, von der Johannes saget: „wir sind aus dem Tode in das Leben gekommen, denn wir lieben die Brüder." Diese Liebe ist des Gesetzes Erfüllung. Diese Liebe ist Gott selbst. Wer in ihr bleibet, der bleibet in Gott und Gott in ihm.

Nun, zu dieser Liebe verhelfe uns der ewig barmherzige Samariter, Jesus Christus, selbst; diese Liebe wolle Er ausgießen in unser Aller Herzen durch seinen heiligen Geist! Amen.

XIII.
Predigt über das sechste Gebot.

Heiliger Gott! wo soll ich hingehen vor Deinem Geiste, und wo soll ich hinfliehen vor Deinem Angesichte? Wir können uns ja vor Dir nicht verbergen. Ach! und doch wollen wir nicht kommen von Deinem Angesichte; denn Du bist heilig, Du bist rein, unser Herz aber ist voll arger Gedanken. O schaffe Du, Gott, in mir ein reines Herz und gib mir einen neuen, gewissen Geist!

Verwirf mich nicht vor Deinem Angesichte und nimm Deinen heiligen Geist nicht von mir. Denn ich will die Uebertreter Deine Wege lehren, daß sich die Gottlosen zu Dir bekehren. Ja, Herr Jesu! bekehre Du uns, dann sind wir bekehret; reinige Du uns, dann sind wir reines Herzens und können Gott schauen. O Du theueres Lamm Gottes, laß Dein für uns vergossenes Blut auch in dieser Stunde an unseren Herzen nicht vergebens sein! Decke uns auf durch Deinen heiligen Geist die Unreinigkeit unseres Sinnes und Wandels, und dann wasche uns mit Deinem Versöhnungsblute und gib uns Lust und Kraft und Muth, zu hassen die Werke des Fleisches und Dir zu leben in Unschuld und Gerechtigkeit unser Lebenlang. Herr, erhöre diese Bitte und wende Dein gnadenreiches Angesicht zu uns armen Sündern! Segne uns dieses Stündlein! Amen.

Wir kommen heute, m. F., in unseren Katechismus-Betrachtungen zum sechsten Gebote. Höret es:

2 Mos. 20, 14.

„Du sollst nicht ehebrechen."

Luthers Erklärung:

Wir sollen Gott fürchten und lieben, daß wir keusch und züchtig leben in Worten und Werken, und ein jeglicher soll sein Gemahl lieben und ehren.

Lasset uns nun, unter Gottes Beistande, mit einander erwägen:

I. was das sechste Gebot bedeute und wem es gelte;
II. wie man sich dagegen versündige; und
III. wie wir aus diesen Versündigungen heraus zur Reinigkeit des Herzens und Wandels kommen können.

I.

Die Ehe, m. Fr., von welcher das sechste Gebot redet, die Ehe ist das heiligste und wichtigste Verhältniß, das es

unter Menschen auf Erden gibt. Sie ist von Gott sebst ge=
stiftet. Gottes Verheißung, Gottes Wohlgefallen, Gottes Se=
gen ruhet darauf. Sie ist eine göttliche Ordnung. Das ganze
Heil der Menschheit hänget daran. Die Ehe ist so heilig,
daß Gott der Herr selbst in diesem Verhältnisse und Bunde
zu den Menschenkindern stehen will, wie wir das im ganzen
Alten Testamente lesen. Kein Verhältniß auf Erden wird
auch im Neuen Testamente dessen gewürdiget, wessen die Ehe
werth gehalten wird. Der Ehebund zwischen Mann und Weib
wird nämlich dem Bunde zwischen Christo und der Gemeine
gleichgestellt, da der Apostel ermahnet (Ephes. 5, 23 — 26):
„Der Mann ist des Weibes Haupt, gleichwie auch Christus
„das Haupt ist der Gemeinde, und Er ist seines Leibes Hei=
„land. Wie nun die Gemeine ist Christo unterthan, also auch
„die Weiber ihren Männern in allen Dingen. Ihr Männer
„liebet Euere Weiber, gleichwie Christus auch geliebet hat die
„Gemeinde und hat sich selbst für sie gegeben, auf daß Er
„sie heiligte."

Daraus, m. Fr., können wir wol die Heiligkeit und Un=
verletzlichkeit des sechsten Gebotes abnehmen; daran können
wir merken und fühlen, warum es heißet: „du sollst nicht
ehebrechen." Wer die Ehe bricht, der zerstöret das heiligste
und wichtigste Verhältniß auf Erden, der zerreißet die heilig=
sten, von Gott selbst geknüpften Bande, der beflecket und
schändet das Reinste, Zarteste und Theuerste, das es unter
den Menschen gibt, er greifet frevelnd und empörerisch in
Gottes Recht und Ordnung ein und machet aus Heil Ver=
derben, aus Glück Unglück, aus Segen Fluch. Thut das aber
der allein, der im engsten Sinne des Wortes die eigene oder
eine andere Ehe bricht? Und ist das sechste Gebot nur zu
denen gesprochen, die in dem Verhältnisse der Ehe stehen, zu
den Verehelichten? Nein, m. Fr., es umfaßt nach der Aus=
legung des göttlichen Wortes und unseres Katechismus=Vaters,

Luther, mehr als dies. Es ist zu allen Menschenkindern ohne Ausnahme geredet. Denn als Gott der Herr den Menschen schuf, da schuf Er sie, ein Männlein und ein Fräulein; Er selbst, der Heilige, zog die heilige Schranke zwischen den Geschlechtern. Diese Schranke und Trennung zwischen den Geschlechtern ist Gottes Einrichtung, und darum ist sie eben so heilig und unverletzlich, als die Vereinigung zwischen Mann und Weib in dem Ehebunde. Wer diese von Gott gesetzte Schranke (gegen Gottes Ordnung, die Er im Ehebunde vorgeschrieben hat) durchbricht, wer sich in Gedanken, Worten oder Werken an dem anderen Geschlechte vergehet, der frevelt gegen das sechste Gebot, der ist ein Ehebrecher. Und in diesem Sinne spricht der heilige Gott auch zu allen ledigen Männern und Frauen, zu allen Jünglingen und Jungfrauen: du sollst nicht ehebrechen. Ja, es gilt dies Gebot auch unseren Kindern, denn Er, der Heilige selbst, pflanzte das Gefühl der Schamhaftigkeit und Keuschheit gegen den eigenen Leib in des Menschen Brust. Jede Verletzung dieses Gefühles, sei es in Gedanken und Worten, in Mienen und Geberden, in Kleidung und Betragen, ist Verletzung des sechsten Gebotes, ist Ehebruch im Sinne des Wortes Gottes. Und wenn wir endlich noch das bedenken, was ich gleich zu Anfange unserer Betrachtung sagte, daß Gott der Herr selbst zu den Menschenkindern in eben dem nahen, innigen und heiligen Verhältnisse stehen will, wie Mann und Weib im Ehebunde; wenn wir bedenken, daß wir durch die Taufe und durch unser eigenes Bekenntniß unserem Herrn Jesu Christo zu derselben Liebe und Treue angetrauet sind, wie das Weib dem Manne, ja zu einer noch weit größeren Liebe und Treue, zu einer Liebe und Treue, die über Tod und Grab hinaus in alle Ewigkeit fortgehen und bestehen soll; — wenn wir das recht bedenken: nun, dann werden wir es auch verstehen, warum die heilige Schrift jeden Abfall von dem einen, wahren Gotte, jedes

Anbeten anderer Götter, jedes Halten mit Welt und Sünde, jedes Jagen nach Augenlust, Fleischeslust und Hoffahrt dieses Lebens, warum sie die Untreue gegen Christum und seine Verleugnung einen Ehebruch, ein Buhlen, eine Hurerei nennet und ein solches, vom wahren Gotte abtrünniges Geschlecht mit dem Namen eines ehebrecherischen Geschlechtes bezeichnet.

Und es ist wichtig, m. Fr., daß wir dies verstehen; denn in nichts Anderem haben wir den Grund des eigentlichen Ehebruchs und aller der Sünden, die das sechste Gebot verbietet, zu suchen, als eben in dem ersten Ehebruche, in dem Abfalle von Gott, in dem treulosen Verlassen seiner Gemeinschaft. Wo der Eine, wahre, lebendige Gott nicht gefürchtet und geliebet wird, wo Gottlosigkeit wohnet, da wohnen auch alle jene Greuel, gegen die das sechste Gebot eifert. Sehet auf das Geschlecht vor der Sündfluth, sehet auf Sodom und Gomorrha, sehet auf den Götzendienst der Heiden, ja selbst auf einen David in jenem Augenblicke, da er sich innerlich von seinem Herrn und Gotte losgesaget. Welche Schandthaten kommen uns da zu Gesichte! Leset einmal das erste Capitel des Briefes Pauli an die Römer, und Ihr werdet inne werden, wohin es mit dem Menschen kommen, wie tief er sinken kann, wenn er einmal erst den Einen, wahren Gott verlassen. Und so ist es bis auf den heutigen Tag überall, wo man es, statt mit dem heiligen Gotte, mit der Welt und ihren Götzen hält.

II.

Doch, wie versündiget man sich heutiges Tages noch gegen das sechste Gebot? Das lasset uns nun im zweiten Theile unserer Betrachtung zu erkennen suchen. Wäre in dem sechsten Gebote nur der thatsächliche Ehebruch und die grobe Unzucht und Unreinigkeit gemeint und träten die Sünden gegen das sechste Gebot uns jedesmal in ihrer wahren, häßlichen Gestalt, in ihrem greulichen Wesen und in ihren furchtbaren

Folgen vor die Augen, dann bedürfte es dieses Punktes in der Predigt nicht, dann hätte es weniger Gefahr. Denn davor würde man sich schon aus einem gewissen Gefühle des Anstandes, aus Furcht vor üblem Rufe oder vor den traurigen Folgen hüten; wiewol eine Keuschheit und Züchtigkeit, aus solchen Gründen hergenommen, vor Gott nichts mehr und nichts besser ist, als das Gegentheil davon. Aber es treten der Ehebruch und die Sünde gegen das sechste Gebot nicht gerade so schandbar und nicht gerade in ihrer eigentlichen, greulichen Gestalt auf. Sie nehmen oft ein ganz anständiges und feines Gewand an. Sie haben oft ein so empfindsames Ohr; sie können es nicht ertragen, wenn das Wort Gottes die Sünde beim rechten Namen nennet. Lauter Feinheit und Zartheit im Ausdruck, inwendig aber voller Moder und Graus, voll Greuel. Ja, geschminkt und geputzt, wohlanständig und weltgefällig schreitet die Sünde und die böse Lust einher und ist eben darum um so gefährlicher. — Ich bitte Euch, besehet doch einmal genauer, was an jenem Sinne ist, der für die Kunst und für alles Schöne so begeistert sich stellt, der von Musik und schönen Bildern, von geistreichen Büchern und Gedichten, vom Schauspiele und Tanze nicht genug sprechen, der das Alles statt des lebendigen Gottes anbeten kann. Ach oft, gar oft ist ein solches sich Begeistertstellen nur der Deckmantel für die gemeinste Augenlust und Fleischeslust. Nicht das wahrhaft Schöne ist es, was solche Gemüther einnimmt, sondern nur das, was in jenen Dingen ihre unreine Lust befriediget. Nur zu leicht stimmt man in ein solches Begeistertsein von der Kunst und von allem Schönen mit ein. Ja, man nimmt gar keinen Anstand, auch die jungen Seelen, die eigenen Kinder, dies und jenes sehen, hören und lesen zu lassen, ohne auch einmal daran zu denken, was sie für Eindrücke davon in ihren Herzen bekommen werden. O wenn doch manche Mutter daran dächte, in welches Schauspiel sie ihre Tochter hat gehen lassen oder gar mitbegleitet; wenn doch mancher Vater sich erinnerte, welche Bücher er seinem Sohne hat lesen lassen oder wie oft er sich wenigstens nicht darum bekümmerte! Freilich, man weiß sich zu entschuldigen; es geschah um der Musik und um dieses und jenes willen, heißt es. Liebloses Elternherz! Daran denkest Du, wie Du die Deinigen mit den Eitelkeiten der Welt bekannt machen, wie Du ihre Kunstfertigkeiten ausbilden und mit ihnen vor der Welt glänzen, wie Du ihnen einen Sinnenkitzel verschaffen kannst; aber wie ihre Seelen verunreiniget, vergiftet und gemordet werden, das rühret Dich nicht! Und geschiehet dies nicht so oft, so oft bei dem, was man in der Welt erlaubte und unschuldige Lebensgenüsse nennt?! Man freuet sich z. B., wenn die eigenen Kinder schon so früh als möglich in der Gesellschaft aufzutreten verstehen; man gibt sich alle Mühe, ihnen die Gelegenheit zu verschaffen, wo sie Lebensart und die Sitten der Welt lernen können; man hat ein Wohlgefallen daran, wenn sie mit Leichtigkeit und Gewandtheit sich im Umgange mit dem anderen Geschlechte benehmen können; man ist entzückt, wenn sie durch Witz und lose Rede, und was dergleichen mehr, Beifall einernten. Aber was sich dabei in die jungen Seelen einschleichet, — die unreinen Neigungen und Begierden, die Eitelkeit und Gefallsucht, die leichtfertigen, schamlosen Gedanken, die sündlichen Bilder der Augenlust und Fleischeslust und wol gar statt der heiligen Scheu die freche Verachtung des anderen Geschlechtes, die vor der Welt und in der Gesellschaft, gleichen oder höheren Standes, den Deckmantel der Höflichkeit annimmt, unbeachtet aber und gegen Niedere in zügellose Frechheit ausbricht, — das zu sehen, darauf zu merken, darüber besorgt zu sein, da hat man keine Augen, da hat man kein Herz! Wie gern schmeichelt man sich da mit dem Gedanken: die Seelen sind ja noch so rein, man kann ihnen das Alles ja schon gönnen, dem Reinen ist Alles rein. Das ist wol wahr: dem Reinen ist Alles rein. Aber seid Ihr denn rein? Oder müssen Euere Kinder durchaus rein sein, weil sie gerade Euere Kinder sind? O traurige Selbsttäuschung, welche der furchtbaren Wahrheit vergessen kann, daß aus dem Herzen alle die argen Gedanken kommen, und daß des Menschen Dichten und Trachten böse ist von Jugend auf. O Seelen mordende Zärtlichkeit, welche in dem Wahne, das Ihrige sei rein, selbst die Hand dazu bietet, die unreinen Lüste und Begierden des Herzens zu nähren. O herzzerreißende Sicherheit, welche, statt über das Verderben der eigenen und Anderer Seele zu wachen und sie vor der Versuchung auszuhüten, sorglos schläft und von Unschuld und Reinheit träumt. — So ist es aber mit dem heuchlerischen Weltsinne! Werden ihm die strengen Anforderungen des göttlichen Gesetzes geprediget, da heißet es: „wir sind keine Engel!" da ist lauter Schwachheit und Gebrechlichkeit. Hält man ihm wiederum seine Schwachheit vor, warnt man ihn vor Versuchungen, saget man ihm, er soll die Gelegenheit fliehen: dann heißet es, „dem Reinen ist Alles rein!" dann sind die Leute lauter Tugendhelden, lauter Engel. Das ist die Art des ehebrecherischen Geschlechtes.

Glaubet nicht, m. Fr., daß solch' ernster und warnender Zuruf aus einer verdüsterten Lebensansicht komme, welche den jungen Seelen keine Freude und Fröhlichkeit gönnte, was man leider aus Sündenlust und Sündenliebe dem Evangelio noch heute vorwirft. Ach, gebe Gott, es kehrete die rechte Fröhlichkeit und Munterkeit in die Herzen unserer Jugend ein; gebe Gott, sie fänden ein Gefallen an den kindlichen Freuden ihres Alters. Das würde auch uns froh machen! Aber eben dies, daß ein großer Theil der jungen Seelen daran keinen Gefallen findet, daß überall ein Hinausstreben aus ihrem Kreise sichtbar wird, daß sie nach den Eitelkeiten der großen Welt gaffen und jagen, daß Kopf und Herz von allem

Möglichen voll ist, nur nicht von dem, was für ihr Alter und für ihren Lebenskreis gehöret (höret nur auf ihre Gespräche und Unterhaltungen in müßigen Stunden), und daß dabei der Sinn für alles Ernste, für alles wahrhaft Gute und Höhere doch stumpf und todt, matt und träge ist, — das, das ist es, warum es des ernsten und warnenden Zurufes an Alle bedarf, denen der Herr Seelen anvertrauet hat; das ist es, warum wir täglich zu wachen und aufzumerken haben, was es mit den Sünden gegen das sechste Gebot auch schon bei unserer Jugend auf sich habe. Denn gerade diese Sünden sind es, die den allergräßlichsten Einfluß auf die jungen Seelen üben, sie sind es, die wie eine Pest die frischen Kräfte des Leibes und der Seele hinraffen und Mark und Bein verzehren. Dann geschiehet es, daß der Leib für alle Krankheiten empfänglich wird; dann geschiehet es, daß die wahre jugendliche Heiterkeit schwindet und statt dessen Schläfrigkeit und ein dumpfes, grillenhaftes Hinbrüten sich des ganzen Wesens bemeistert. Und was soll ich noch mehr von dem Fluche und von der Strafe sagen, womit jene Sünden den Uebertreter lohnen? Schrecklich genug prediget dies die tägliche Erfahrung.

Aber, Christen, hüten wir uns, daß bei dem Besorgtsein für die unserigen und für andere Seelen uns nicht das Wort des Herrn treffe: „Was siehest du den Splitter in deines „Bruders Auge und wirst nicht gewahr des Balkens in dei„nem Auge?" Die Hand aufs Herz: von wem hat es denn die Jugend, an wem siehet und lernet sie es? Wie stehet es mit uns selbst in diesen Sachen? „Wer ein Weib ansiehet," spricht der Herr, „ihrer zu begehren, der hat schon mit ihr „die Ehe gebrochen in seinem Herzen. Und wir sollen keusch „und züchtig leben in Worten und Werken, ein jeglicher soll „sein Gemahl lieben und ehren." Haben wir dieses Wort alle Tage vor Augen gehabt? Ist jedes unserer Worte und

Gebehrden keusch und züchtig gewesen? Hat ein jeglicher sein Gemahl nicht allein geliebet, sondern auch geehret, geehret mit heiliger Scheu und Achtung, und nicht verletzet und beleidiget? Haben die Unsrigen an unserem ganzen Wesen nur Keuschheit und Züchtigkeit sehen und lernen können? Und weiter: haben wir uns rein gehalten von jeglichem unlauteren Gedanken? Oder haben wir nicht mit Lust nachgehangen den sündlichen Bildern einer befleckten Phantasie und uns Stunden lang vielleicht in Träumereien von Augenlust und Fleischeslust und allerhand eitelen Dingen gehen lassen? Haben wir nicht ein Gefallen gehabt an Worten und Werken, welche jene Lust reizten? — Es klagen so viele Seelen, daß sie von unreinen und sündlichen Gedanken nicht loskommen können; es seufzen so Manche unter der Hitze der Anfechtung, die sie von dem Heiligsten abziehet, die ihr Gebet störet, die mit bösen Gedanken und Lüsten sie immerfort heimsuchet. Habt Ihr es auch bedacht, wovon solche Anfechtung die Frucht ist? Habt Ihr auch jemals von Herzen bereuet die Sünden Euerer Jugend und alle die Eitelkeiten und sündlichen Dinge, denen Ihr nachher so willig Euere Herzen geöffnet? Oder gehet nicht am Ende noch gar manche Seele leichtfertig darüber weg und denket: es hat ja mit den Gedanken nichts auf sich, es siehet und kennet sie ja niemand, es ist genug, wenn man nur von außen ehrbar und züchtig erscheinet. O irret Euch nicht, die Ihr vielleicht heute noch so denket. Irret Euch nicht, denn es gibt Einen, dessen Augen wie Feuerflammen sehen. Es gibt Einen, der auf jeden Gedanken und auf jede Lust in unserem Herzen merket. Und es kommt ein Tag, wo Er auch den verborgensten Rath der Herzen offenbaren wird. Da werden sie abgerissen werden, jene Larven und Masken, mit denen die Welt ihre Augenlust und Fleischeslust zu bedecken sucht; da wird sie abfallen, die Hülle der bloß äußerlichen Anständigkeit und Sittsamkeit; da werden sie herausgerissen werden aus ihren Schlupfwinkeln, die ehebrecherischen Gedanken, die, im Geheimen genährt, nicht wagten an das Licht zu kommen; ja, da wirst du nackt und bloß dastehen, o Seele, vor den Augen des Herrn und vor aller Welt; da wird es offenbar werden, was du heute und gestern, was du des Morgens und Abends, was du auf den Gassen und auf deiner Kammer gedacht und in deinem Herzen beweget und genähret hast!!

O, m. L., wollen wir uns selber richten, auf daß wir einst nicht gerichtet werden! Heute, heute noch lasset uns mit David Buße thun und vor dem Herrn enthüllen unser innerstes Herz und nichts zurückbehalten, nichts verhehlen und verbergen. Heute noch lasset uns bekennen unsere Sünden in Gedanken, Worten und Werken und suchen und fragen: wer erlöset uns von dem Fluche, der jeden Uebertreter des sechsten Gebotes trifft? Wer hilft uns heraus aus den ehebrecherischen Gedanken? Wer schaffet in uns ein reines Herz und gibt uns einen neuen, gewissen Geist, auf daß wir nicht verworfen werden von Gottes Angesicht, sondern ihn schauen mögen? Denn selig sind nur die, die reines Herzens sind, sie werden Gott schauen.

III.

Nun, wohin sollen unsere Augen sehen, zu wem anders sollten wir gehen, als zu Ihm, der zu der Ehebrecherin sprach: „hat dich niemand verdammet, nun so verdamme ich dich auch „nicht!" Haben wir nicht schon die Uebertretungen der fünf anderen Gebote Ihm geklaget? Haben wir nicht schon unser anderes Sünden-Elend Ihm gebracht und zu seinen Füßen gelegt? Hat Er nicht schon alle anderen Schulden von uns genommen und auf seine Schulter geladen? Ja, wahrhaftig, Er ist das Lamm Gottes, welches der Welt Sünden trägt! Auch diese Sünden und Greuel, die uns das sechste Gebot vor die Seele führt, auch sie hat Jesus, der wahrhaftige Gott und das ewige Leben, tragen müssen. Ach, schrecklich ist es zu sagen: Er, der von keiner Sünde wußte; Er, in dessen reine, heilige Seele kein unreiner Gedanke gekommen, dessen Mund nie ein ungöttliches Wort gesprochen, dessen Auge nie einen unlauteren Blick gethan; Er, dessen ganzes Wesen voll Gottes Heiligkeit, voll Gnade und Wahrheit war, — Er hat die Schandthaten der bis zum Thiere des Feldes gesunkenen Menschen auf sich nehmen, Er hat meine und deine und unser Aller böse Lüste und Begierden tragen müssen. Er ist voll Schmerzen und Krankheiten gewesen um unserer ehebrecherischen Gedanken willen. — Siehe Ihn an, den Mann der Schmerzen, an eine Säule gebunden und seinen heiligen Rücken zerfleischt von Geißelhieben! Deine Augenlust und Fleischeslust, Deine ehebrecherischen Gedanken, die geißeln Ihn, die schlagen Ihm Wunden. Dein ungöttliches Wesen und Deine weltlichen Lüste, die strafet der heilige und gerechte Gott an dem Leibe seines eingeborenen Sohnes. Willst Du nun glauben an den Zorn des gerechten Gottes über alles ungerechte Wesen? Christen, werden wir es nun verstehen, daß es auch mit den unreinen Gedanken des Herzens nichts Geringes auf sich habe? Wenn das am grünen Holze geschiehet, was wird es am dürren werden?! Ach, hätte der heilige und gerechte Gott, was seine Menschenkinder gegen Ihn gesündiget und gefrevelt, an ihnen strafen wollen, wie sich's gebühret, hätte Er an uns heimgesuchet unsere Sünden und Missethaten, wo wären wir geblieben? Er hat Geduld gehabt bis auf jenen Tag der Offenbarung seines gerechten Zornes; Er hat Erbarmen, unaussprechliches Erbarmen gehabt. Denn was der Sünder in Ewigkeit nicht hätte tragen können, das hat Er seinem Sohne zu tragen gegeben, — den ganzen Zorn, den ganzen Fluch, die ganze Strafe. Er hat den, der von keiner Sünde wußte, für uns zur Sünde gemacht, auf daß wir in Ihm würden die Gerechtigkeit, die vor Gott gilt. Deine Sünden und

Uebertretungen, deine bösen Lüste und Begierden, Jesus, der Herr der Herrlichkeit, dein Gott und Schöpfer, hat sie getragen. Er hat sich nicht geschämt, in Dein sündliches Fleisch zu kommen, Er hat sich nicht geweigert, unsere Sünden und Greuel an sich strafen zu lassen. — Nun, o Seele, gehe in dich; aber nun fasse auch Muth! Was auch bisher in dir gewesen, wie tief du gefallen, wie umstricket du auch von Satans Banden gewesen, wie schwach und ohnmächtig du auch noch jetzt in den Banden der Augenlust und Fleischeslust seufzest, wie greulich du dir auch selbst vorkommest, — du kannst, du darfst, du sollst, wie du bist, mit deinem ganzen Elende zu Jesu kommen; du kannst Ihm sagen Deine Noth; du darfst Ihm bekennen alle deine Sünden. Er schämet sich deiner nicht; Er verdammet dich nicht; Er ist gekommen, zu suchen, was verloren ist, Er ist gekommen, Sünder selig zu machen; Er nimmt dich an; Er reiniget dich mit seinem Blute; Er vergibt dir alle deine Sünden; Er heilet alle deine Gebrechen; er gibt dir ein reines Herz und einen neuen, gewissen Geist. Komm nur! Und bist du gekommen und bist du gereiniget, dann vergiß, o vergiß nicht um deiner Seligkeit willen den Mann der Schmerzen. Präge dir das Bild deines blutig gegeißelten Heilandes tief in die Seele! Trage es mit dir, wo du gehest und stehest. Und ficht dich dann ein ehebrecherischer Gedanke an, will die unreine Lust und Begierde sich wieder in deiner Seele erheben, — auf Ihn, den Schmerzensmann, auf seine Wunden und Striemen richte das Auge. „Wie sollte ich ein solch' groß Uebel thun und meinen Hei„land von Neuem geißeln! Ach, jeder unreine Gedanke, dem „ich mich mit Lust hingebe, ist ein Geißelhieb auf seinen hei„ligen Leib!" so sprich, so bete, so flehe um Kraft in der Anfechtung und Versuchung, und der Versucher muß weichen. Du gehest mit Joseph als Sieger aus der Versuchung hervor; du kannst, ja, wahrhaftig! du kannst in Christi Kraft das Sünden-Auge ausreißen und die Sünden-Hand abhauen.

Mit diesem und mit nichts Anderem lasset uns denn auch, m. L., unsere Kinder und die jungen Seelen waffnen gegen die Versündigungen am sechsten Gebote und gegen die listigen Anläufe des Teufels. Christum, den Schmerzensmann, den müssen sie in ihren Herzen haben, sonst ist alles Warnen und Ermahnen vergeblich. Haben sie Christum nicht, so haben sie den Versucher überall, wo sie gehen und stehen. Haben sie aber Christum, so können wir getrost sein. Verstehen sie erst das von Herzen zu beten: „laß mir nie kommen aus dem Sinne, wie viel es Dich gekostet, daß ich erlöset bin!" dann werden sie wachen, dann werden sie im Schweiße des Angesichtes die fleischlichen Gedanken und Begierden kreuzigen, dann werden sie in der Stunde der Versuchung mit Joseph sprechen: „wie könnt' ich ein solch' groß Uebel thun und wider den Herrn meinen Gott sündigen!" und werden die Frucht und den Lohn eines reinen Herzens davontragen, der Seelen Seligkeit im Anschauen Gottes. Nun, das gebe der Herr aus seiner Gnade und Barmherzigkeit uns und unseren Kindern! Amen.

XIV.
Predigt über das siebente Gebot.

Herr Gott, Deine Gnade und Treue nur macht uns gerecht und selig. Wir haben nichts, was wir Dir bringen können. Alles, was wir vor Deinem heiligen Angesichte an uns sehen, ist nur Sünde und Uebertretung und Untreue. Untreue Knechte und ungerechte Haushalter Deiner Gaben sind wir. Ach laß uns das auch heute recht gründlich erkennen, laß uns das von Herzen bereuen. Dazu verhelfe uns, Herr, die Predigt Deiner Rechte und Gebote. Aber es richte die Predigt von Deiner Gnade und Treue uns arme Sünder auch wieder auf. Herr Jesu! laß uns in Deinem Blute und in Deiner Gerechtigkeit Trost und Frieden, Kraft und Leben finden. Du treues Gotteslamm, mache Du aus uns untreuen Sündern ein heiliges Volk, das vor Dir wandele in rechtschaffener Gerechtigkeit und Heiligkeit. Ach hilf uns, Herr! aus der Unredlichkeit unseres Sinnes und Wandels, hilf uns aus unseren Sünden, und mache, daß Treue und Redlichkeit in uns und unter uns wohnen möge. Thue das, Jesu, aus Gnaden und segne durch Dein Wort dieses Stündlein an unseren Seelen! Amen.

Wir kommen heute in unseren Katechismus-Betrachtungen zum siebenten Gebote. Höret es:

2 Mos. 20, 15.
„Du sollst nicht stehlen."

Luthers Erklärung:

Wir sollen Gott fürchten und lieben, daß wir unseres Nächsten Geld oder Gut nicht nehmen, noch mit falscher Waare oder Handel an uns bringen, sondern ihm sein Gut und Nahrung helfen bessern und behüten.

„Das Stehlen," sagt Luther in seinem großen Katechismus, „das Stehlen ist das gewöhnlichste Handwerk und die „größte Zunft auf Erden; und wenn man die Welt jetzt durch „alle Stände ansiehet, so ist sie nichts anderes, denn ein gro= „ßer, weiter Stall voll großer Diebe."

Ob unser Katechismus-Vater Recht hat, das wollen wir heute sehen.

Lasset uns daher erwägen:

I. was für Versündigungen das siebente Gebot umfasse;

II. wie der natürliche Mensch in seinem ganzen Sinnen und Trachten ein Uebertreter des siebenten Gebotes sei; und

III. wie wir aus den Uebertretungen dieses Gebotes heraus zu der Gerechtigkeit kommen können, die vor Gott gilt.

I.

"Wir sollen unserem Nächsten sein Geld oder Gut nicht nehmen," so heißt es vom siebenten Gebote in unserem Katechismus zuerst. Denken wir hier, m. Fr., nicht bloß an den groben und offenbaren Raub und Diebstahl, welcher vom Staate als Verbrechen angesehen und als solches gestraft wird. Wir wissen, daß menschliche Gesetze nur richten können, was vor Augen ist, der Herr aber siehet in das Verborgene, und sein Gesetz richtet die Gedanken und das Sinnen des Herzens. Und nach diesem seinem Gesetze und vor seinem Angesichte lasset uns fragen: haben wir unserem Nächsten nie sein Geld oder Gut genommen? — Dir war vielleicht etwas anvertrauet, Du solltest es verwalten, man trauete Dir so viel Redlichkeit zu, daß Du es zum Nutzen des Anderen, zum Wohle des Ganzen verwalten würdest. Ehretest Du dieses Vertrauen? Oder griffest Du nicht eigenmächtig das Fremde an: Du dachtest: "ich bin in Noth, ich kann es ja wieder erstatten, "es ist ja eine Kleinigkeit, ich muß ja doch auch etwas für "meine Mühe haben." Sage, wer gab Dir ein Recht, solches zu thun, das Recht, zu nehmen, was nicht Dein ist?

Wir tadeln an den Kindern, wenn sie eigenmächtig nach diesem oder jenem greifen, wenn sie ohne Erlaubniß nehmen, was da lieget, und wenn sie heimlich von diesem und jenem naschen und entwenden. Es ist uns gehässig, wenn wir so oft an Dienstboten sehen, wie sie zwar Geld und Werthsachen von der Herrschaft nicht nehmen, wie sie sich aber kein Gewissen daraus machen, von dem, was zur täglichen Nahrung gehöret, zu entwenden und davon aus dem Hause zu tragen und an Andere zu geben. Christen, ehe wir darüber rechten und strafen, lasset uns doch zuerst fragen: machen wir selbst es besser? Wir leiden keine Hausdiebe, wir halten solche für die gefährlichsten. Aber ist denn das Beispiel, das wir den Unserigen geben, in allen Stücken ein Beispiel der Gewissenhaftigkeit und Treue? Man verlanget von Anderen, daß sie einem nichts nehmen. Verlanget man das aber auch zuerst und zwar am strengsten von sich selbst? Hält jeder von uns zur Zeit genaue Rechnung über das, was er hat, wie jener Zachäus im Evangelio, und fraget sich: „wie und woher habe „ich es, und darf ich es auch haben? Sollte ich nicht hier „und da zurückgeben?" Und ehe man die Hand aufthut, um den Armen zu geben, um wohlthätig zu sein, gehet man da auch in sich, saget man sich da auch ganz offen: „was „thust du, du bist ja ein Heuchler, du willst wohlthätig sein „und hast noch nicht einmal angefangen, gerecht zu sein; du „willst die Lasten Anderen erleichtern und denkest nicht daran, „daß du es Anderen schwer machest, indem du ihnen nicht „wieder gibst, was du ihnen schuldig bist." Oder, m. Fr., heißet das nicht auch gegen das erste Stück des siebenten Gebotes sich versündigen, wenn man, ohne nach Gottes Willen zu fragen, Ausgaben macht, welche die Kräfte übersteigen; welche unnütz sind, bloß, weil einem nach diesem und jenem gelüstet, weil man doch auch haben will, was die Welt hat. Und wie leicht bereit ist man zu solchen Ausgaben, zu einem solchen Schuldenmachen, wenn man dadurch dem eigenen Gelüste nur fröhnen kann, indeß man an das Nothwendige sich täglich mahnen läßt. Für Gegenstände der Augenlust und Fleischeslust gibt man, ohne zu fragen, hin und klaget nicht darüber; aber das Schulgeld für die Kinder zu zahlen, das fällt einem jedesmal schwer; die nothwendigsten Abgaben dem Staate zu entrichten, darüber klaget und murret und seufzet man und will sich nicht darein fügen. Da schämet man sich nicht, allerhand Ausflüchte zu suchen, da schämet man sich nicht, Anderen und dem Ganzen zur Last zu fallen, ja, da suchet man vielleicht gar auf betrügerische Weise, auf verbotenem Wege dem Gesetze zu entgehen.

Doch auch auf der anderen Seite ist das Kargen und Geizen in dem Nothwendigsten, das Scharren und Sammeln, der Mammonsdienst, er ist nichts besser, als das Nehmen des Geldes und Gutes Anderer; denn Gott, der Herr, hat Keinem zum Geizen und Kargen und Scharren ein Recht gegeben. Was Du auf diese Weise Dein nennest, das hast Du einem Anderen entzogen, das hast Du ihm genommen. Ungleich hat der Herr die irdischen Güter vertheilt, das ist wahr, und das ist gut; denn auch das dienet als Erziehungs- und Bildungsmittel in seiner Hand. Aber daß Du darauf hin Dein Geld und Gut mit Geizen und Scharren, mit unbarmherzigem Wuchern und Verzinsen mehren sollst, wo stehet das geschrieben? Daß ein Anderer ein Bettler werden soll, damit Du ein Reicher sein könnest, wo ist das der Wille Gottes? Wahrlich! m. Fr., gäbe es keine Geizigen, so gäbe es keine Bettler. Was ist also der Geiz besser, als dem Nächsten sein Geld und Gut nehmen?

Doch zum siebenten Gebote gehöret noch, daß wir des Nächsten Geld oder Gut nicht mit falscher Waare oder Handel an uns bringen sollen. Auch das ist ein Gegenstand, welcher der allgewissenhaftesten Prüfung werth ist. Ihr, die Ihr Euch von Euerer Hände Arbeit nähret, bedenket Ihr es auch jedesmal, ob Euere Arbeit des Lohnes werth ist, den Ihr fordert? Könnet Ihr jedes Stück auf Treue und Glauben in die Hände des Bestellers liefern? Habt Ihr nichts Schlechteres und Leichteres verarbeitet, als Euch bezahlt wird? Habt Ihr alle Mühe, alle Euere Geschicklichkeit darauf verwandt?

Habt Ihr bei der Arbeit mehr auf Eueren Vortheil oder mehr auf das Zufriedenstellen des Anderen gedacht? Mit Einem Worte: arbeitet Ihr jede Arbeit, was es auch sei, groß oder klein, geachtet oder gering, arbeitet Ihr vor Gottes Angesichte als solche, die nicht bloß dem Menschen, sondern dem Herrn, dem gerechten Richter, Rechenschaft zu geben haben? — Und Ihr, die Ihr arbeiten lasset, lasset Ihr der Arbeit auch jedesmal Gerechtigkeit widerfahren? Gebt Ihr das, was sie werth ist, gern? Oder sehet Ihr nur auf Eueren Vortheil und schämet Ihr Euch nicht, das Geringste zu bieten, wenn Ihr es nur billig haben könnet? Gehet Euch dabei nicht die Armuth, die Mühe und der saucre Schweiß des Anderen zu Herzen? — Ach, m. L., wie es uns oft bei der Arbeit im Weinberge des Herrn geht, daß wir Alles, was wir gethan, hinwerfen, daß wir nur weinen möchten, da wir als träge, faule Knechte, als Miethlinge uns anklagen müssen: so, so müßte es jedem von Euch ja wol auch oft bei seiner Hände Arbeit, bei seinem Kaufen oder Verkaufen ergangen sein, wenn Gottes Gesetz, wenn des Herrn Wille in uns lebendig wäre! Aber wo herrschet dies Gesetz, wo lebet des Herrn Wille in den Herzen?! Ein Beispiel möge uns Antwort auf diese Frage geben, ein Beispiel aus dem allergewöhnlichsten täglichen Thun und Treiben. Es ist etwas ganz Gewöhnliches, daß der Verkäufer vorschlägt und daß der Käufer abdinget; es fällt solches nicht einmal mehr auf. Ist das gut? Was setzet es voraus? Doch gewiß nichts anderes, als daß stillschweigend der Käufer den Verkäufer und dieser den Anderen für einen Betrüger hält, für einen solchen, dem man mit der Wahrheit nicht kommen, dem man nichts Redliches zutrauen kann. O! eine traurige Verständigung, die wir so stillschweigend unter uns getroffen! Wir geben damit nichts anderes zu erkennen, als daß wir die Uebertreter des siebenten Gebotes sind.

Und könnet Ihr etwas Anderes sagen, wenn Ihr das dritte Stück des Gebotes bei Euch bedenket, wo es heißet: wir sollen dem Nächsten sein Gut und Nahrung helfen bessern und behüten? — Gibt es ja doch Niemand, welcher dieser Pflicht entbunden wäre; kann und soll doch jeder auf seiner Stelle dieselbe üben. Aber wie pfleget es gewöhnlich zu geschehen? Das eigene Gut, wie weiß man das zu mehren, zu behüten; die eigene Nahrung, wie weiß man die zu bessern; aber das zu suchen, was des Anderen ist, da helfen, bessern und behüten, wo man selbst nur die Mühe, aber keinen Geldgewinn hat, wer denket daran? Ach, Christen, wie viele Talente, Fähigkeiten und Gaben, die der Schöpfer gegeben und mit denen man Anderen so vielfach helfen und nützen könnte, liegen vergraben, unbenutzt, unangewendet! Sehe sich da doch ein Jeder selbst an, frage sich doch ein Jeder: wie viel Stunden habe ich meinem bloßen Vergnügen hingegeben; wie oft habe ich alle meine Kräfte und Gaben zu nichts gebraucht; wie viel Zeit habe ich in Trägheit und Faulheit verbracht und keinen Schritt für das geistige Wohl meines Nächsten gethan und keine Hand für sein leibliches Wohl gerührt? — Wahrlich! die Vernachlässigung unserer Anlagen und Kräfte, das Liegenlassen unserer Gaben, das Zusehen und Zugeben des Unrechtes, wo man Recht schaffen kann, die Faulheit und Trägheit, das stete für sich Arbeitenlassen, die Fleischesruhe und Bequemlichkeit, — das Alles ist auch Uebertretung des siebenten Gebotes, das ist Stehlen in Gottes Augen.

Sehe nun ein Jeder zu, wie sein Sinn und Wandel zum siebenten Gebote stehet; und ärgere sich doch Niemand, wenn das Wort Gottes ihn als einen Dieb anredet und behandelt. Sind wir vor dem göttlichen Gesetze besser, als jener ungerechte Haushalter, der seines Herrn Güter umgebracht; sind wir besser, als jener Gehasi, den die Uneigennützigkeit seines

Herrn ärgerte, oder als jener Knecht, der sein Pfund vergrub, oder als ein Judas, der um Geld seinen Herrn verrieth? — Gnade, nur Gnade ist es, wenn es vielleicht nicht zu solchem Diebstahle kam, welches die Welt Verbrechen nennet; und wie Mancher hätte es verübt, wenn es vor der Welt nicht gerade als Verbrechen gälte. In seinem Herzen, in seiner Denkungsart, in seinem ganzen Sinnen und Trachten ist jeder Mensch, wie er aus sich selbst ist, vor Gottes Augen ein Uebertreter des siebenten Gebotes, ein Dieb. Denn aus dem Herzen kommen die argen Gedanken, und zu denen gehöret bekanntlich auch die Dieberei. Lasset uns diese traurige Wahrheit im zweiten Punkte unserer Betrachtung näher kennen lernen.

II.

Darum nur diese eine Frage: wie siehet der natürliche Mensch überhaupt alles Gut und Geld, alle äußeren Sachen und Besitzthümer, sie seien klein oder groß, sie gehören ihm oder einem Anderen, wie siehet er sie an, wie stehet es in seinem innersten Herzen dazu? Denket er nicht von dem Besitzthume des Anderen, „das möchte ich haben," wünschet er es sich nicht wenigstens? Und von dem Seinen: „das gehöret mir, das ist mein, darüber kann ich schalten und walten, wie ich will, davon brauche ich Niemandem Rechenschaft abzulegen." Nicht wahr, m. Fr., so ist es? Man will es nicht wahr haben, daß nichts von Allem, was man um sich und an sich hat, unserer Willkür, unserem Gelüste, unserem Gutdünken unterworfen sei; man will es nicht wahr haben, daß nichts von allen Dingen in der Welt einem eigentlich gehöre. Und doch ist es so. Nichts in der ganzen Welt, von dem Größesten bis zum Kleinsten, ist eigentlich unser, nichts ist unserer bloßen Willkür und Lust, nichts unserem bloßen Gutdünken übergeben, sondern Alles, was da ist in der Welt, vom Größesten bis zum Kleinsten, gehöret Einem nur, dem

Schöpfer aller Dinge, dem lebendigen Gotte. Und Alles, was wir um und an uns haben, Gottes Güter, Gottes Gaben sind es, uns nur von Ihm verliehen, uns nur anvertrauet von Ihm. Nichts als ein Haushalter der mancherlei Gaben Gottes, das soll der Mensch nach Gottes Willen sein. So will der Herr, daß wir uns selbst und unsere Sachen ansehen sollen. Thun wir das nun, m. Fr.? Denken wir, wenn wir das Geld und Gut unseres Nächsten ansehen, wenn uns eine Lust und ein Begehren danach ankommt: es ist ja Gottes Gabe, was mein Nächster besitzt, Gott hat es ihm verliehen, darum kann und darf ich nicht danach begehren, ich würde ja sonst gegen Gottes Recht und Ordnung freveln? Ist uns das Eigenthum des Nächsten als Gottes Gabe heilig, so daß wir es um Gottes Willen gern bessern und behüten? Und wenn uns etwas anvertrauet ist, wenn wir etwas verwalten sollen, sehen wir es als etwas von Gott selbst uns Anvertrautes, als göttliches Gut und Pfand an, was wir nicht nach unserem Gutdünken, sondern nach seinem heiligen Willen zu verwalten und wovon wir Ihm, dem Herrn, Rechenschaft abzulegen haben? Wir bekennen in unserem Glaubensbekenntnisse nicht allein, daß uns Gott erschaffen hat sammt allen Creaturen und uns Leib und Seele, Augen, Ohren und alle Glieder, Vernunft und alle Sinne gegeben hat und noch erhält; sondern wir bekennen es, daß auch Kleider und Schuhe, Essen und Trinken, Haus und Hof, Weib und Kind, Acker, Vieh und alle Güter, daß das seine Gaben sind, uns verliehen aus lauter väterlicher, göttlicher Güte und Barmherzigkeit, ohn' all' unser Verdienst und Würdigkeit. Gehen wir nun mit unseren Kleidern und Schuhen und was sonst zum Leiblichen gehöret, als mit Gottes Gaben um? Sehen wir sie so an? Schonen wir sie darum? Halten wir sie darum ordentlich? Sind wir darum sparsam? Haltet diese Fragen nicht für kleinlich. Es heißet im Evangelium: als einmal

Noth da war, als das Volk nicht zu essen hatte, da fragten die Jünger: "woher nehmen wir Brod in der Wüste?" Sie hatten vergessen, daß das Brod von Gott kommt, daß es seine Gabe ist und daß Er es schaffen und geben könne, wie, wo und wann Er wolle. Der Herr gab Brod gegen alle ihre Vernunft, und zwar mehr, als sie es nur denken konnten. Da nun, als die Menge gegessen hatte und satt war, da sahen die Jünger wol, daß das Brod Gottes Gabe gewesen; aber die übriggebliebenen Brocken auch als Gottes Gabe zu betrachten, sie aufzuheben und zu sammeln, daran dachte Keiner, das fiel Keinem ein. Der Heiland selbst mußte es befehlen. — Merket Ihr nun, was es auch mit den kleinsten leiblichen Gaben und Gütern für eine Bewandtniß hat und wie wir zu ihnen stehen sollen? Wer von uns kann sagen: so stehe ich zu meinem und meines Nächsten Hab' und Gut, ich habe es immer nur als Gottes Gabe angesehen, bin stets mit dem Meinen zufrieden gewesen? Wer von uns kann sagen: ich habe alle die irdischen Güter und Gaben, die mir verliehen, stets nach Gottes Willen und zu Gottes Ehre verwaltet? Seht, so lange das Niemand sagen kann, so lange Jeder bekennen muß, daß er täglich dagegen gefehlet, täglich nach etwas verlanget und gegriffen, als ob es nicht Gottes Gabe gewesen; so lange Jeder gestehen muß, daß er täglich mehr oder weniger veruntreuet, bei seinem Wirthschaften und Ausgeben und Einnehmen oft und vielleicht gar nicht nach Gottes Wort und Gottes Willen gefraget; so lange Jeder zugeben muß, daß er der ungerechte Haushalter ist, der seines Herrn Güter umgebracht: so lange ist es wahr, unwiderleglich wahr, was unser Katechismus-Vater, Luther, saget, wahr, daß wir Alle uns gegen das siebente Gebot versündiget, und zwar mehr und ärger versündiget, als wir es nur denken können. Ich bitte Euch also, m. L., suchet Euere Tugend und Gerechtigkeit doch ja nicht darin, daß Ihr besser seid, als dieser und jener offenbare Dieb und Betrüger. In den Augen der Welt möget Ihr es wol sein, aber nicht in Gottes Augen; denn Gott siehet das Herz an, und vor Ihm gilt kein Ansehen der Person. Die weltliche Obrigkeit kann nur richten und strafen, was als offenbares Verbrechen dalieget; aber vor Gott dem Herrn ist jenes ganze Sinnen und Denken des natürlichen Menschen verdammet, vor Ihm kann kein Haushalter bestehen, der nicht in allen Stücken, der nicht auch im Kleinsten treu gewesen. Er, der heilige und gerechte Richter, setzet Jeden ab von seinem Amte, der irgend eins von seinen Gütern und Gaben umgebracht. Aus Seinem Gerichte kommt Keiner heraus, bis er auch den letzten Heller bezahlet. Das könnet Ihr in seinem ganzen Worte lesen. Sein Wort aber ist wahrhaftig, und was Er drohet oder verheißet, das hält Er gewiß.

III.

Wie traurig stehet es also um die, welche auf ihre vermeintliche Redlichkeit und Gerechtigkeit sich steifen, welche da sagen: „ich habe noch nie gestohlen, ich habe noch Keinen betrogen, ich bin rein und brauche mich vor dem Gerichte Gottes nicht zu fürchten!" und welche nun mit dieser ihrer sogenannten Tugend glauben, vor Gott nicht allein bestehen, sondern noch Wunder was für Lohn und Vergeltung davontragen zu können. — Wie traurig stehet es um die, welche den alten, befleckten und zerrissenen Rock ihrer Rechtschaffenheit immer noch mit diesem und jenem Flick ausbessern, welche das früher Versehene aus eigener Vernunft und Kraft gut machen wollen, welche durch Sparen und Geizen auf eigene Hand oder durch Gaben und Wohlthun auf eigene Hand oder durch sonst etwas auf eigene Hand die alten Schulden bezahlen wollen, die sie dem ewigen Schuldherrn gemacht. Die Heuchler! Mit glänzenden Lappen wollen sie sich umhüllen, aber das Herz, das Herz ist dasselbe untreue und diebische geblieben. Gute Werke wollen sie thun, aber in ihrem Herzen gelüstet es sie nach Argem. Arges denken und sinnen sie. Wie überraschend, wie furchtbar, wie niederdonnernd wird sie daher einst am Tage des Gerichtes das Wort treffen: „Ich habe euch noch nie erkannt, weichet von mir, ihr Uebelthäter!" Ja, da wird Manchem, der sich hier auf seine Rechtlichkeit etwas zu Gute that, es sonnenklar gezeigt werden: du warst ein Betrüger. Und Manchen, der den Schein des Ehrlichen hatte, wird es von allen Seiten verklagen: du hast gestohlen. Und Manchem, der damit prahlte: „ich bin Keinem etwas schuldig," wird das Urtheil gesprochen werden: „deiner „Schulden sind mehr, als des Sandes am Meere, deine „Seele ist auf ewig dem Gerichte und der Strafe verfallen." — Wer Ohren hat, zu hören, der höre!

Wir, m. Fr., wenn anders wir aus der Wahrheit sind, wir können nur mit jenem untreuen Knechte uns niederwerfen vor dem Herrn und zu Ihm flehen: habe Geduld, habe Barmherzigkeit mit uns, vergib uns unsere Schulden! Ja, wir können nur mit jenem ungerechten Haushalter die kurze Frist, die der Herr ihn noch in seinem Amte ließ, das heißt, die kurze Lebenszeit, die uns noch übrig ist, benutzen, um Gnade zu suchen, Gnade für alle die Sünden und Schulden, die uns auch das siebente Gebot mahnend vorhält. Worin aber finden wir diese errettende und helfende Gnade? Wahrhaftig, wieder nur bei dem, der unter die Uebelthäter gerechnet ward um unsertwillen; bei Ihm, der um unserer Sünden und Schulden willen geplaget und gemartert ward. Ja, Jesus Christus allein ist uns von Gott gemacht zur Gerechtigkeit. Er ist treu gewesen bis an's Ende. Er hat nicht gehabt, wo Er sein Haupt hinlegen konnte, aber Er hat nach der ganzen Welt und ihrer Herrlichkeit nicht die Hand ausgestrecket, wiewohl sie Ihm geboten wurde. Er hat nichts begehret, denn allein dies: zu thun den Willen seines Vaters im Himmel.

Er hat nichts veruntreuet, nichts verloren von Allem, was Ihm der Vater gegeben hat. Er hat die Brocken auch als Gottes Gabe geehret. Er ist treu gewesen im Größesten und im Kleinsten. Siehe, o Mensch, diese Treue und Gerechtigkeit Jesu, die Du nicht hast, die Du aber nöthig hast, um vor Gott zu bestehen, diese will Gott Dir schenken; mit diesem hochzeitlichen Kleide will Er alle Deine Sünden und Schulden, Deine Veruntreuungen und Diebereien zudecken; für alles das, was Du bis auf diesen Tag gesündiget und übertreten, soll Jesu heiliges und gerechtes Leben dastehen und als Bürge für Dich eintreten; für alle Deine Schulden soll Jesu Blut und Tod das vollgültige Lösegeld sein; Du sollst nichts bezahlen, Du sollst freigesprochen, Du sollst selig werden. O, Christen, lasset uns diese gute und frohe Botschaft nicht ausschlagen! Wir können vom Fluche und von der Strafe des siebenten Gebotes loskommen. Wir können heute noch vor Gott gerecht und einst als treue Haushalter erfunden und in Ewigkeit über Vieles gesetzt werden. Nur bekennen sollen wir unsere Sünde, nur los sein wollen sollen wir unsere Untreue, nur hassen unser ungerechtes, unreines Wesen, nur wegwerfen sollen wir mit jenem Zöllner alle unsere vermeintliche Treue und Redlichkeit und Gerechtigkeit, die ja doch vor Gott nur ein Greuel ist. Nur durch Christi Gerechtigkeit und durch nichts anderes sollen wir vor Gott bestehen und selig werden wollen. Nur sein Lösegeld sollen wir alle Tage vor Gott bringen wollen und nichts anderes, und Gott will uns ansehen und lieben und segnen wie seinen eingeborenen Sohn. — O, m. L., was stehen wir noch an, Jesum zu suchen, Jesum zu bitten, uns Jesu zu übergeben. „Ohne mich," saget Er ja selbst, „könnet ihr nichts thun." Ja, ohne Jesum gibt es keine Redlichkeit und Treue, die vor Gott gilt, denn Gott siehet das Herz an. Und Jesus nur kann in uns schaffen ein neues und reines Herz. Ohne Jesum gibt es keine Gesetzeserfüllung.

Sein müssen wir erst sein, sein begnadigtes, erkauftes, erlöstes Volk; aus Ihm müssen wir täglich nehmen, von Ihm täglich lernen; dann, dann erst kann Treue und Redlichkeit in uns und unter uns wohnen; dann erst wird das Stehlen aufhören; dann erst wird jedes unter uns an seiner Stelle ein treuer Haushalter sein der mancherlei Gaben Gottes.

O so lasset uns denn in dieser Stunde noch als arme Sünder zu Jesu gehen und Ihm bekennen unsere Untreue und Schulden und Ihn bitten um Gnade und Erbarmen! Amen.

XV.
Predigt über das achte Gebot.

Wenn ich auf das hören würde, was Fleisch und Blut in mir sagen, so müßte ich Euch bekennen, daß es mir nicht angenehm ist, bei der Fortsetzung unserer Katechismus-Betrachtungen über das nun folgende achte Gebot zu Euch zu reden. Denn dieses Gebot dringet mich, Wahrheiten auszusprechen, die gar Manchem nicht behagen werden. Doch ich muß voraussetzen, daß Ihr von einem Prediger der göttlichen Wahrheit nicht erwartet, daß er bei seiner Predigt nicht mit seinem Fleische und Blute, sondern vielmehr mit dem Geiste Gottes sich berathe. Ich muß weiter voraussetzen, daß Ihr von mir nicht fordern werdet, auf Euer Fleisch und Blut Rücksicht zu nehmen und das, was an Euch sündlich ist, Eueren alten Menschen, zu schonen oder ihm gar zu schmeicheln, denn das brächte mich und Euch ins ewige Verderben.

Und somit will ich denn, ein armer Sünder, zu armen Sündern reden Gottes ernste und strafende Wahrheit; aber auch zugleich will ich von seiner Gnade und seinem Erbarmen nicht schweigen. Möget Ihr aber nun auch das Wort, wie es aus Liebe zu Euerem Seelenheile kommt, in Liebe aufnehmen.

Wenn man ein Ding nicht beim rechten Ende anfaßt, so gelinget es nicht. So gehet es namentlich mit dem Kämpfen gegen die Sünde und Sünden. Es gibt gar Manche, die es nicht begreifen können, wie sie immer wieder von Neuem in die und die Sünden verfallen, an denen sie selbst doch schon die Lust verloren. Sie zerquälen sich alle Tage, und alle Tage kommt immer wieder dasselbe vor und wol noch mehr als das. Wie kommt das? Antwort: sie sehen den Wald vor Bäumen nicht. Sie sehen vor dem ganzen Sündenmeere die Quelle nicht, sie merken nicht auf ihr Herz und achten nicht auf ihre Zunge. Auf hundert andere Dinge sehen sie; aber was aus ihrem Herzen über die Zunge quillt, darauf sehen sie nicht. Sie wissen nicht, daß die Zunge das Steuerruder ist, welches das ganze Schiff, der Zaum, welcher das unbändige Roß, — denn das ist doch der alte, sündliche Mensch in uns, — regieret.

Wollet Ihr darum gegen die Sünde Eueres ganzen Menschen recht kämpfen, so fanget es mit dem Kampfe gegen das an, was aus dem Herzen über die Zunge geht: mit den Zungen=Sünden. Sie werden am allerleichtsinnigsten begangen und sind doch die gefährlichsten, sie sind diejenigen Sünden, welche Leib und Seele aller Sünde und allem Einflusse des Satans bloßgeben.

Das könnet Ihr im Briefe des Jacobus im dritten Capitel selbst lesen, und ich bitte Euch, thuet es.

Doch ich muß es Euch auch gerade heraussagen, wenn irgend eine Sünde unter uns allgemein begangen wird, so sind es diese Zungensünden; wenn irgend ein Gebot unter uns gedankenlos und leichtsinnig übertreten wird, so ist es das achte Gebot. Sehet, und darum gemahnet es mich, heute, unter Gottes Beistande, dieses achte Gebot Euch besonders an's Herz zu legen.

2 Mos. 20, 16.

„Du sollst nicht falsch Zeugniß reden wider deinen Nächsten."

Luthers Erklärung:

Wir sollen Gott fürchten und lieben, daß wir unseren Nächsten nicht fälschlich belügen, verrathen, afterreden oder bösen Leumund machen, sondern sollen ihn entschuldigen, Gutes von ihm reden und Alles zum Besten kehren.

Lasset uns daher sehen:

I. was das achte Gebot in sich schließet;

II. woher die Versündigungen dagegen kommen; und

III. wie wir von der Lust zu diesen Sünden los und in die Erfüllung des Gebotes kommen.

I.

Was hat also das achte Gebot zuerst für uns für eine Bedeutung? Was schließet es in sich? — Um Euch dieses zum Bewußtsein zu bringen, will ich Euch nicht erst führen an eine Gerichtsstätte, wo einer seine Hand gen Himmel erhebt, den allwissenden Gott zum Zeugen anrufet in seiner Sache gegen den Nächsten und doch einen Meineid thut und Falsches gegen seinen Nächsten aussaget. Ich will Euch auch nicht einführen in die Prozesse und Rechtshändel, die öffentlich, und in die Zänkereien und Streitigkeiten, die privatim und in den Häusern geführt werden, wo Gewinnsucht und Rechthaberei, Hoffahrt und Dünkel, Argwohn und Mißtrauen, satanischer Zorn und Mordlust, Lüge auf Lüge und ein falsches Zeugniß auf das andere häufen.

Auch will ich Euch heute nicht vor Augen malen einen Hohen Rath, wie er nicht allein falsche Zeugen gegen den Allergerechtesten und gegen dessen gute Sache annimmt, sondern selbst noch beredet, aufhetzet und dinget; ja wie er (da alles Lügen-Zeugniß nicht helfen will) selbst als ein solcher Lügen-Zeuge auftritt und den Unschuldigsten der Menschen zum Tode verurtheilt; wiewohl solch' lügenhaftes Zeugniß gegen Jesum und gegen seine Sache und gegen seine Gläubigen noch heutzutage vorkommt und vorkommen wird, so lange Satan, der Vater der Lügen, sein Werk in den Kindern des Unglaubens treibt. Doch will ich von solchem heute nicht zu Euch reden. Es könnte Mancher bei sich denken: nein, so arg bin ich doch nicht, das habe ich mir noch nicht zu Schulden kommen lassen. Es könnte Jemandem einfallen, sich, wie er da ist, für wahr, für gerecht, für liebenswürdig, für einen Tugendhelden, für einen guten Menschen zu halten; es könnte Jemandem einfallen, sich selbst achten und Andere verachten und verdammen zu wollen. Davor möge uns Gott in Gnaden bewahren! Sehet, und darum lasset uns (damit wir ja nicht glauben, daß uns die Versündigungen am achten Gebote fern liegen) nur darauf eingehen, was uns Allen und einem Jeden am nächsten lieget.

Saget einmal, wenn wir so allein sind und Zeit haben, über dies und das zu denken, ist unser Herz da so unschuldig, so voll Tauben-Einfalt, so gut und liebevoll, daß wir gar nichts Arges über unseren Nächsten denken? Gibt es nicht Ehegatten, die recht darauf sinnen, um Eins an dem Anderen nur Arges zu finden, und wenn sie es nicht geradezu als Zeugniß aussprechen können, doch wenigstens ihren Argwohn, ihr Mißtrauen, ihre Eifersucht, kurz ihre argen Gedanken in Zorn, in Bitterkeit, in Satyre, in Spott und Hohn aller Art aussprechen? Gibt es nicht Kinder, die von denen, von welchen sie das Beste denken sollten, — ich meine von ihren eigenen Eltern, — nur Schlechtes denken, die ihre Liebe und Strenge, ihr Sorgen und Wachen auf alle Weise mißdeuten, die ihre größten Wohlthäter für unerträgliche Zuchtmeister und Peiniger halten, — Kinder, die, ach! von ihren eigenen Eltern vor Anderen Böses reden? Gibt es nicht Schüler und Schülerinnen, die mit Frechheit ihre Lehrer belügen, und Eltern, die schwach genug sind, der Lüge zu glauben und in Gegenwart der Kinder über Lehrer herzuziehen? Gibt es nicht Freunde und Freundinnen, Verwandte und Bekannte, die einander besuchen, um nur recht viel Stoff zu argen Gedanken über einander mit sich nach Hause zu nehmen? — Wenn nun dergleichen Arges schon in den nächsten Verhältnissen gedacht und geredet wird, wie wird man von denen denken und reden, die man wenig oder gar nicht kennt, mit denen man in keinem so nahen Verhältnisse stehet, denen man bei seinem Denken und Reden keine besondere Rücksicht und Pflicht schuldig zu sein glaubet? Sehen wir doch einmal unser Thun und Treiben etwas näher an, wenn wir mit anderen Menschen zusammenkommen, beim sogenannten geselligen Umgange. Wir nennen uns Christen, wir nennen uns Kinder Gottes. Wären wir das wirklich, sehet, dann könnte es uns an dem schönsten und herrlichsten Stoffe zu unseren Reden und Gesprächen nie fehlen. Wir würden mit einander dem Herrn singen und spielen; wir würden das Wort Gottes betrachten; wir würden lesen und reden, was uns erbauete und besserte, was holdselig ist, zu hören; wir würden unsere eigenen Herzen gegen einander öffnen und uns mittheilen Freuden und Leiden, uns rathen, helfen, trösten, aufrichten und an einander erquicken; wir würden wol auch zusammen mit dem Herrn reden, mit Einem Herzen und Einem Munde zu Ihm beten; oder wir würden unsere Herzen und Reden auf Werke der Liebe richten, wie diesem Armen und jenem Kranken zu helfen wäre, wie man sich dieser und jener verwahrlosesten Kinder annehmen könne, was man zum Heile Anderer, zur Bekehrung der Heiden, zum Baue am Reiche Gottes mit beitragen könne. Kurz, wenn wir wahrhaftige und nicht nur Namen=Christen wären, wir kämen im Umgange mit einander an solchen Reden, die holdselig zu hören, die erbauen, helfen und bessern, nie zu kurz. Es würde uns gar nicht einfallen, unser Herz und Sinnen auf Reden zu lenken, die eitel, unnütze, sündlich sind, die einem selbst und Anderen nur schaden. — Ja, da höret man von gar Manchen sagen: „man kann aber doch nicht immer fromm sein; man kann ja doch nicht immer von göttlichen Dingen reden." Siehe, lieber Mensch, das ist eben das Traurige und Sündliche an Dir, daß Du nicht immer fromm sein kannst; das ist das Traurige, daß Dir der Eine noch nicht über Alles gehet und daß Du noch nicht Alles in Deinem Leben auf den Einen beziehen kannst! Glaubet ja nicht, m. L., daß Euch hiermit verboten würde, von Euerer Wirthschaft und sonstigen Arbeit und Beruf und Geschäften zu reden und Euch darin zu rathen und zu helfen, oder daß hier auf jede sonstige unschuldige Rede scheel gesehen werde. Das hieße ja unerträgliche Lasten, die man selbst mit keinem Finger rührt, auf die Schultern Anderer bürden. Aber saget mir, wo stehet das in Worte Gottes geschrieben, daß man, wenn man zusammenkommt, gleich über seinen Nächsten herfällt, daß man durch ein Achselzucken ihn verdächtig macht, daß man seine Ehre und seinen guten Ruf und Namen antastet, daß man sein Benehmen und seine Handlungen bekritelt, seine Worte verfälschet und verdrehet, ja selbst seine Gesinnungen verurtheilet und verdammet? Wo stehet das in Worte Gottes geschrieben, daß man die häuslichen oder amtlichen geheimsten Verhältnisse des Nächsten aufdecken und verrathen und ihn als einen schlechten Vater oder Mutter, als einen schlechten Sohn oder Tochter, als schlechten Ehegatten oder als schlechten Berufs=

mann an den Pranger stellen soll? Wo stehet das im Worte Gottes geschrieben, daß man über das Heiligste, was der Christ hat, über seinen Glauben aburtheilen soll und ihn mit einem Spott= und Schimpfnamen belegen? Oder haltet Ihr das für etwas so Unschuldiges, eigenliebige Vermuthungen und Ansichten (die gar oft nur die Ausgeburt des Neides, der Scheelsucht und der eigenen, argen Gedanken des Herzens sind) als Wahrheit und Thatsachen zu erzählen, wie das Sprüchwort saget: „was ich denk' und thu', trau' ich Andern zu?" Oder kommt Euch das unschuldiger vor, wenn man diese und jene Geschichte von Jemandem hört, dieselbe sogleich nachzuerzählen, ja sich ein Geschäft daraus zu machen, sie so recht unter die Leute zu bringen, ohne zu prüfen und zu fragen, ohne einmal die Person zu kennen, von der das böse Gerücht erschallt, ja wol gar seine eigenen giftigen Zusätze noch zu machen? Meinet Ihr denn, es werde dem Christen so als nichts von Gott angerechnet, wenn er in gutmüthiger oder eigentlich in boshafter Dummheit Alles glaubet und Al=les nachredet, was die Leute sagen? Soll denn der Christ nicht daran denken, daß die Ehre und der gute Name seines Nächsten Gottes Gabe ist, daß jedes Antasten derselben ein Frevel gegen den lebendigen Gott und seine Ordnung ist, ein Mordstreich ist, der gegen des Nächsten Seele und Leben ge=führet wird?

O, m. L., lassen wir uns noch einmal über diese Versün=digungen gegen das achte Gebot, über diese Zungensünden, in die leider so Viele unbewußt mit einstimmen, an denen lei=der so Manche ihre rechte Lust und Freude, ja die Würze ihrer geselligen Unterhaltung suchen, lassen wir uns doch ein=mal über sie die Augen öffnen! Wisset Ihr, wie das Wort Gottes diejenigen bezeichnet und beschreibet, die solche Reden führen und an ihnen Gefallen haben? Ihr Schlund ist ein „offenes Grab," so heißt es. „Mit ihren Zungen handeln sie

„trüglich. Otterngift ist unter ihren Lippen. Ihr Mund ist
„voll Fluchens und Bitterkeit. Ihre Füße sind eilend, Blut
„zu vergießen. In ihren Wegen ist eitel Unfall und Herzeleid.
„Und den Weg des Friedens wissen sie nicht. Es ist keine
„Furcht Gottes vor ihren Augen." (Römer 3, 13—18.)

Seht, das ist in den Augen Gottes jede Klatscherei und jeder Nach-Erzähler und Neuigkeitskrämer, jeder Verleumder und Afterredner, jeder, der den Muth nicht hat, dem Anderen die Wahrheit ins Gesicht zu sagen, der vor den Augen freundlich thut und hinter dem Rücken Verleumdung und Ränke und böse Gerüchte schmiedet. Das ist in Gottes Augen Jeder, der sich zum Richter über den Anderen aufwirft, Jeder, der sich seines Nächsten nicht annimmt, der der Verleumdung zuhöret, ihn nicht vertheidiget, nicht entschuldiget, — nichts weniger, wahrlich nichts weniger, als ein Mörder! Denn wer seinen Bruder hasset, der ist ein Todtschläger, und das Urtheil Gottes über solchen kennet Ihr. Ist Jemand unter uns, der sich von diesem Urtheile ausnehmen wollte? Ist Jemand, den Eins und das Andere der Schilderung der Schrift von den Falschen nicht wenigstens zur Zeit getroffen hätte? Saget Jemand: ich habe es nie anhören können, wenn es über einen Anderen herging, ich habe ihn immer vertheidiget? Saget Jemand: ich bin rein von argen Gedanken und Reden gegen meinen Nächsten? Ist Jemand, der da sagen könnte: es hat mir niemals Lust und Vergnügen gemacht, über meinen Nächsten etwas Böses zu reden, von ihm etwas Sündliches zu erzählen? Sagte Jemand das, nun, dann würde er nichts Anderes thun, als falsch Zeugniß von sich selbst reden. Ich sage: falsch Zeugniß von sich selbst.

II.

Und dies, m. Fr., führet uns auf den zweiten Punkt unserer Betrachtung, indem es uns zeiget: woher das Falsch-Zeugnißreden gegen den Nächsten, das Belügen, Afterreden,

Verrathen und Verleumden eigentlich komme? — Ist es nicht so, daß man den Anderen belüget, verräth oder afterredet, um nur selbst besser zu erscheinen; daß man die Sünden und Fehler und Schwachheiten Anderer aufdecket, um seine eigene Tugend recht herauszustreichen und ins Licht zu stellen? Man hat ein gewisses Behagen, wenn man sich sagen kann: du bist doch besser, bei dir siehet es doch ganz anders aus, in deinem Hause gehet es doch weit ordentlicher zu. Man will mit seinem Sinne für alles Gute, mit seinem Eifer für das Sittliche, Wahre und Rechte paradiren; man will, wo möglich, für den besten, tugendhaftesten und redlichsten Menschen gehalten werden. Und so kann man denn nicht genug eifern und richten und verdammen, wenn hier einmal Einer gefehlt hat oder dort eine Seele gefallen ist. Ganz wie die Pharisäer im Evangelio mit heuchlerischer Sittenstrenge über die Ehebrecherin herfielen, so fallen noch heutzutage gar Viele mit ihren Zungen über diesen Sünder und jene Sünderin her und können ihre Fehltritte und ihre Schlechtigkeiten nicht genug ausreden und ausposaunen. Die Heuchler! Tönen ihnen nicht die Worte des Heilandes in die Ohren: „wer unter euch „ohne Sünde ist, der werfe den ersten Stein auf sie? Die Heuchler! Haben sie auch jemals in ihr eigenes Herz gesehen und in ihre eigenen bösen Lüste und Begierden? Haben sie jemals so viel Muth und so viel Lust zur Wahrheit gehabt, vor Gottes Angesichte von sich selbst ein wahres Zeugniß abzulegen, sich als arme, elende, fluchwürdige Sünder vor Gott und vor den Menschen zu bekennen?

Christen, die selbstgerechten Pharisäer, die es nicht dulden mögen, daß sie von der ewigen Wahrheit Lügner und Heuchler genannt werden, diese Leute, die außer sich werden, wenn das Wort Gottes vom sündlichen Verderben des Menschen redet, die da schimpfen und toben, wenn das Wort Gottes ihnen bezeuget, das nichts Gutes an ihnen ist, daß sie gar kein Verdienst und Würdigkeit haben, sondern in ihrem täglichen Sinnen und Trachten vor Gott ein Greuel sind, — diese selbstgerechten Pharisäer, sage ich, weil sie stets falsches Zeugniß von sich selber denken und sagen, sind es auch, welche falsches Zeugniß gegen ihren Nächsten reden. Denn weß das Herz voll ist, deß gehet der Mund über. Ist Dein Herz voll Falschheit und Lüge gegen Gott und gegen Dich selbst, so wird Dein Mund auch Falsches von dem Nächsten reden.

Fraget Ihr aber, m. Fr.: woher die Lüge und die Falschheit gegen Gott und gegen sich selbst und gegen den Nächsten in dem Herzen des Menschen? Ich will es Euch sagen, oder vielmehr, Christus sagt es uns. „Ihr seid vom Vater, dem Teufel," spricht Jesus zu allen selbstgerechten und heuchlerischen Pharisäern, „und Eueres Vaters Lust wollet ihr thun. „Derselbe ist ein Mörder vom Anfange und ist nicht bestanden in der Wahrheit, denn die Wahrheit ist nicht in ihm. „Wenn er die Lügen redet, so redet er von seinem Eigenen, „denn er ist ein Lügner und ein Vater derselben." Satan ist der erste Heuchler und der erste Selbstgerechte gewesen. Satan hat die erste Lüge und das erste falsche Zeugniß geredet. Satan hat die erste Lüge in des Menschen Herz gebracht. Und seitdem der Mensch in Satans Lüge gewilliget und auf sein falsches Zeugniß gehöret, seitdem ist es des Menschen Streben, ja wol gar Lust, Gott und sich selbst und seinen Nächsten zu belügen. Und wer heute noch die Lüge aus Satan lieber hat, als die Wahrheit aus Gott; wer heute noch seine eigene Ehre lieber hat, als die Ehre bei Gott, und sein eigenes Flickwerk von Tugend und guten Werken höher anschlägt, als die Gerechtigkeit Christi, die Gott ihm schenken will; wer heute noch lieber mit jenem Pharisäer als einen tugendhaften und gerechten Menschen vor Gottes Angesicht sich darstellen will, lieber, als daß er als ein ganz armer, elender, fluchwürdiger Sünder sich vor Gott und Menschen bekennet: — der, sage ich, ist heute noch vom Vater, dem Teufel, der thut noch heute nach Satans Lust, der denket und redet noch heute nach Satans Geiste, der in ihm wohnet.

Merket es also, m. Fr., weß Geistes Kinder wir sind, wenn wir falsches Zeugniß reden gegen unseren Nächsten; wenn wir afterreden und bösen Leumund machen. Nicht umsonst nennet die heilige Schrift den Teufel einen Lästerer, einen Verleumder und Verräther. O bedenket es, wer sein Werk in Euch treibet, wenn Ihr desgleichen thut mit Euerem Nächsten. Bedenket es, nach wessen Lust Ihr redet, wenn Euere Zunge über den Nächsten herfällt. Vergesset nicht, daß wir es nicht allein mit Fleisch und Blut zu thun haben, sondern auch mit höllischen Gewalten und Mächten. — Reget sich der Neid und der Haß gegen Deinen Nächsten in der Seele, gelüstet Dein Herz, über ihn herzufallen und es brennet Dir diese und jene Geschichte von ihm auf der Seele und Du hältst Deine Zunge nicht im Zaume: dann wisse, daß zu der ersten Mordlust, die Du in Deinem Herzen nährest, zu dem ersten, argen Gedanken, dem Du Raum gibst, daß zu dem ersten Worte, das Du aussprichst, sich Satans Gewalt zugesellet. Er entzündet dann Dein Herz und Deine Zunge mit höllischen Kräften. Er führet Dich von einem Verleumden und Afterreden ins andere. Ja, er weiß es Deinem Herzen bald und schnell so süß und lieb zu machen, daß Du fortan kein Gespräch lieber hast, als Afterreden und bösen Leumund machen. Oder glaubet Ihr, daß der Vater der Lügen unter uns sein Werk nicht treibe? Glaubet Ihr, daß die im Grunde unsinnigen und dummen, aber doch boshaft ersonnenen Gerüchte von diesem und jenem, der böse Leumund, welcher der Sache Jesu und seinen Bekennern angehänget wird, die Verdächtigungen und Beschimpfungen, durch die so Mancher gehen muß, so zufällig, so von selbst entstehen? Satan, der Vater der Lügen, ist ihr Urheber, und wer seine

Freude und seine Unterhaltung darin findet, sich mit ihnen abzugeben und herumzutragen, der thut nach Satans Lust und ist Satans Knecht und Werkzeug.

Wer Ohren hat, zu hören, der höre!

III.

Doch lasset uns nun zusehen, m. Fr., wie wir loskommen von der Lust zum falschen Zeugnisse und von dem Fluche, der darauf stehet. Lasset uns ergreifen die mächtige Liebe, die da bringet, zu entschuldigen unseren Nächsten, Gutes von ihm zu reden und Alles zum Besten zu kehren; die Liebe, welches da ist des Gesetzes Erfüllung.

Erstens: wenn die Lust zu lügen und zu afterreden sich in Deiner Seele reget, wenn es Dir brennet, über Deinen Nächsten mit der Zunge herzufallen, bedenke es, wo hinein diese Sündenlust Dich führet. Sie führet Dich gerades Weges, wie jede Sündenlust, in Satans Reich, in Satans Gewalt, also in die Feindschaft gegen Deinen Gott und Heiland. Daran erinnere Dich, ehe Du Deinen Mund aufthust, das präge Dir ein, ehe Du aus Deiner Kammer unter Menschen trittst, sonst wirst Du frech und leichtsinnig in den Tag hinein schwatzen. Erinnere Dich, daß Du bei jedem Lügen und Afterreden und bösen Leumundmachen nach Satans Lust thuest. Denke daran, daß kein falsches Zeugniß, daß auch nicht ein Wort, womit Du Deinen Nächsten beredest, so in der Luft verhallet, sondern daß der wahrhaftige Zeuge im Himmel es höret und jedes unnütze Wort aufbehalten wird zum Tage des Gerichts, wo Du wirst Rechenschaft geben müssen. Denke daran, daß geschrieben stehet: richtet nicht, damit ihr nicht gerichtet werdet, und mit welcherlei Maaße ihr messet, wird man euch wieder messen, und daß ein unbarmherziges Gericht ergehen wird über die, die nicht Barmherzigkeit geübet haben. Ja, wir sollen Gott fürchten, fürchten sollen wir Ihn, daß wir unseren Nächsten nicht fälschlich belügen, verrathen, afterreden oder bösen Leumund machen.

Zweitens: aber auch lieben, lieben sollen wir unseren Nächsten, daß wir solches nicht thun. Bedenket es, liebste Seelen, mit jeder Lüge, mit jedem Afterreden und Verleumden kreuziget Ihr von Neuem Eueren Gott und Heiland. — Was hat Ihn vor Gericht geschleppt; was hat Ihn dort mit Spott und Schmach bedecket; was hat Ihn den Satansknechten preisgegeben und Ihm die Nägel durch Hände und Füße getrieben und Ihn an den Schandpfahl, ein Schauspiel der Engel und Menschen, aufgehänget und nicht eher geruhet, bis Er verschmachtete und auch kein Blutstropfen in Ihm war? Falsches Zeugniß, Lüge, Verrath, Afterrede, Verleumbung, — unsere falschen Zeugnisse, unsere Lügen, unser Afterreden und Verleumden haben es gethan. Haben wir nicht genug daran, daß wir solches gethan haben; wollen wir noch ferner unsere Lust darin suchen, Jesum zu kreuzigen? Und wir thun das, wahrhaftig! wir thun das, wenn wir unsere Zunge nicht im Zaume halten. Sehet Ihn an, den Allergerechtesten unter den Menschenkindern, sehet Ihn an, Eueren Gott und Schöpfer, — denn der ist Jesus, — wie Er alle die falschen Zeugnisse, alle die Lügen und Verrathe und Verleumdungen über sich ergehen läßt. Wie viel hätte Er von uns zu sagen und zu richten! Ja, wenn Er seinen Mund hätte aufthun wollen zum Gerichte, zum gerechten Gerichte über uns, wir würden Alle hinuntergestoßen in die Hölle. Und uns wäre nur Recht, ich sage nur Recht geschehen.

Aber seht, Euer Gott und Schöpfer bleibet sanftmüthig und demüthig, da freche Sünderzungen Ihn mit ihrem satanischen Gifte begeifern. Jesus ist still und thut seinen Mund nicht auf; er antwortet nichts auf das, was Satans Knechte wider Ihn zeugen. Er richtet nicht, er verdammet nicht; er flehet: „Vater, vergib ihnen, sie wissen nicht, was sie thun!"

Glaubet Ihr, daß unser Herr und Heiland das so zufällig gelitten und erduldet hat? Glaubet Ihr, daß Er das so aus bloßer natürlicher Gutmüthigkeit oder Schwärmerei über sich hat ergehen lassen, so daß der freche Sünder sich nur lustig darüber machen kann? Ich sage Euch, doch nicht ich, sondern Gottes Wort und Gottes Geist: meine und Deine und unser Aller Lügen und Afterreden hat Jesus damit büßen müssen. Höret es, ihr Sünder, unser gedankenloses, leichtsinniges Schwatzen, unser gehässiges und boshaftes Reden von unserem Nächsten, unser unbarmherziges, selbstgerechtes, liebloses Richten und Verdammen Anderer, das hat Jesu solche Schmach und solche Schmerzen bereitet, das, das hat Er an seiner Seele und an seinem Leibe strafen lassen müssen! Anders wären wir nicht vom Fluche des falschen Zeugnisses losgekommen; anders nicht, als daß Er durch falsches Zeugniß zum Fluche für uns würde.

Gelüstet es uns nun noch, mit Lügen, Afterreden und Verleumdungen uns abzugeben? Gelüstet es uns noch, mit Satans Knechten gemeinschaftliche Sache zu machen und nach Satans Lust zu thun und Ihn, die ewige Wahrheit, zu kreuzigen?

O, m. L., leget die Lügen ab und redet die Wahrheit, sintemal wir unter einander Glieder sind, Glieder des Leibes, der für unsere Lügen sich in den Tod gegeben hat. Wer unter uns ein Gefühl, ein Herz, einen Liebesfunken für Jesum hat, der trete mit mir unter sein Kreuz und schaue hinein in das Angesicht, das auch sterbend noch voller Gnade und Wahrheit ist. Jesus will nichts von uns sagen und richten. Jesus will uns nicht verdammen. Ach, und was hätte Er von uns zu sagen und zu richten, was hätte Er an uns zu verdammen! O betet sie an, die unaussprechliche Liebe, welche auch der Sünden Menge decket! Gehet in Euch, denket an das Wort: „Wer unter euch ohne Sünde ist, der werfe den ersten Stein

„auf sie." Lasset sie fahren, die schnöde Selbstgerechtigkeit, dieses stolze Sich=Erheben und Besser=Dünken, — es kommt vom Satan, es machet Euch zu Feinden Jesu. Erniedriget Euch selbst, erkennet die Sünden und Greuel an Euerem eigenen Wesen und Leben; werdet im Angesicht der Gnade und Wahrheit arme Sünder, ach, werdet arme Sünder, die nur von dem Vergebungsworte des Herrn leben, die alle Tage von nichts Anderem wissen wollen, als daß ihnen Gnade und nur Gnade widerfahren ist. Sehet, so viel, so unaus= sprechlich viel hat uns der Herr vergeben, und wir sollten nun hingehen und unseren Mitknecht würgen? Bedenket es, was darauf stehet! Siehe, wenn Deiner Sünden auch mehr sind, als des Sandes am Meere, und Du kommst zum Herrn und flehest ihn an um Erbarmen, so nimmt Er im Nu sie von Dir und wirft sie in die Tiefe des Meeres. Und wenn Deine Sünde blutroth wäre, der Herr machet sie Dir im Nu weiß wie der Schnee. Aber ein liebloses Herfallen über Deinen Nächsten, ein Richten und Verdammen und Afterreden kann Dich im Nu um alle Gnade bringen. Das lehret uns die ewige Gnade und Wahrheit selbst. Christen, das lasset uns merken. Das möge uns dringen, abzulegen die Lügen und zu reden die Wahrheit; das möge uns dringen, unseren Nächsten zu entschuldigen, Gutes von ihm zu reden und Alles zum Besten zu kehren. Amen.

XVI.
Predigt über das neunte und zehnte Gebot.

"So wir sagen, wir haben keine Sünde," spricht Johannes, „so verführen wir uns selbst, und die Wahrheit ist nicht in „uns." Merket wohl, es heißet: so wir sagen, wir haben keine Sünde. Das heißet mit anderen Worten: wenn wir unser angeerbtes Verderben leugnen, wenn wir es nicht Wort haben wollen, daß tief in uns die Quelle aller Ungerechtigkeit ist, daß wir von Gott abgefallene und tief gesunkene Geschöpfe, unfähig, untüchtig und ohnmächtig zu allem Guten und geneigt zu allem Bösen und daher vor Gott ein Greuel sind. Das ist die Sünde. Wenn wir das leugnen, saget Johannes, dann sind wir sehr elende und gefährliche Leute, — elend, indem wir uns selbst betrügen, gefährlich, indem wir damit auch Andere verführen. Die Wahrheit ist dann nicht in uns, sondern wir dienen der Lüge und dem Vater der Lügen. — Die Lehre von der Sünde oder vom natürlichen Verderben des Menschen ist eine Grundwahrheit, die durch das ganze Wort Gottes gehet und ohne die nichts von Christo und seinem Erlösungswerke verstanden werden kann.

Nun hat es aber schon zu allen Zeiten solche Leute gegeben und gibt noch heute gar viele, die dem lieben Gotte geradezu ins Angesicht lügen und sagen, daß das, was Er von der Sünde in seinem Worte sage, nicht wahr sei. Diese Leute wollen es besser wissen, als Er. Gott saget: „des „Menschen Tichten und Trachten ist böse von Jugend auf." Sie aber sagen: „das ist nicht wahr; wir sind ganz gut, wir „haben nur einige Sünden, einige Leidenschaften, einige Feh= „ler, einige Schwächen." Paulus saget: „ich weiß, daß in „mir, das ist in meinem Fleische, wohnet nichts Gutes."

Diese Leute aber sagen: „das ist unvernünftig: wir können „alles Gute aus uns selbst, wenn wir nur wollen. Wir sollen „es ja, darum müssen wir es auch können." Seht, gegen solche Leute, welche die Sünde oder das natürliche Verderben ihres Herzens leugnen, gegen solche und überhaupt gegen Alle, die sich selbst noch irgendwie für gut halten, gegen solche sind die beiden letzten Gebote (das neunte und zehnte) in unserem Katechismus gestellet. „Sie sind," saget unser theurer Luther, „nicht für die bösen Buben in der Welt, sondern eben für „die Frömmsten gestellet, die da wollen gelobt sein, redliche „und aufrichtige Leute heißen."

Wir, m. Fr., wollen an diesem neunten und zehnten Gebote heute, unter Gottes Beistande, zu erkennen suchen:

I. daß wir Sünde haben, und

II. wie wir allein von der Sünde loskommen können.

Doch höret zuvor das Gebot des Herrn selbst:

2 Mos. 20, 17 und 18.

Das neunte Gebot.

„Du sollst nicht begehren deines Nächsten Haus."

Luthers Erklärung:

Wir sollen Gott fürchten und lieben, daß wir unserem Nächsten nicht mit List nach seinem Erbe oder Hause stehen, noch mit einem Scheine des Rechten an uns bringen, sondern ihm, dasselbe zu behalten, förderlich und dienstlich sein.

Das zehnte Gebot.

„Du sollst nicht begehren deines Nächsten Weib, Knecht, Magd, Vieh oder Alles, was sein ist."

Luthers Erklärung:

Wir sollen Gott fürchten und lieben, daß wir unserem Nächsten sein Weib, Gesinde oder Vieh nicht abspannen, abbringen oder abwendig machen, sondern dieselbigen anhalten, daß sie bleiben und thun, was sie schuldig sind.

I.

Erstens also: wir haben Sünde, unser ganzes Herz ist verderbt, wir sind abgefallene und tiefgesunkene Geschöpfe, untüchtig zum Guten und geneigt zu allem Bösen. Das können wir nicht leugnen, wir müssen es bekennen, wenn wir das neunte und zehnte Gebot in uns erwägen, welches heißet: du sollst nicht begehren, du sollst dich nicht gelüsten lassen. — Ja, die ganze arge Welt, die in uns wohnet, muß uns dieses Wort zum Bewußtsein bringen, wenn wir es nur recht bedenken. Begehren und Lust haben soll der Mensch allerdings. Speise und Trank, und was zur täglichen Nahrung und Nothdurft des Leibes und Lebens gehört, begehren, ist natürlich, ist recht, ist von Gott geordnet. Ja, der Herr gebietet uns selbst, daß wir darum bitten sollen. Aber es lebet der Mensch nicht vom Brode allein, sondern von einem jeglichen Worte, das aus dem Munde Gottes gehet. Das, was in uns wünschen und verlangen und sich sehnen, das, was in uns begehren und wollen und Lust und Freude empfinden kann, dies Vermögen, das hat der Schöpfer nicht in uns gepflanzet, daß wir damit des Nächsten Haus oder Weib oder Knecht oder Alles, was sein ist, begehren sollen; nicht auch, daß, wenn wir des Morgens aufwachen, unsere Gedanken gleich und nur auf das gehen, was wir essen, was wir trinken, was wir verdienen und erwerben werden. Auch darum hat Er uns jenes Vermögen nicht gegeben, daß wir am Sonntage nur darauf sinnen, „wie werden wir uns vergnügen?" und wie Jene im Evangelio, an unserem Acker, an unseren Ochsen und an unseren Weibern und an allem möglichen anderen irdischen Spielwerke mehr Lust haben und danach mehr verlangen, als nach dem Reiche Gottes und nach seiner Gerechtigkeit. Doch das brauche ich Euch, m. Fr., nicht erst zu sagen. Ihr wisset ja wol Alle, daß der Schöpfer uns unser Begehrungsvermögen zu was Besserem gegeben hat. Ihr wisset es, daß der lebendige Gott uns nach seinem Ebenbilde schuf, und daß Er uns einen Trieb in die Brust pflanzte, nach Ihm zu verlangen, Ihn zu suchen, Ihn zu begehren. Ja, diesen Trieb, dies Verlangen, dies Sehnen nach Ihm grub Er so tief und mit solcher Flammenschrift in uns, daß unser Herz ruhelos sein und nicht eher Ruhe, Frieden und Freude haben sollte, als bis es Ihn, den lebendigen Gott, ergriffen, bis es nur an Ihm seine Lust und seine volle Genüge gefunden. Kein Silber und Gold, keine Edelsteine, keine Erdenlust und Erdenfreude, keine Kunst und keine Wissenschaft, kein Thron und keine Herrschaft, keine Welt und kein Himmel mit allem seinem Heere sollte das innerste Verlangen und Sehnen des Menschenherzens befriedigen. Arm und elend sollte das Menschenherz mitten im Besitze aller dieser Dinge sein ohne Ihn, den lebendigen Gott, das höchste Gut. Alles Andere, welchen Namen es auch habe, unwerth sollte es der Mensch seines Begehrens achten. Die ganze Welt, mit Allem, was sie ist und hat, sollte uns auch nicht einen Tropfen Lebenswasser für unser dürstendes Herz geben. Nach dem Allergrößesten, Allerhöchsten, nach dem Unaussprechlichen, Ewigen, nach Ihm allein, unserem Herrn und Gotte, sollen wir dürsten. Er allein wollte uns erquicken und Ruhe geben für unsere Seelen. Solche Liebe wollte uns Gott erzeigen. Das war sein Wille, als Er den Menschen schuf zu Seinem Bilde. Und das ist noch heute sein Wille. Das ist die Liebe, die Er uns noch heute erzeigen will. Dazu machte Er unser Herz so, daß es wünschen und seufzen, daß es verlangen und sich sehnen kann. Das, das sollen wir begehren: „wir sollen „Gott über alle Dinge lieben."

Das sollen wir. Aber wie ist es? Was begehren wir in der That? Rufen wir alle Tage mit David: „Wie ein „Hirsch schreiet nach frischem Wasser, so dürstet meine Seele „nach Gott, nach dem lebendigen Gott?" Nein, das thun wir nicht; das halten die Meisten, die sich Christen nennen, noch für eine Ueberspannung, für Schwärmerei, für unvernünftiges Christenthum. — Ich will Euch zeigen, was man thut, was man begehret und wonach einem gelüstet. Doch nein, ich habe es nicht nöthig, denn sonst müßte ich Euch heute noch einmal vor Augen führen die sündlichen Gedanken und Lüste und Begierden, die wir gegen Gott und alle seine Gebote vom Ersten bis zum Letzten in unserem Herzen hegen. Sollte ich dies heute noch einmal thun müssen, dann wäre vorauszusetzen, daß Ihr das ganze Jahr hindurch die Predigten über die Gebote vergebens gehört. Das will und darf ich aber nicht voraussetzen, weil die täglichen Versündigungen Euch gewiß lebhaft genug an das Gesagte erinnern müssen. Wenn also auch jemand sagen wollte, „das und das habe ich nicht gethan," so fragte Dich doch das neunte und zehnte Gebot: „hast Du es auch nicht begehret?" Saget mir denn also einmal: warum thaten wir heute noch die und die Sünde; warum gelüstete uns gegen Gottes Gebot; warum begehrten wir nicht nach dem Guten, denn das ist Gott, weil Niemand und nichts Anderes gut ist, denn der alleinige Gott? Warum thaten wir das? Hat Gott uns zum Bösen versucht? Kam aus den Dingen dieser Welt die Lust in das Herz? Kam aus dem Blute, aus den Sinnen, aus dem Temperamente die sündliche Begierde in die Seele? O, ich weiß, daß so Manche sich und ihre Sünden damit entschuldigen: dies und dies ist „mein Fehler, das ist meine Schwachheit; aber mein unglück„liches Temperament reizt mich dazu; im Uebrigen bin ich „doch reines Herzens." So redet man. Saget, m. Fr., ist das nicht die gröbste Heuchelei und der schnödeste Selbstbetrug, den es nur geben kann? Ist das nicht Gotteslästerung? Ich will Euch das näher erklären. „Ein jeglicher", saget die Schrift, „wird versuchet, wenn er von seiner eigenen Lust gereizet und gelocket wird." Wenn es Dir nun z. B. auf der Seele brennt, Deinem Nächsten einen bösen Leumund anzuhängen, wenn Du neidest und scheel auf ihn siehest, sage, woher kommt dies Brennen? Kommt es von dem abwesenden Nächsten, oder kommt es nicht aus der Hölle des Hasses und der Mordgedanken in Deinem eigenen Herzen? Oder wenn Du nach Deines Nächsten Gut begehrest, wenn Du hier vergeudest und dort kargest, setzet das ein ganz reines, unschuldiges oder setzet das nicht vielmehr ein diebisches Herz voraus? Und wenn Dich nach des Nächsten Weib gelüstet, wenn Du unreinen und ehebrecherischen Bildern Dich hingibst; ist das so zufällig, ist das so eine bloße sinnliche Schwäche, oder wohnet da nicht vielmehr der Ehebruch selbst tief in Deinem Herzen? Du sähest nicht mit unreinen Augen, wenn Dein Herz, wenn Dein ganzer Mensch nicht unrein wäre. Und wenn Du Worte des Hasses und Zornes aussprichst, wenn Du hartherzig gegen Deinen Nächsten bist, wenn Du die Pflichten der Liebe versäumest, für den Nächsten nicht beten willst und magst, kommt das Alles so von ungefähr, oder hat das nicht seinen Grund in Deinem ganzen Wesen?

Und wenn Du nach Ehre vor der Welt jagest, wenn Du nur immer Dich selbst hören möchtest, wenn Du eine Beleidigung und Schmähung nicht vergessen kannst, wenn Du bei jedem Falle, wo es sich um das Mein und Dein handelt, nichts entbehren, nichts fahren lassen kannst, — ist da nicht Dein ganzes Herz und Wesen im schnödesten Götzendienste? Denn ein solcher ist doch die Vergötterung des eigenen Ichs. Und wenn Du alles Andere mehr fürchtest und liebest, als den lebendigen Gott, und auf dies und das hundert Mal mehr vertrauest, als auf das Gebet zu Ihm, wenn Du auch eine Stunde nur nicht vermagst, nach Gott allein zu begehren, ja zur Zeit wol gar einen Ekel vor seinem Worte und vor Allem hast, was Dich an Ihn erinnert, — setzet das etwas Anderes voraus, als Feindschaft, ich sage Feindschaft gegen Gott?

Wer das leugnet, der müßte leugnen, daß der Strom eine Quelle und daß die Wirkung eine Ursache habe. "Aus dem Herzen," spricht der Herr, "aus dem Herzen kommen alle "arge Gedanken." Wäre Dein Herz rein, so könntest Du nichts Unreines begehren, Du könntest nicht sündigen. Es gäbe kein Sündenmeer, wenn es nicht eine tiefe, tiefe Quelle derselben gäbe. Es würde nicht unserer Sünden mehr geben, als Haare auf unserem Haupte, wenn es nicht eben ein Haupt gäbe, aus dem sie immer wieder von Neuem hervorwüchsen. Mit einem Worte: es gäbe keine S ü n d e n, wenn es nicht Eine Sünde gäbe. "Und so wir sagen, wir haben keine Sünde, so verführen wir uns selbst, und die Wahrheit ist nicht in uns."

Sehet, das war es, was ich Euch bei dem Gebote, "du sollst nicht begehren!" zum Bewußtsein bringen wollte. Und das ist wichtig; wichtiger, als Mancher denken möchte. Denn es hänget von der Erkenntniß dieser Wahrheit unsere Erlösung, unser ganzes Heil und unsere Seligkeit ab. Das werdet Ihr jetzt im zweiten Punkte unserer Betrachtung sehen, wo ich Euch zeigen will: wie wir allein erlöset werden und von der Sünde loskommen können.

II.

Hätten wir es bloß mit einzelnen Sünden zu thun, wären wir im Uebrigen gut und hätten diesen und jenen Fehler, diese und jene Schwäche, dies und das Gebrechen bloß, wie Einige meinen, dann brauchten wir freilich kein Evangelium; dann wäre Gott ganz unnützerweise Mensch geworden und hätte ganz unnützerweise sich martern und kreuzigen lassen; dann hätten wir am Gesetze oder an den sogenannten Moral= Predigten genug; dann wäre es ganz recht, den Menschen zu sagen: "ihr seid Alle Gottes liebe Kinder, ihr seid Alle von Natur gut. Wenn ihr auch freilich keine Engel seid, so seid ihr doch gut. Nun, strebet nur, so viel als möglich, noch besser, noch vollkommener zu werden, thut noch das und das, und vermeidet noch das und das, zuletzt werdet ihr sein — wie Gott." Seht, das wäre ganz recht, wenn es sich so mit uns verhielte. Und das ist auch gar Vielen noch ganz recht; solche Predigten wollen sie hören. Daher sie denn auch, da sie immer nur von einzelnen Sünden reden, aber von dem tiefen Verderben ihres Herzens und ihres ganzen Menschen nichts wissen wollen, Christum für einen bloßen Sittenlehrer, für den größten Moral=Prediger und dergleichen halten. Aber von Ihm, als von dem Lamme Gottes, das der Welt Sünde trägt, mögen sie nichts hören. Das heißet freilich nichts anderes, als Ihm gerade seine größte Ehre, das heißet, Ihm sein einziges und höchstes Verdienst absprechen, das hei= ßet, Christum verleugnen und aus Ihm einen Moses (nein, das ist es nicht einmal, denn diese Leute nehmen es mit dem Gesetze gar nicht so genau), das heißet, aus Christo einen Sündendiener machen.

Nun, m. Fr., ich habe es Euch gesagt, und wir wissen es jetzt, womit wir es zu thun haben. Wir wissen es, wie unser Herz und unser ganzer Mensch von Natur aussiehet und was in ihm wohnet. Wenn ich nun vor Euch hintreten und Euch sagen würde: das und das sind Euere Sünden, das und das müsset Ihr ablegen, das und das habt Ihr zu unterlassen, das und das müsset Ihr thun, — was würde es Euch helfen? Antwort: nichts. Einige würden es sich wol sagen lassen und allenfalls gestehen, „das ist Alles sehr wahr, was er da saget;" aber sie würden hingehen und morgen thun, wie sie gestern gethan haben. Andere würden sagen, „das ist zu streng, der fordert zu viel!" und sie hätten ganz Recht; denn was kann man von einem armen, todtkranken und ganz ohn= mächtigen Sünder fordern? Noch Andere würden es viel= leicht versuchen, dies zu thun und jenes zu lassen; aber was würden sie (wenn anders sie sich nicht selbst schmeicheln und lobhudeln), was würden sie für eine Entdeckung machen? Antwort: daß es nicht gehet, daß es, je mehr man versuchet, desto schlimmer wird, daß alle Tage neue Sünden hinzukommen. Wer das nicht glauben will, der probire doch einmal nur, das erste Gebot aus eigener Vernunft und Kraft zu halten. Wir wollen einmal sehen, wie weit er kommen wird. — Seht, so mißlich sähe es aus, wenn ich Euch das Gesetz nur zu dem Zwecke predigte, daß Ihr Euch aus dem Gesetze nun auf eigene Hand bessern sollt. Nein, m. Fr., aus dem Gesetz soll Erkenntniß der Sünde, also nicht nur der speciellen Begehungs- und Unterlassungssünden, sondern vor Allem "Erkenntniß unseres durch und durch verderbten Herzens und Wesens" kommen. Darum habe ich Euch die Versündigungen und Uebertretungen gegen jedes einzelne Gebot Gottes vorgehalten; nicht daß wir bei diesen Ausbrüchen stehen bleiben, sondern daß wir aus ihnen sehen und erkennen lernen, wie unser ganzes Wesen und unser ganzes Herz ist, und was Alles in ihm wohnet. Kurz, darum predige ich das Gesetz, damit Ihr Euere Sünde, Euer Verderben, Euere gänzliche Ohnmacht und Untüchtigkeit zum Guten sehen und erkennen und fühlen, damit Ihr es verstehen lernet, daß durch des Gesetzes Werke kein Fleisch vor Gott gerecht wird; damit Ihr mit Paulus beten und seufzen und schreien lernet: "ich elender Mensch, wer wird mich erlösen von dem Tode dieses Leibes!" damit Ihr zu Christo kommet.

Wenn die Predigt des Gesetzes nun solches in Euch gewirket hat; wenn Ihr Euer Verderben, Euere Ohnmacht und Euere gänzliche Untüchtigkeit so recht gefühlt habt; wenn Ihr es erst so recht gründlich erkennet, daß alle Bekehrung und alle Besserung nur Flickwerk, nur Lüge und Heuchelei ist, wenn nicht das ganze Herz, der ganze inwendige Mensch anders, wenn er nicht umgewandelt, wenn er nicht neu wird, — seht, dann werdet Ihr auch verstehen die Antwort auf die

Frage: wie komme ich los von der in mir wohnenden Sünde? — Also: wie komme ich los von der Sünde? Nun, doch wahrhaftig nicht, indem ich das alte Kleid mit einem neuen Lappen flicke; indem ich an dem ganz verfaulten Baume allerhand hübsche Früchte anbinde, wie man etwa beim Weihnachtsbaume thut; oder indem ich den Moder und Graus in der Todtengruft meines Herzens recht hübsch anmale und übertünche; oder indem ich das Kaufhaus und die Mördergrube meines Herzens von außen so schmücke, daß alle Welt es für ein Bethaus hält. Nein, nein, nichts von Allem dem, das ist vor dem Herrn ein Greuel. Aber das wollten die Pharisäer zu Jesu Zeit, und das wollen die Leute, die nicht von ihrem verderbten Herzen hören wollen, die heutigen Pharisäer, noch. Ihr wollt das nicht; nicht wahr, m. Fr.? Nun, was thun wir denn, daß wir selig werden? Wie kommen wir los von der Sünde? Nicht anders, gar nicht anders, als daß Ihr von Neuem, ganz von Neuem geboren werdet; gar nicht anders, als daß Ihr umkehret und werdet wie die Kinder. Es gehet nun einmal nicht anders, denn unser ganzer alter Mensch, vom Kopfe bis zum Fuße, von innen und außen, tauget nichts, gar nichts. Nichts Gutes ist an ihm. — Aber wie ist denn das möglich, daß man von Neuem geboren werden kann? Ja, es muß schon möglich sein, denn der Herr saget es. Er saget nicht, „bessert Euch, bessert Euch;" nein, Er saget, „Ihr müsset von Neuem geboren, Ihr müsset Kinder werden." Es ist nichts anderes zu machen: wir müssen unser ganzes altes Wesen, unser ganzes vergangenes Leben wegwerfen, etwa wie Paulus (und Ihr wisset, Paulus hatte sich sehr viele Verdienste, Gerechtigkeiten und gute Werke gesammelt, aber er achtete das Alles für Schaden). Also nicht ein Stück, nicht einen Flick, nicht ein gutes Werk, gar nichts dürfen wir aus dem alten Leben zurückbehalten, auf nichts dergleichen bauen, an nichts dergleichen anknüpfen wollen.

Wir müssen ganz kleine Kinder, wir müssen Schüler werden, die ganz von vorn anfangen. Und wenn wir uns zu der größten Aufklärung und Gelehrsamkeit emporgeschwungen haben, so müssen wir uns zu Jesu Kreuz zurückbuchstabiren; und wenn wir eine ganze Menge Verdienste und gute Werke und Tugenden und Heiligkeiten uns gesammelt haben, so müssen wir mit Paulus das Alles für Koth achten; und wenn wir im zwanzigsten Jahre zur Erkenntniß kommen, so müssen wir sagen: ich habe zwanzig Jahre in der Sünde und ohne den Heiland gelebt; und wenn uns das im dreißigsten und vierzigsten und funfzigsten Jahre, oder gleichviel wann, passirt, so müssen wir sagen: zwanzig, dreißig, vierzig, funfzig Jahre sind vergebens gewesen, ich will ein neuer Mensch werden, ich will von Neuem geboren werden. Seht, wer das so recht von Herzen sagen und thun kann, der hat Geschmack an der Sache; das ist ein Herz ohne Falsch; dem kann geholfen werden.

Aber wie? Können wir denn selbst machen, daß wir von Neuem geboren werden? Können wir uns denn selbst umschaffen und umwandeln? „Ich habe es schon so oft ver„sucht, so zu sein und so zu sein; ich habe es oft versucht, „ein anderes Wesen anzunehmen; ich habe es schon so oft „probirt, mein Herz zu gewissen Gesinnungen, zum Glauben, „zur Liebe, zur Sanftmuth und Demuth zu zwingen, — aber „es ist mir immer nicht gelungen, ich bin doch immer der „Alte geblieben. Ich möchte aber doch so gerne ein ganz „neuer Mensch werden; wie mache ich es nun?" Ach, daß Ihr mir doch Alle so kommen möchtet! Ich versichere Euch, daß es für den Seelsorger kein angenehmeres Geschäft gibt, als auf solche bange Sorgen des Herzens zu antworten. Aber was werde ich Euch antworten? Glaubet Ihr, ich werde Euch nun eine lange Moral=Predigt halten und anfangen, Euch nun zu strafen und zu richten? Dann wäre ich Christi

Diener nicht; denn Christus hat keinem armen Sünder eine unbarmherzige Moral=Predigt gehalten. Nein, m. L., kommet und fraget nur erst als arme Sünder: wie mache ich es? Und derselbe Johannes, der einen Tag vorher die Leute noch „ihr Otterngezüchte und Heuchler!" nannte, derselbe Johannes zeiget Euch mit seinem Finger auf das Lamm Gottes, welches der Welt Sünde trägt. Und dieses Lamm Gottes, Jesus, spricht zu Euch: „weine nicht, sei getrost, mein Sohn, „meine Tochter!"

Ja, nun merken wir es, zu Christo müssen wir kommen; der kann es machen. Das wird es nun am Ende auch wol gewesen sein, warum der liebe David nicht sagte: „ich habe „mir vorgenommen, reines Herzens zu werden; ich habe den „festen Entschluß gefaßt, ich will mich von nun an moralisch „bessern und selbst veredeln;" warum er nicht so, sondern so sagte: „Herr! schaffe Du in mir ein reines Herz, und gib „mir einen neuen, gewissen Geist." Also das ist es: wir können uns nicht selbst besser machen, wir müssen zu Christo kommen, wir müssen Ihn darum bitten.

Nun gut, wir wollen es thun, wir wollen es glauben. Wir sind auch wol geneigt, unser ganzes vergangenes Leben und Wesen wegzuwerfen, wenn wir dafür nur ein neues Herz bekommen und solche Menschen werden, an denen Gott ein Wohlgefallen hat. Aber gehet es denn auch mit dem Wegwerfen so leicht? Sollte sich denn wirklich auch gar kein einziges gutes Werkchen, kein Verdienstchen, keine einzige Würdigkeit aus früherer Zeit noch an uns vorfinden? Sollten wir denn wirklich gar nichts Liebenswürdiges an uns haben, gar nichts, woran Gott ein Wohlgefallen haben könnte? Diese Gedanken kommen mir immer in die Quere, wenn ich Alles wegwerfen und Christum ergreifen will. Und wenn ich mit ihnen auch noch fertig werde, da rufet es wieder von der anderen Seite: hast du nicht so und so lange gesündiget?

Ja, mir wird ganz angst und bange, wenn ich an Alles das zurückdenke, was ich so mein Lebenlang gegen Gottes Gebote in Gedanken, Worten und Werken gesündiget habe. Ist das so mit einem Male weggenommen, vergeben und vergessen? Ich habe so oft schon bei mir gedacht: ach, wenn ich doch wirklich von Neuem geboren, wenn ich doch wirklich noch einmal Kind werden und von vorn anfangen könnte! Aber so wie es nun ist, stehen mir die vergangenen Jahre drohend, schreckend, strafend dazwischen. Es hilft mir nichts. Ich kann ja das Frühere nicht gut machen, ich kann es nicht ungeschehen machen. Es muß also nun wol beim Alten bleiben. Ich will sehen, was ich thun kann. Wird Gott mir gnädig sein oder nicht? Ich weiß es nicht. Werd' ich einmal selig oder nicht? Ich weiß es nicht. Das macht mir Angst! Gewiß, gewiß gehen manche Seelen in dieser Angst und Höllenqual, in diesem Zweifel und Unglauben ihr Lebenlang hin. Und daran ist die falsche Lehre schuld, die da immer rufet: „bessert euch, bessert euch, seid erst so und so, dann wird Gott euch gnädig sein, dann wird er euch euere Sünden vergeben!" — Die falsche Lehre, die den Seelen eine Seligkeit vormalt, die Millionen Meilen weit entfernt ist, die sie sich selbst verdienen und erwerben sollen, — ich warne Euch im Namen Gottes vor solchem Lügen-Gerede, ich bitte Euch um Eueres wahren Heiles willen, glaubet solchen Lügen nicht. Kommet zu Christo, leset das Evangelium, welches in jedem Augenblicke froh, frei, selig machet Alle, die daran glauben. Seht, und aus diesem Evangelium und in Christi Namen sage ich Euch: Ihr könnt nur in diesem Augenblicke die ganze Last Euerer Sünden los werden. Heute, heute noch wird das ganze alte Leben Euch genommen, so daß auch nichts, nichts nachbleibt, was Euch verklagen, was Euch verdammen, was Euch Unruhe machen kann. Das ganze alte Leben, — es ist fort, es ist vergeben, es ist vergessen, und wenn Du siebenzig, achtzig, neunzig Jahre in der Sünde gelebt hättest, wenn Du es nur los werden willst und wenn Du Christum als Deine Gerechtigkeit ergreifest. Oder glaubest Du, daß der wahrhaftige Gott und das ewige Leben umsonst ein Kind und ein Knabe und ein Jüngling und ein Mann und heilig und sündenlos bis zu seiner letzten Stunde gewesen? Was heißet denn das: Christus hat für Dich und statt Deiner gelebt und gelitten? Das heißet es: daß Christus für Dein ganzes vergangenes Leben, für alle Deine Sünden in Gedanken, Worten und Werken genug gethan. Das heißet es: daß Christi Leben an die Stelle Deines Lebens tritt; daß Gott nicht auf Dein vergangenes sündliches Leben, sondern auf Christi heiliges Leben sieht, welches Du Dir dankbar von Ihm schenken lässest und glücklich bist, daß Du nun kein eigenes Leben und kein eigenes Verdienst und kein eigenes Werk mehr hast.

Siehest Du, darum mußt Du alle Tage wegwerfen, was Dein ist, dann schenket Dir Christus, was sein ist.

Nun können wir über unser vergangenes Leben ruhig sein; nun sind wir in Christo. Und ist jemand in Christo, so ist er eine neue Creatur. Das Alte ist vergangen, siehe, es ist Alles neu geworden. Nun bekommen wir heute von Ihm ein neues Herz, nun fangen wir von vorne an, als neugeborene Kinder; nun wollen wir auch ganz anders denken und thun und leben. — Sehr wohl! Aber wie wird es um ein Jahr sein? Werden wir da nicht wieder über hundert und tausend Sünden und über unsere Sünden zu klagen haben? Wird da das verbrachte Jahr nicht wieder wie eine Scheidewand zwischen uns und Gott stehen? Wird es nicht am Ende so jeden Tag bis zum Tode fortgehen?

Ja, ja, so wird es bis zum Tode fortgehen. Und daran könnet Ihr eben merken, daß wir es nicht bloß mit Sünden, sondern daß wir es mit der Sünde, mit einem durch und durch verderbten Herzen zu thun haben, daran, daß wir sündigen werden bis zum Tode. Seht, und darum werdet Ihr Christum und sein Verdienst eben bis zum letzten Athemzuge im Tode nöthig haben. Darum ist er auch für uns gestorben, damit wir von unserer Geburt bis zum Tode einen Stellvertreter, einen Bürgen, eine Gerechtigkeit vor Gott hätten. Denn eine andere Gerechtigkeit haben die Sünder vor Gott nicht, als die, die Er uns in seinem Sohne schenket. Ohne dieses hochzeitliche Kleid wird bekanntermaßen Jeder aus dem Hochzeitssaale hinausgeworfen.

Ihr merket also nun wol auch, daß die Bitte, „Herr! „schaffe Du in mir ein reines Herz!" alle Tage, bis in den Tod, fortgesetzt werden muß, daß wir also den alten Adam in täglicher Reue und Buße ersäufen und täglich als neue Menschen mit Christo auferstehen müssen. Von dem reinen Herzen und von dem neuen Menschen, den Christus in Euch schaffet, werdet Ihr selbst freilich wenig zu sehen bekommen. Und das ist recht gut, damit Ihr Euch nicht überhebet und glaubet, es sei Euer Werk und Verdienst. Darum lässet der Herr zur Zeit seine Gläubigen nichts als Sünden und Sünde an sich sehen. Es ist genug, daß diese Euch vergeben sind und Ihr an Christo eine bessere Gerechtigkeit habet, als an Eueren Verdiensten und Heiligkeiten. Aber die Welt wird manche Veränderung an Euch wahrnehmen, und sie wird Euch für diese Euere Bekehrung eben so danken, wie sie Christo dankte für seine Gerechtigkeit. Und das wird so fortgehen bis zuletzt. Denn unser Leben ist verborgen mit Christo in Gott. Wenn aber Christus, unser Leben, sich offenbaren wird, dann werden wir auch offenbar werden in Ihm.

Nun, zu diesem neuen Leben verhelfe Euch der lebendige Gott und Heiland selber! Amen.

XVII.
Erste Predigt über den Beschluß der zehn Gebote.

Herr, strafe mich nicht in Deinem Zorne und züchtige mich nicht in Deinem Grimme! So müssen wir flehen jedesmal, wenn wir vor Dein Angesicht treten, Du heiliger lebendiger Gott! Denn wir haben Deine Gebote übertreten, — wir sind Sünder. Und Du, Du bist ein starker, eifriger Gott, der über die, so Dich hassen, die Sünde der Väter heimsucht an den Kindern bis ins dritte und vierte Glied. Gerechter Gott! laß uns das nie vergessen. Laß uns lernen Deinen Zorn und Deinen fürchterlichen Ernst über alles gottlose Wesen und Ungerechtigkeit der Menschen. Laß es uns lernen an dem Leiden und Sterben Deines Kindes Jesu Christi, der unsere Strafe trug, der Deinen Zorn versöhnte, der für uns geplaget und gemartert ward. Ja, unter Deinem Kreuze, Du Lamm Gottes, wollen wir heute lernen, uns fürchten vor dem Zorne des heiligen Gottes und nicht gegen seine Gebote thun. Dazu gib Gnade. Dazu sende uns Deinen Geist, den Geist der Wahrheit. Dazu segne uns dieses Stündlein! Amen.

Wir kommen heute in unseren Katechismus-Betrachtungen zum Beschlusse der Gebote. Höret das Wort.

2 Mos. 20, 5 und 6.

„Ich, der Herr, dein Gott, bin ein eifriger Gott, der über die, so mich hassen, die Sünde der Väter heimsuchet an den Kindern, bis ins dritte und vierte Glied; aber denen, so mich lieben und meine Gebote halten, thue ich wohl bis ins tausendste Glied."

Luthers Erklärung:

Gott dräuet zu strafen Alle, die diese Gebote übertreten; darum sollen wir uns fürchten vor seinem Zorne und nicht wider solche Gebote thun. Er verheißet aber Gnade und alles Gute Allen, die solche Gebote halten; darum sollen wir ihn auch lieben und vertrauen und gerne thun nach seinen Geboten.

Drohung und Verheißung, Strafe und Lohn, Fluch und Segen, Tod und Leben, Zorn und Gnade, das wird uns in diesen Worten vorgelegt. Eins von Beiden wird jedem Menschen zu Theil; ein Drittes gibt es nicht. Was willst Du, mein Christ, daß Dir zu Theil werde? Nicht wahr, Du willst die Verheißung? Du willst Gnade, Leben und Segen? Wollen wir das, wohlan, so müssen wir, nach unserem Katechismus, uns erst fürchten lernen vor dem Zorne Gottes und nicht wider seine Gebote thun. Wer Gottes Zorn und fürchterlichen Ernst über die Sünde und Uebertretung seines Gesetzes nicht fürchten gelernt hat, der fasset die Gnade und das Erbarmen Gottes über die Sünder gar nicht, er tritt das Leben und den Segen mit Füßen, er machet Christum zum Sündendiener.

Seht, und darum gemahnet es mich, heute zu Euch zu reden:

„Vom Zorne Gottes über alles gottlose Wesen und Ungerechtigkeit der Menschen."

Ich will Euch nun, unter Gottes Beistande, zeigen:

I. daß Gott seinen Zorn über alles gottlose Wesen nicht nur offenbaret hat, sondern

II. daß Er diesen seinen Zorn auch noch heute und allezeit offenbaret und in Ewigkeit erst recht offenbaren wird, und daß wir eben darum uns auch heute noch fürchten sollen vor seinem Zorne.

I.

„Ich der Herr, dein Gott, bin ein starker, eifriger Gott, „der über die, so mich hassen, die Sünde der Väter heim= „suchet an den Kindern bis ins dritte und vierte Glied." Und „Gott dräuet zu strafen Alle, die seine Gebote über= „treten; darum sollen wir uns fürchten vor seinem Zorne

„und nicht wider solche Gebote thun." An diesem Worte des lebendigen Gottes und dessen Erklärung im Katechismus nehmen heutzutage noch gar Viele Anstoß. Sie wollen von einem Zorne Gottes, von Strafe und Fluche nichts wissen. Wo sich dergleichen sichtbarlich zeiget, wo man es so zu sagen mit den Augen sehen und mit den Händen greifen kann, wie behende ist man da, es wegzuschwatzen und Alles aus ganz natürlichen Ursachen herzuleiten, nur nicht aus der eigenen Sündenschuld und aus dem Zorne Gottes über die Sünde. Höchstens statuirt man so etwas von Strafe im eigenen Gewissen. Das saget man, das ist des Menschen Himmel oder Hölle, da empfindet er Fluch oder Segen, Lohn oder Strafe. Dabei übersieht man aber, daß das, was das Gewissen empfindet, nur erst ein Anfang von der Offenbarung des Zornes Gottes, eine Strafe und einen Fluch über alle und jede Sünde, über alle und jede Uebertretung der Gebote gäbe? Doch wie der Mensch überhaupt über sich selbst und über Gott höchst ungern nachdenket, so will man auch hierüber nicht weiter nachdenken. Heißet es nun: „Es stehet ja aber „doch im Worte Gottes geschrieben, daß Gottes Zorn über „die Sünde so stark und eifrig ist, daß er die Sünde der „Väter sogar an den Kindern heimsuchet; sehet doch, wie Er „es mit seinem eigenen Volke gemacht hat; wie viel Hunderte „von Offenbarungen des göttlichen Zornes das ganze Alte „Testament enthält; wie schrecklich Gott die Sünde vom „Sündenfalle an durch alle Zeiten gestrafet hat; wie viel „tausend Kinder die Missethat ihrer Väter haben büßen und „an dem Fluche schleppen müssen, der auf den vorigen Ge„schlechtern ruhete." Wenn man so spricht, dann saget die heutige Auffklärerei: „Wir sind Christen, wir sind keine Ju„den, wir haben mit dem Alten Testamente nichts mehr zu „thun, und am allerwenigsten mit der Alt=Testamentlichen „Vorstellung von einem Zorne Gottes. Das ist durch das

„Neue Testament abgeschafft. Wir wissen nur von einem lieben
„und nachsichtsvollen Vater, und den wollen wir auch nur;
„wir wollen von dem Zorne Gottes nichts hören." Glaubet
ja nicht, m. Fr., daß ein solches Denken von Gott und seinem
Wesen erst die Frucht der neuesten Aufklärung ist. Nein,
so hat man von der Sündfluth und von den Zeiten Sodom's
und Gomorrha's her schon gedacht. Ja die Leute selbst, von
denen das Alte Testament handelt, die halsstarrigen Juden,
haben schon in der ältesten Zeit so gedacht. Sie haben schon
längst in der Praxis geübt, was man jetzt als die Frucht
einer aufgeklärten Schriftauslegung bis in den Himmel erhebt, das heißet, sie haben den Zorn Gottes fahren lassen
und haben Gott nicht gefürchtet und sind gottlos gewesen
nach Herzenslust. Ich denke, wir werden als Christen, und
namentlich als gute Lutheraner, es diesen Leuten doch nicht
nachreden und nachmachen wollen. Oder glaubet Ihr denn,
was Gott uns heute in seinem Worte zurufet, das sei eben
nur ein Wort, wie wir es auch wol sagen und es am Ende
doch nicht so meinen? Es sei eben nur eine Drohung? Oder
glaubet Ihr, daß Luther nicht gewußt hat, was er den Christen saget, wenn er das Wort so erkläret: „Darum sollen
wir uns fürchten vor seinem Zorne?"

Ich will es Euch mit Gottes Hülfe zeigen, daß es nicht
so ist. So angenehm das klinget, „wir haben mit dem Zorne
„Gottes nichts mehr zu thun, er existirt gar nicht mehr, das
„ist eine Alt=Testamentliche Vorstellung, wir wissen nur von
„einem lieben und nachsichtsvollen Vater," so angenehm das
klinget, so grundfalsch ist es doch. Und so viele Seelen diesem
einmal als wahr im Schwange gehenden Satze zugethan sind,
daran hängen, darin ihre ganze Religion haben, so viele
Seelen sind geradezu in der Lüge befangen, ja in einer Feind=
schaft gegen Gott und sein Wort, ohne daß sie es vielleicht
selbst einmal wissen. Schmerzet es aber vielleicht Manchen

unter Euch, wenn ich ihm das angreife, was er sein Lebenlang für wahr gehalten und lieb gehabt, worin er vielleicht seinen einzigen Trost und seine Ruhe gefunden (wiewohl ein solcher Trost und eine solche Ruhe sehr traurige und unsichere Dinge sind): so bitte ich Euch, rechnet das mir, dem Diener der Wahrheit, nicht zu, sondern, wenn Ihr rechten wollet, wenn Ihr Euch ärgert, thut es, wenn Ihr könnet, mit dem und an dem, dessen Wort und Wahrheit ich rede, an dem, der da will, daß Allen geholfen werde und Alle zur Erkenntniß der Wahrheit kommen.

Und somit sage ich Euch noch einmal rund heraus: jenes Gerede, als ob der Zorn Gottes und Strafe und Fluch nur Alt=Testamentliche Vorstellungen wären, ist grundfalsch. Denn entweder müßte Gott im Neuen Testamente ein anderer geworden sein, als im Alten Testamente, und das könnet Ihr doch, da Ihr wisset, daß Gott unveränderlich ist und ewig derselbe bleibt, der Er war, nicht zugeben; oder was Gott im Alten Testamente redet, wäre Lüge, wäre nur von Menschen erdacht. Nun, dann hat es mit dem ganzen Christenthume ein Ende, dann ist das ganze Evangelium eine Lüge, da dasselbe bekanntlich nicht eine Auflösung, sondern im strengsten Sinne des Wortes eine Erfüllung dessen ist, was im Alten Testamente geredet ist.

Man kann also nichts Verkehrteres thun, als wenn man sich, um nur von dem Zorne Gottes nichts hören zu wollen, auf das Neue Testament, wenn man sich auf das Evangelium beruft. Das zeiget, daß man das Neue Testament gar nicht einmal angesehen und den eigentlichen Kern des Evangeliums gar nicht verstanden hat. Was saget Paulus (Römer 1, 18.) vom Evangelium? „Es wird darinnen geoffenbaret Gottes „Zorn vom Himmel über alles gottlose Wesen und Ungerech=„tigkeit der Menschen, die die Wahrheit in Ungerechtigkeit „aufhalten." Habt Ihr über diesen Satz schon einmal recht nachgedacht, m. Fr.? Fällt er Euch nicht auf, da Ihr ja immer gehört habet, daß das Evangelium nur eine Offenbarung der unaussprechlichen Liebe und Barmherzigkeit Gottes gegen die Sünder ist? Wohl wahr. Das ganze Evangelium prediget: Gott ist die Liebe! Aber indem es das prediget, so prediget es uns auch den Zorn Gottes und seinen fürchterlichen Ernst über die Sünde eindringender, ergreifender, schrecklicher, als das ganze Alte Testament. Alle Drohungen Gottes im Alten Bunde sind nur leise Stimmen gegen das Eine Donnerwort im Neuen Bunde: „So wir muthwillig „sündigen, nachdem wir die Erkenntniß der Wahrheit empfan„gen haben, so haben wir weiter kein anderes Opfer mehr „für die Sünde, sondern ein schreckliches Warten des Gerichtes „und des Feuereifers, der die Widerwärtigen verzehren wird." Denket hierbei an Alles, was Jesus, die ewige Liebe, vom Gerichte saget; denket an seine Thränen; denket an sein Suchen, an sein Bitten, an sein Laden. Ja, die ganze Zeit des Alten Testaments ist nur eine Zeit der Geduld, des Nachsehens, des Aufschiebens des Zornes Gottes gewesen, wie Paulus (Apostel-Geschichte 17, 30.) saget: „Und zwar hat „Gott die Zeit der Unwissenheit übersehen, nun aber gebeut „Er allen Menschen an allen Enden, Buße zu thun, darum, „daß Er einen Tag gesetzet hat, auf welchen Er richten will „den Kreis des Erdbodens mit Gerechtigkeit durch einen Mann, „in welchem Er's beschlossen hat, und Jedermann vorhält den „Glauben." Und alle Strafgerichte, die Gott im Alten Bunde über die Ungehorsamen verhängte und ausführte, — wie schrecklich sie uns auch erscheinen, — sie waren nur ein Vorspiel des allerfürchterlichsten Schauspiels, das jemals die Welt gesehen. Soll ich es Euch noch nennen? Habt Ihr bei der Kreuzigung Jesu nie an Gottes Zorn über die Sünde gedacht? Habt Ihr mit den Töchtern Jerusalems niemals erwogen, was das ist, da Jesus rief: „Weinet nicht über

„mich, weinet über Euch selbst und über Euere Kinder. Denn „siehe, es wird die Zeit kommen, in welcher man sagen wird: „selig sind die Unfruchtbaren und die Leiber, die nicht geboren, „und die Brüste, die nicht gesäuget haben. Dann werden sie „anfangen zu sagen zu den Bergen: fallet über uns! und zu „den Hügeln: decket uns! Denn wenn das am grünen Holze „geschieht, was wird es am dürren werden?" Ja, alle Blitze und Donner auf dem Sinai, sie verhallen gegen den Angstruf auf Gethsemane: „Mein Vater, ist es möglich, so laß diesen „Kelch vorübergehen!" und gegen den Todesschrei auf Golgatha: „Mein Gott, mein Gott, warum hast Du mich verlassen!" Was war es, daß der Herr der Herrlichkeit so seufzte und schrie? Was lag Ihm so bis zum Erdrücken schwer auf der Seele? Was preßte Ihm den blutigen Schweiß aus und machte seine Gestalt wie einen Wurm, der zertreten wird? Was betete er? „Gerechter Vater, die Welt kennet Dich nicht, ich aber kenne Dich!" Die Strafe unserer Sünden und Uebertretungen lag auf Ihm; die Schmach derer, die Gott geschmähet, hatte Ihn getroffen; der Fluch, mit dem das ganze Geschlecht der Sünder, vom Falle an, verflucht ward, auf Ihn war er gefallen; der ganze Zorn Gottes über alles gottlose Wesen und Ungerechtigkeit der Menschen, gegen Ihn war er gerichtet. Alle Gerichte, die Gott von Anbeginn den Uebertretern angekündigt, an Ihm, dem Einen, wurden sie vollzogen. Für alle Sünden, welche die Millionen Menschen, die waren und noch sind und sein werden, welche sie in Gedanken, Worten und Werken vollbracht, dafür stand der Eine, Jesus, im Gerichte, dafür büßete, dafür litt und starb Er. Jesus, ja Jesus ist das Kind aus dem dritten und vierten Gliede, an dem der heilige und lebendige Gott heimsuchte die Sünden der Väter. Darum wurde der Sohn Gottes Mensch, darum nahm Er das Bild Adams und die Gestalt unseres sündlichen Fleisches an, darum wurde Er dem

Leibe nach Adams Kind und des Menschen Sohn, um an sich heimsuchen zu lassen die Sünden der Väter, die Sünde Adams und seines ganzen Geschlechtes, unsere Sünden. Wenn das Gott an seinem lieben Kinde gethan hat, der von keiner Sünde wußte, o so lernet auf Golgatha, m. Fr., lernet mit Furcht und Zittern, daß es wahr ist, was Jehova auf Sinai sprach: „Ich, der Herr, dein Gott, bin ein starker, eifriger „Gott, der über die, so mich hassen, die Sünde der Väter „heimsuchet an den Kindern bis ins dritte und vierte Glied." Nehmet es also zu Herzen, was Luther saget: „darum sollen „wir uns fürchten vor seinem Zorne und nicht wider solche „Gebote thun."

II.

Nun, m. Fr., ist Gott in der Zeit des Neuen Testaments ein anderer geworden, als Er im Alten Testamente war? Widerspricht das Evangelium (das, was auf Gethsemane und Golgatha geschah), widerspricht es dem Donnerworte auf Sinai und Ebal? Hat Gott im Neuen Testamente aufgehört, die Sünde zu hassen und seinen Zorn über alles gottlose Wesen und Ungerechtigkeiten der Menschen zu offenbaren? Hat Er aufgehört, über die, so Ihn hassen, die Sünde der Väter heimzusuchen an den Kindern bis ins dritte und vierte Glied? Nein, der Herr, unser Gott, ist ein starker, eifriger Gott auch im Neuen Testamente, — so müssen wir sagen, wenn anders wir den Rathschluß Gottes im Evangelium verstehen.

„Ja, das glauben wir auch, was im Neuen Testamente „steht, das wollen wir zugeben," werdet Ihr nun vielleicht sagen. „Aber was haben wir denn jetzt noch mit dem Zorne „Gottes zu thun? Jetzt hat er doch wol aufgehört? Jesus „hat Ihn ja für alle Zeiten versöhnt. Jesus hat ja Alles „gebüßt und getragen, was der starke, eifrige Gott als Strafe „und Fluch über die Sünde nur jemals ausgesprochen und „gedrohet hat. Und das hat Er doch anstatt unserer getragen.

"Darum beten wir ja auch mit David: Herr! strafe mich "nicht in Deinem Zorne und züchtige mich nicht in Deinem "Grimme! Jesus ist statt unserer geplaget und gemartert "worden. Nun sind wir doch frei. Nun wird uns Gott doch "nicht mehr in seinem Zorne strafen und in seinem Grimme "züchtigen. Er wäre ja sonst kein gerechter Gott. Jetzt kann "Er ja doch um Christi willen nur mit Augen der Gnade "und Liebe auf uns sehen. Jetzt hat ja sein Zorn für uns "ein Ende, wie wir alle Sonntage singen:

"Ein Wohlgefall'n Gott an uns hat,
"Nun ist groß' Fried' ohn' Unterlaß,
"All' Fehd' hat nun ein Ende."

Wohl wahr, m. Fr., sehr wahr! Ach, Gott gebe, daß Ihr das Alle mit Einem Herzen und Einem Munde bekennet, daß Ihr Alle, auch bei jeder Strafe und Züchtigung, nur die Liebe und das Erbarmen Gottes preisen könnet!

Aber, Christen, wisset Ihr denn auch, warum Christus den Zorn Gottes versöhnet und von uns weggenommen hat? Wisset Ihr, warum Er alle Strafe und allen Fluch für unsere Uebertretungen getragen, warum Er die Gnade und Liebe des Vaters uns erworben hat? Hat Er es darum ge= than, daß wir nun denken können: "O! es hat mit dem "Zorne Gottes gar nicht solche Noth. Es ist mit der Strafe "für die Uebertretung seiner Gebote gar nicht so ernst gemeint. "Er nimmt es mit dem Halten oder Uebertreten seines Gesetzes "gar nicht so genau. Er wird schon Nachsicht mit uns haben. "Wir thun, was wir in unserer Schwachheit können, das "Andere wird Er schon übersehen und verzeihen. Wir haben "einmal einen lieben und nachsichtsvollen Vater im Himmel "und können nun, als seine Kinder, ganz ruhig und sicher "sein, ohne an Zorn und Strafe und dergleichen Dinge "zu denken."

Denket jemand so von der Versöhnung in Christo, dann denket er nicht anders, als der Unglaube, dem das Wort vom Zorne Gottes ein Greuel ist, er machet Christum zum Sündendiener. Denn das ist der Rathschluß Gottes bei der Versöhnung der sündigen Welt durch Christum nicht gewesen, sondern darum hat Gott den, der von keiner Sünde wußte, für uns zur Sünde gemacht, damit wir in Ihm würden die Gerechtigkeit, die vor Gott gilt. Darum war Gott in Christo und versöhnte die Welt mit sich selbst und rechnete ihnen ihre Sünde nicht zu, damit wir uns mit Gott versöhnen lassen, damit wir unsere Feindschaft und Ungehorsam gegen Gott fahren lassen und nicht gegen seinen Willen denken und handeln, sondern Ihn lieben und gerne thun nach seinen Geboten. Weil der abgefallene, sündige Mensch aus eigener Vernunft und Kraft Gottes Gebote nicht halten kann, weil kein Fleisch durch des Gesetzes Werke vor Gott gerecht werden konnte (ohne die Gerechtigkeit oder die vollkommene Gesetzeserfüllung aber kein Mensch selig werden kann; denn verflucht ist Jeder, der nicht Alles thut, was im Gesetze geschrieben ist, und selig sind nur die, die reines Herzens sind, sie werden Gott schauen, — jede Sünde und Uebertretung aber Entfernung und Abfall von Gott, ja Feindschaft gegen Ihn ist): seht, darum, darum beschloß Gott Alles unter den Unglauben, — aber damit Er sich Aller erbarme. Gott wollte nicht des Sünders Tod; Er wollte uns selig machen. Und darum schlug Er einen anderen Weg ein. Im ganzen Alten Bunde ließ Er diesen Weg verkünden und anbahnen als den einzigen Weg, dem Zorne Gottes zu entrinnen und selig zu werden, bis Er in Jesu erschien. Ja, Jesus, Jesus ist der Weg, die Wahrheit und das Leben. Niemand kommt zum Vater, denn durch Ihn. Ihn, seinen eingebornen Sohn, Ihn machte Gott für uns zur Weisheit und Gerechtigkeit, zur Heiligung und Erlösung. Es sollte der Mensch nun nicht mehr aus eigener

Gerechtigkeit selig werden, sondern durch die vollkommene Gerechtigkeit und durch das Verdienst des wahrhaftigen Gottes und des wahrhaftigen Menschen, durch den Glauben an Jesum Christum. Alles eigene und selbstgemachte Werk, alles eigene Verdienst und Würdigkeit, alles eigene Sorgen und Grämen und Quälen sollte der Mensch als etwas, woran Gott kein Gefallen haben kann, wegwerfen und für Schaden achten. Durch das Leiden und Thun, durch das Lieben und Arbeiten, durch das Blutvergießen und Sterben seines Gottes und Schöpfers für ihn sollte der Mensch selig werden wollen und durch nichts anderes, welchen Namen und welchen Ruhm es auch haben möge.

Christum und seine Gerechtigkeit sollte der Mensch ergreifen und im Glauben daran hangen und auf nichts Anderes bauen und auf keinem anderen Wege seine Gerechtigkeit vor Gott suchen. Denn nur aus Christo und Seinem Verdienste sollte der Mensch empfangen ein ganz neues Herz, einen ganz neuen Sinn, Liebe zu Gott und Lust und Kraft und Freudigkeit zu seinen Geboten. Christus allein sollte durch seinen Geist unser steinernes Herz in ein fleischernes verwandeln und Gottes Gebote in unser Herz geben, Gottes Willen in unseren Sinn schreiben und unseren ganzen verkehrten, sündigen, ungöttlichen und Gott widerstrebenden Willen in einen göttlichen Willen, in Gehorsam, in Sanftmuth und Demuth, in das Eine umwandeln (welches ist des Gesetzes Erfüllung), in Liebe. Das war der Rathschluß Gottes bei der Versöhnung der sündigen Welt durch Christum. Das war der einzige Weg, dem Zorne Gottes zu entgehen. Das war der einzige Weg, gerecht vor Gott und selig zu werden. Darum heißet es: „Wer den Sohn Gottes hat, der hat das ewige Leben; wer „aber den Sohn Gottes nicht hat, der wird das Leben nicht „sehen ewiglich, sondern der Zorn Gottes bleibt über ihm." Und dieses Wort, so wahr es Gottes Wort ist, gilt heute noch und zu allen Zeiten. Heute noch und durch alle Zeiten gibt es keinen anderen Weg, dem Zorne Gottes zu entrinnen, als Jesus und der Glaube an Ihn. Thue, was Du willst, sei heilig, wie Du kannst, häufe Verdienste auf Verdienste und Würdigkeiten auf Würdigkeiten — hast Du den Sohn Gottes nicht, so wirst Du das Leben nicht sehen ewiglich, sondern der Zorn Gottes bleibt über Dir.

Nun, m. Fr., wie ist es? Haben wir jetzt wirklich nichts mehr vom Zorne Gottes zu reden? Mich däucht, wir haben noch eben so viel davon zu reden, als im Neuen Testamente davon geschrieben steht. Oder wie: sollte es heutzutage wirklich gar keine Seelen mehr geben, die sich, wie Israel, daran ärgern, wenn das Evangelium alle eigene Gerechtigkeit des Menschen verwirft und nur die Gerechtigkeit Christi als das einzige Mittel zur Seligkeit anbietet? Oder sollte es wirklich Niemand mehr unter uns geben, dem das Wort vom Kreuze eine Thorheit ist? Sollte Niemand da sein, der mit dem Leibe und Blute des Herrn leichtsinnig umgehet und von der Sünde absolviret sein will, nur, um desto ruhiger fortsündigen zu können? Niemand, der die in Christo angebotene Gnade versäumet, verträumet, veruntreuet; der die Kraft, die Christus zur Gesetzeserfüllung darbeut, vergeudet? Niemand, der durch Gebet und Flehen die Kraft zur Heiligung zu holen versäumet? — Christen, so lange wir über diese Fragen erröthen, verstummen und uns schuldig bekennen müssen, so lange haben wir zu glauben und zu reden von dem Zorne Gottes, den Er im Evangelio offenbaret über alles gottlose Wesen und Ungerechtigkeit der Menschen, welche die Wahrheit in Ungerechtigkeit aufhalten; so lange haben wir uns zu fürchten vor seinem Zorne.

Oder was meinet Ihr, worüber der Zorn Gottes sonst entbrennen soll? Er saget es, daß Er die Sünde der Väter an den Kindern heimsuchen will über die, so Ihn hassen.

Wer sind die, welche Ihn hassen? Sind es die Heiden, die von dem lebendigen Gotte noch nichts gehört haben? Sind es die Diebe und Mörder, die von Jugend auf verwahrloset hingegangen? Oder sind es die, welche beim hellen Lichte des Evangeliums sich doch nicht zum Evangelio bekehren? Sind es nicht die, welche bei allem Wissen von dem wahren Wege doch die breite Straße der Verdammniß wandeln, welche bei allen geöffneten Gnadenschätzen doch nicht Hand und Fuß rühren, welche trägen Herzens in vorsetzlicher Uebertretung der Gebote hingehen? Den erbarmungsvollen Gott hassen, thun das nicht die, welche den verwerfen und anfeinden und lästern, den Er für sie dahingegeben, den Er nicht verschonet, den Er um Ihretwillen hat plagen und martern lassen? Ja, m. Fr., Jesum, der uns von Gott gemacht ist zur Gerechtigkeit, verwerfen und seine eigene Gerechtigkeit aufrichten, das ist der entschiedenste Haß und die entschiedenste Feindschaft gegen den lebendigen Gott. Darüber muß und wird sein ganzer Zorn entbrennen. Glaubet Ihr, daß Er darüber noch heute die Sünden der Väter an den Kindern heimsuchet? Wir können es sehen und mit den Händen greifen. Sehet die Juden an, wie sie heute noch vor unseren Augen stehen, wie sie zerstreuet in alle Welt, verachtet, verspottet, gedrückt einherwandeln müssen. Glaubet Ihr, daß unter den Hunderten von Völkern des Alterthumes, die alle spurlos verschwunden sind, dieses älteste, dieses auserwählte Volk, zu dem Gott vom Sinai redete, was wir heute gehöret, dieses Volk, in welchem Gott selbst Mensch wurde, glaubet Ihr, daß es zufällig bis auf heute übriggeblieben ist und so zufällig allen Menschen und aller Welt vor die Augen kommen muß? Nein, m. Fr., der lebendige Gott, derselbe, den ihre Väter verworfen, derselbe, dessen Eingeborenen sie kreuzigten, der prediget seinen Zorn über die, so Ihn hassen, nicht allein mit dem Worte, Er prediget ihn mit der That, Er prediget ihn heute noch in fürchterlichen Exempeln. Sehet Israel an, das Jesum verwarf und seine eigene Gerechtigkeit aufrichten wollte, das den einzigen Weg, den Gott eingeschlagen, nicht gehen wollte, — sehet es an und bekennet: der Herr, unser Gott, ist ein starker, eifriger Gott, der über die, so ihn hassen, die Sünde der Väter heimsuchet an den Kindern bis ins dritte und vierte Glied. Sie sind zerbrochen um ihres Unglaubens willen. (Römer 11, 20.) Glaubest Du, daß Gott Dich in Deinem Unglauben verschonen werde? Hat Gott der natürlichen Zweige (und das sind die Juden) nicht verschonet, wird Er Dich, der Du ein wilder, ein nur eingepfropfter Zweig bist, verschonen? Darum schaue die Güte und den Ernst Gottes. Den Ernst an Denen, die gefallen sind, die Güte aber an Dir, so fern Du an der Güte bleibest, sonst wirst Du auch abgehauen werden. Und jene, so sie nicht bleiben im Unglauben, werden eingepfropfet werden. Gott kann sie wol wieder einpfropfen.

So wollen wir uns denn, meine Lieben, fürchten vor seinem Zorne und nicht wider seine Gebote thun. Das ist aber sein Hauptgebot, daß wir glauben an seinen Sohn: denn Er allein ist uns von Gott gemacht zur Gerechtigkeit und zum Segen bis ins tausendste Glied. Lasset uns nicht durch unseren Unglauben den Zorn Gottes über uns und unsere Kinder häufen wollen; lasset uns nicht machen, daß das dritte und vierte Glied über uns seufze und uns verklage am Tage des Gerichts. „Küsset den Sohn," so rufet uns der 2. Psalm zu, „o küsset den Sohn, daß Er nicht zürne und Ihr um=
„kommet auf dem Wege; denn Sein Zorn wird bald ent=
„brennen. Aber wohl Allen, die auf Ihn trauen!" Denen will Gott wohl thun bis ins tausendste Glied. Amen.

XVIII.
Zweite Predigt über den Beschluß der zehn Gebote.

Gott hat uns nicht gesetzet zum Zorne, sondern die Seligkeit zu besitzen durch unseren Herrn Jesum Christum. Darum, versammelte Christen, lasset uns heute, wo wir die Katechismus-Betrachtungen für dies Jahr beschließen, aus dem Beschlusse der zehn Gebote auch den zweiten Theil desselben, nämlich die göttliche Verheißung, vor uns nehmen. Höret die Worte des Herrn:

2 Mos. 20, 5 und 6.

„Ich, der Herr, dein Gott, bin ein eifriger Gott, der über die, so mich hassen, die Sünde der Väter heimsuchet an den Kindern bis ins dritte und vierte Glied; aber denen, so mich lieben und meine Gebote halten, thue ich wohl bis ins tausendste Glied."

Luthers Erklärung:

Gott dräuet zu strafen Alle, die diese Gebote übertreten; darum sollen wir uns fürchten vor seinem Zorne und nicht wider solche Gebote thun. Er verheißet aber Gnade und alles Gute Allen, die solche Gebote halten; darum sollen wir ihn auch lieben und vertrauen und gerne thun nach seinen Geboten.

„Denen, die mich lieben und meine Gebote halten, thue „ich wohl bis ins tausendste Glied."

Verheißung, Lohn, Segen, Leben, Gnade und alles Gute wird uns in diesen Worten vorgelegt. Ach! und wer von uns möchte das nicht haben? Aber wie dazu gelangen? Wie zu der Gewißheit kommen: mir gilt die Verheißung; Gott liebt, Gott segnet mich? Wie der Gnade Gottes froh werden?

Seht, dazu müssen wir den Herrn, unseren Gott, in seiner Verheißung erst etwas näher kennen lernen; wir müssen zusehen, daß Er uns sein Herz, seinen Sinn und seine Gedanken bei dieser seiner Verheißung zeige. Ja, den Herrn, unseren Gott, wie Er so stark und eifrig, so unüberwindlich in seiner Liebe ist, den müssen wir erkennen, wenn wir der Verheißung froh werden wollen.

"Von dem Liebeseifer des Herrn unseres Gottes" möchte ich darum in dieser Stunde Etwas zu Euch reden. Lasset uns daher sehen:

I. wer auf denselben eigentlich nur Anspruch machen darf?

II. um wen die Liebe unseres Gottes aber in der That eifert? und

III. woran wir diesen seinen thatsächlichen Liebeseifer erkennen?

I.

Wer kann also auf den Liebeseifer Gottes und auf seine Verheißung eigentlich nur Anspruch machen?

Ueber die Antwort auf diese Frage brauchen wir nicht lange nachzudenken. Erinnern wir uns nur daran, wie wir es mit unseren eigenen Kindern machen. Versprechen wir ihnen etwas Angenehmes und Schönes für ihre Unarten? Lieben und belohnen wir sie für ihren Ungehorsam? Nicht wahr, so werdet Ihr es nicht machen, sondern gerade umgekehrt. Und Euer Herz wird in dem Augenblicke, wo Euere Kinder recht böse und ungehorsam sind, gewiß kein angenehmes, wohlwollendes, seliges Gefühl haben, wird sich nicht in Loben und Segnen und Belohnen ergießen. Nein, umgekehrt; Ihr werdet von Grund Eures Herzens zürnen, Ihr werdet strafen, Ihr werdet das Versprochene dem ungehorsamen Kinde nicht geben. So machen wir es mit unseren Kindern. Dürfen wir nun von Gott verlangen, daß Er es mit uns anders

15*

machen soll? Oder findet Ihr es nicht ganz angemessen, ganz mit dem innersten Rechts- und Wahrheitsgefühle in Euerem Herzen übereinstimmend, wenn Er saget: „denen, die „mich lieben und meine Gebote halten, thue ich wohl bis ins „tausendste Glied?" Träte z. B. Euer Kind, eben nachdem es den schnödesten Ungehorsam bewiesen, vor Euch hin und sagte: „Du hast mir das und das versprochen, gib es mir „nun," — würdet, könntet, dürftet Ihr es thun? Nein, wenn anders nur ein Rechts- und Wahrheitsgefühl in Euerem Kinde ist, und es Euch nicht als schwache, ungerechte Eltern kennet: Euer Kind wird es von selbst bleiben lassen, Euch so zu kommen; es wird schon fühlen, daß ihm das Versprochene nicht zukommt, daß es dasselbe nicht fordern darf. Haben wir nun an diesem Rechtsgefühle unserer Kinder etwas für uns gelernt? Hat es uns über unser Benehmen gegen den heiligen und lebendigen Gott zum Bewußtsein gebracht? Sagten wir uns, wenn wir unser Kind trotzig oder murrend und dann wieder weinend und sich von uns zurückziehend sahen, sagten wir uns: „ach, das bist Du selbst, so beträgst Du Dich „täglich gegen Deinen himmlischen Vater"? Mußten wir da dem Herrn nicht Recht geben, wenn Er Gnade und alles Gute nur denen verheißt, die Ihn lieben und gerne thun nach Seinen Geboten? Ach ja, wir mußten Ihm Recht geben mit Weinen. Wir müssen Ihm Recht geben mit Furcht und Angst und Schrecken. Oder was ist es denn, mein Christ, was Dich, wenn Du auf Deine Lage siehest, wenn Du an die Zukunft denkest, wenn die Sorgen der Nahrung und Kleidung Dich überfallen, was ist es, daß Du so verzagest, daß Du gar kein Herz zu Gott fassen kannst, daß Du Dich gebehrdest, als gäbe es gar keinen Gott? Du hast es Dir vielleicht noch nicht gesagt. Aber siehe einmal zu; ist es nicht dies, daß Du Dir selber sagen mußt, „ach, wenn ich mein „Lebenlang nur fromm gewesen wäre, wenn ich mein Leben-

„lang nur auf Gottes Wegen gewandelt und seine Gebote
„gehalten hätte, dann wollte ich schon nicht verzagen, dann
„wollte ich auf die Verheißung meines Herrn schon bauen,
„dann würde Er mich schon nicht verlassen. Aber so weiß
„ich ja nicht, ob Er mich liebt, ob Er noch ein Erbarmen
„mit mir hat. Ach, er kann mich gar nicht lieben, ich bin
„ja seiner Liebe so ganz unwerth. Darum kann ich auch gar
„nicht beten, kann kein Vertrauen und keine Hoffnung zu
„Ihm fassen." — Dein Zustand, liebe Seele, ist bejammerns=
werth. Und Du, mein Christ, der Du merkest, daß in
Deinem Berufe und Hause Alles rückwärts gehet, daß in
Allem, was Du unternimmst, der Segen fehlet; der Du auf
das Häuflein Deiner Kinder bekümmert siehest und nicht weißt,
was aus ihnen werden soll: was ist das, was Dich nicht
alle Sorge auf Deinen Herrn und Gott werfen läßt? Was
ist es, das Dich hierhin und dorthin treibt, daß Du bald dies,
bald das ergreifest und doch keinen Fortgang, keinen Segen
siehest? Ist es nicht dies, daß Dich Dein Herz verdammet?
Ist es nicht dies, daß Du Dein Leben zugebracht hast, ohne
an das Wort des Herrn zu denken, wo Er saget: „Gedenke
„an Deinen Schöpfer in Deiner Jugend, ehe denn die bösen
„Tage kommen und die Jahre hinzutreten, wo Du wirst sa=
„gen, sie gefallen mir nicht"? Du kannst jetzt an Deinen
Gott und Schöpfer nicht mehr von Herzen gedenken, weil Du
nicht glauben kannst, daß Er an Dich in Guten gedenket.
Du kannst dem Herrn nicht mehr vertrauen, weil Du nicht
glauben kannst, daß Er Dich lieb hat. Ach, das ist wol die
größte Noth und das größte Elend. Und Du, Du klagest:
„ich bete, ja ich schreie zu Gott, aber ich sehe keine Frucht
„meines Gebetes; meine Sünde mehret sich von Tage zu Tage;
„ich bleibe elend, wie ich war; Gottes Verheißungen können
„darum mir nicht gelten; Sein Segen und Wohlthun, ich
„habe es nicht verdient, darum kommt es mir auch nicht zu

„Gute. Nun fühle ich erst, wie ich mein Lebenlang verscherzt
„habe, was seine Liebe und Güte mir zugedacht."

Ja, meine Lieben, wer wir auch sind, das müssen wir wohl Alle fühlen. Wir brauchen nur die zehn Gebote vorzunehmen, in diesem Spiegel unser Herz und unser Leben anzusehen. Wenn wir bei solchem Sehen in uns selbst an die Zukunft denken; wenn wir so auf unser Amt und Haus und unsere Kinder sehen und dann eine Sünde nach der andern uns vor die Seele kommt, wie wir uns täglich gegen Gott, gegen uns selbst, gegen Amt und Beruf, gegen Pflicht und Treue, gegen Kinder und Dienstboten versündiget; wenn dann der Sünden mehr werden, als Haare auf unserem Haupte, und wir unter ihrer Last erseufzen, — dann müssen wir wol rufen: „was soll daraus werden? Wo soll da der Segen „herkommen? Was soll da aus Deinen Kindern werden? „Ach, mit welchen Augen muß der heilige, gerechte Gott „auf Dich sehen?! Kann Er Dich lieben? Bist Du nicht „vor Ihm ein Greuel? Bist Du noch werth, daß Du sein „Kind heißest?"

Somit wäre also die theuere, überschwengliche Verheißung unseres Herrn und Gottes verscherzt. Somit hätten wir keinen Anspruch auf Gottes Segen für uns und unsere Kinder. Denn wer von uns kann sagen: ich habe den Herrn, meinen Gott, geliebt und seine Gebote gehalten? Somit wäre also Alles, was wir dächten und vorhätten und thäten, für uns und die Unserigen, ohne Segen, ohne Frucht, verloren, vergebens? So wäre selbst der größte Ueberfluß nur zum Gerichte und zur Verdammniß da; wir häuften mit jeder Stunde, mit jedem Essen und Trinken uns nur den Fluch und den Zorn Gottes auf den Tag des Gerichtes? — Ja, so wäre es, unwiderruflich wäre es so (denn so stehet es im Worte Gottes, so stehet es in unseren Herzen geschrieben), es wäre so, wenn es sich mit der Gnade eben so verhielte, wie mit der Sünde. Verdammet wären wir in Ewigkeit, wenn Gott nicht größer wäre, als dieses unser Herz, das uns verdammet. Verflucht wären wir, wenn Gottes Liebe nicht stärker wäre, als der Tod, und fester, als die Hölle; verloren in Ewigkeit, wenn unser Gott nicht wäre ein starker, eifriger Gott! Aber der Herr unser Gott ist ein starker, eifriger Gott nicht allein in seinem Zorne, wo Er die Sünden der Väter heimsuchet an den Kindern bis ins dritte und vierte Glied; Er ist — o daß ich tausend Zungen hätte und einen tausendfachen Mund, um es auszusprechen! — Er ist ein starker, eifriger Gott in seiner Liebe, darin Er wohlthut bis ins tausendste Glied. „Kann auch die Mutter vergessen des Säuglinges, daß sie sich „nicht über den Sohn ihres Leibes erbarme; vergäße sie sein, „ich will dein nicht vergessen. Und wenn du bis an der „Himmel Ende verstoßen wärest, so wird dich doch der Herr, „dein Gott, von dannen sammeln und dich von dannen holen, „— spricht der Herr. Und wenn Euere Sünde gleich blut„roth ist, so soll sie doch schneeweiß werden."

II.

Ja, für Euch, Ihr Seelen, für die,

„Die unter ihrer Last der Sünden
„Kein Mensch, kein Engel trösten kann,
„Die nirgends Ruh' und Rettung finden,
„Den'n selbst die weite Welt zu klein,
„Die sich und Gott ein Greuel sein,
„Den'n Moses schon den Stab gebrochen
„Und sie der Hölle zugesprochen,"

für Euch, für Euch brennt Gottes Vaterherz. Glaubet Ihr es, um Euch eifert seine Liebe?! Das ist sein Ruhm, den Er keinem Anderen, seine Ehre, die Er keinem Götzen geben will! Ja, das zerstoßene Rohr nicht zerknicken und den glimmenden Docht nicht auslöschen, suchen und selig machen, was verloren ist, gesund machen, was todtkrank daliegt, segnen, die Ihm fluchen, wohlthun denen, die Ihn beleidigen und verfolgen, ewigen Segen erwerben bis ins tausendste Glied denen, die verflucht waren bis ins dritte und vierte Glied, und das Alles mit Gericht und Gerechtigkeit, das Alles nicht auf Kosten seiner Heiligkeit, — das ist der Eifer unseres Gottes. Arme, elende Sünder, mich und Dich und uns Alle, lieben mit unaussprechlicher Liebe; um uns arme Sünder und um unsere Liebe und unser Vertrauen eifern mit einem Eifer, als gälte es einer Braut, die eine Königskrone hat; um uns arme, elende Sünder arbeiten, um uns dienen, als wären Königreiche zum Lohne ausgeboten, — das ist die Stärke des Herrn, unseres Gottes. Das ist es also auch, wenn es heißet: „Ich, der Herr, dein Gott, ich bin ein starker, eifriger Gott!"

Ich weiß wol, daß Manchem unter uns die allertheuerste Wahrheit, die ich eben ausgesprochen, ein Räthsel, ein Gleichniß, ein versiegeltes Geheimniß sein wird. Ich weiß wol, daß Mancher gern in die Liebe Gottes und in seine Verheißung sich eingeschlossen sähe, ja wol auch dafür hält, Gott liebe ihn, Gott segne ihn und werde ihn und die Seinen noch ferner segnen; aber unter die armen, elenden Sünder will er sich noch nicht rechnen, dagegen sträubt sich noch sein Herz, er kommt sich dazu noch zu gut vor, er meint, Gott müsse ihm ja doch weit eher wegen seiner guten Seiten gnädig sein; die Sünderliebe Gottes ist ihm noch eine Thorheit, ein Aergerniß. O ich bitte Euch, ärgert Euch nicht daran. Es gilt Euere Seligkeit. Lasset Euch auch in diesem Sinne mit Gott versöhnen! Es sind nun einmal Seine Gedanken nicht Euere Gedanken und Seine Liebe nicht wie Euere Liebe, Sein Eifer nicht wie Euer Eifer und Seine Stärke nicht wie Euere Stärke. Wäre das so, wäre Gott nicht größer, als Euer Herz, dann wäret Ihr verloren. O so lasset Ihn doch größer sein und werdet Ihr kleiner; lasset Ihn den Starken sein und werdet Ihr schwach in Euch selbst. Lasset Ihn den ewig Reichen, Herrlichen, Gerechten sein und werdet Ihr arm und elend in Euch selbst. Mit Einem Worte: lasset, o lasset Euch doch lieben von dem Herrn, Euerem Gotte. „Ach, wie „gern ließe ich das!" sprichst du, ängstliche, verzagte und zwei= „felnde Seele. „Wie gern rechne ich mich unter die Armen „und Elenden; wie bereitwillig stelle ich mich zu den größesten „Sündern, denn ich fühle es, ich bin vor dem heiligen Gotte „und seinem Gesetze. Aber die Liebesgedanken meines Herrn „und Gottes sind mir so unbegreiflich, die Stärke seiner Sün= „derliebe scheint mir so unglaublich. Ich kann mein eigenes „Herz nicht überwältigen. Ich möchte es so gerne glauben, „möchte so gern der Liebe meines Gottes zu mir froh werden. „Aber ich kann nicht. Wer bürgt mir für die Wahrheit? „Wer zeiget mir, daß es wirklich so ist? Woran erkenne und „sehe ich, daß er mich nicht verwerfen, daß Er mich selig „machen will? Wie weiß ich, ob Alles, was mich trifft, „Fluch oder Segen, Zorn oder Liebe ist?"

Aus dir selbst, liebe Seele, aus dir selbst wirst und kannst du das nie sehen und erkennen und glauben. Ja, es ist rich= tig, unser armes, trotziges und verzagtes Herz, es muß etwas haben, woran es sehen und erkennen und glauben kann, daß der Herr, unser Gott, ein starker, eifriger Gott ist in seiner Liebe zu uns Sündern. Wir müssen etwas haben, das größer ist, als unser Herz. Und das lasset uns nun im letzten Theile unserer Betrachtung uns vorhalten.

III.

Was thatest Du, Vater oder Mutter, für das Kind Dei= nes Herzens, oder Du Gattin für den Gatten, Du Schwester oder Bruder für den Bruder, Du Freund für den Freund, was thatet Ihr, wenn Ihr das Geliebte auf bösem Wege, tief gesunken, eine Schande vor Gott und Mensch, sahet? Liebtet Ihr es, dann suchtet Ihr, dann ermahntet, warntet, batet Ihr, ja Ihr beschworet mit Thränen, Ihr verleugnetet Euch selbst, Ihr machtet gut bei den Menschen, was jene verschuldet; dann erschien Euere Liebe.

Nun, was meinet Ihr, die Ihr arg seid und könnet den Euerigen doch solche gute Gaben geben: wird der Herr, Euer Gott, nicht vielmehr es so machen mit den Geschöpfen und Kindern seines Herzens, wenn sie verirret und verloren dahingehen? Saget Er nicht selbst: „Täglich recke ich meine „Hände aus nach einem halsstarrigen Volke!"? Bittet er nicht: „Kehre wieder, du abtrünniges Israel!"? Ist Euch die suchende, arbeitende, selbstverleugnende Mutterliebe Gottes an seinen Menschenkindern nicht erschienen im ganzen Alten Bunde, an Israel, seinem Erstgeborenen? Ist Euch da nicht schon seine Alles überwindende Geduld und Langmuth zum Bewußtsein gekommen? Rufet Euch da nicht schon in jedem Zuge, in jedem Worte die Stimme unseres Gottes entgegen: „Ach, ich will nicht verfluchen, ich möchte nur lieben, ich möchte „nur segnen, ich möchte Euch glücklich, selig sehen bis ins „tausendste Glied!"? — Aber wehe! wenn Ihr mit all' Euerem Bitten und Ermahnen und Beschwören bei den Euern nichts ausrichtetet? wenn das Alles nichts half? wenn Ihr hoffetet und weinetet, aber es war keine Umkehr, keine Besserung da, es wurde ärger? Da sanket Ihr zusammen, da seufzetet Ihr: „Ach, ich möchte lieben, aber ich kann nicht; „mein Innerstes empört sich, wenn ich daran denke, wie er „alle meine Liebe mit Füßen getreten; ich kann es nicht mehr „ertragen; er macht mir vor allen Menschen Schande; ich „muß ihn aufgeben, muß ihn seinem Schicksale überlassen."

So seufzet vielleicht noch heute manches Eltern- und Schwester- und Freundes-Herz. Nun, der Herr, unser Gott, hat um seine Menschenkinder mehr geseufzet. Aber wehe! es half dies Arbeiten und Lieben und Seufzen Gottes um seine abgefallenen Menschen, es half ihnen nicht, denn sie wollten sich nicht helfen lassen. Wenige, sehr wenige nur waren es, die sich mit Gott versöhnen ließen. Ach, und auch diese Wenigen mußten täglich gegen sich selber seufzen, weil Gott täglich auch noch über sie seufzen mußte. Ja, der starke, eifrige Gott wollte sie lieben, die Welt, er wollte sie segnen, aber er konnte nicht. Bedenket, was das heißet: Er konnte nicht lieben. Denn sie waren allesammt abgewichen; da war Keiner, der Gutes that, auch nicht Einer. Keine Seele auf Erden zu haben, die seiner Liebe würdig war, keine Seele zu haben, die Ihm sich ganz vertrauete, keine Seele in der ganzen weiten Welt, die ihn liebte aus allen Kräften, — das brach ihm sein Herz. Lieben wollen und nicht lieben können, wahrlich, das muß auch das stärkste Herz brechen! Aber sank Er zusammen mit seinem gebrochenen Vaterherzen? Gab er auf seine Liebe? Nein, nein! der Herr, unser Gott, ist ein starker, eifriger Gott, stark auch mit gebrochenem Herzen. Darin stehet die Liebe, nicht, daß wir Gott geliebt haben, sondern, daß Er uns geliebet hat.

Er sprach zu seinem lieben Sohne:

„Nun ist's Zeit zu erbarmen;
„Fahr' hin meines Herzens werthe Kron'
„Und sei das Heil der Armen,
„Hilf ihnen aus der Sündennoth,
„Erwürg' für sie den bittern Tod,
„Und laß sie mit Dir leben."

„Also hat Gott die Welt geliebet, daß Er seinen eingeborenen „Sohn gab." Ja Ihn, den Abglanz seiner Herrlichkeit und das Ebenbild seines Wesens, Ihn, den wahrhaftigen Gott vom wahrhaftigen Gotte, an dem sein ganzes Herz hing, auf den seine ganze Liebe von Ewigkeit her ging und der allein von Ewigkeit her Ihn wieder liebte, der allein seine Liebesgedanken verstand und sein ganzes Herz von Ewigkeit kannte, — Ihn, durch den im Anfange Alles geschaffen, durch den Gott sichtbar und unsichtbar im ganzen Alten Bunde schon seine Liebesgedanken offenbaret. — Ihn sandte Gott auf Erden, Ihn, den Unerschaffenen, ließ Er ein Geschöpf, ein armes Menschenkind werden, Ihn, den Gesegneten, gab Er der fluchwürdigen Erde und ihren Sündern hin. Ach, der wahrhaftige, lebendige Gott gab sich in Jesu uns selbst hin! Der Herr, unser Gott, unser Schöpfer, wurde in Jesu ein Mensch, nur, um auf der ganzen weiten Erde einen Menschen zu haben, der Ihn liebte, Ihm vertrauete, der gerne that nach seinen Geboten; nur, um einen Menschen zu haben, den Er lieben, den Er segnen konnte bis ins tausendste Glied. Wahrlich, der Herr, unser Gott, ist ein starker, eifriger Gott!

Jesus also, Jesus allein hat die Verheißung errungen. Jesus allein ist der Liebe und des Segens Gottes werth. Das wisset Ihr, das glaubet Ihr. Aber was ist uns damit geholfen? Oder hat Jemand unter uns schon, gleich Jesu, sich zum würdigen Gegenstande der Liebe Gottes emporgearbeitet? Hoffet Jemand noch, gleich Jesu, aus sich selbst die Verheißung und den Segen zu erwerben? Ist Jemand unter uns ohne Sünde? Nun, dann brauchte Er freilich Jesum und die Sünderliebe Gottes gar nicht.

Nein, Christen, lasset uns zurückgehen ins Wort der Verheißung. Wie heißet es da? „Denen, die mich lieben und „meine Gebote halten, thue ich wohl bis ins tausendste Glied." Wer Gott geliebet, wer seine Gebote gehalten, das wissen wir. Aber wer sind denn von diesen die tausend Glieder, denen Gott wohlthun, die Er lieben und segnen will? Bin ich es, bist Du es, seid Ihr es Alle? Antwort: „Also hat Gott „die Welt (also auch mich und Dich und uns Alle) geliebet, „daß Er seinen eingeborenen Sohn gab, auf daß Alle (also „Du und ich und wie viel wir sind, sammt allen den Unse-„rigen, wenn wir an Ihn glauben,) nicht verloren werden, „sondern das ewige Leben haben." Ja, dieselben armen, elenden Sünder, die Gott lieben will und nicht kann, dieselben, über die Er täglich seufzen muß und um die Ihm das Herz bricht, dieselben, die Ihn, den Herrn der Herrlichkeit, gekreuziget, die sind die tausend und abertausend Glieder, die Gott liebet und segnet. Sie sind es; denn so saget Paulus, Römer 5: „So an Eines Sünde Viele gestorben, so ist viel„mehr Gottes Gnade und Gabe Vielen reichlich widerfahren „durch die Gnade des einigen Menschen Jesu Christi. Und „wie durch eines Menschen Sünde die Verdammniß über alle „Menschen gekommen ist, also ist auch durch Eines Gerechtig„keit die Rechtfertigung des Lebens über alle Menschen gekom„men. Und gleichwie durch eines Menschen Ungehorsam viele „Sünder geworden sind, also auch durch Eines Gehorsam „werden viel Gerechte." So saget Paulus. Und Du, mein Christ, Du fragest: „Bin ich nun auch gerecht vor Gott? „Gehöret der Gehorsam Christi mir? Bin ich eins von dem „tausendsten Gliede Christi?" Ich frage Dich wieder: glaubest Du an den Herrn Jesum Christum? „Ach ja, wenn das „die Bedingung ist, den Segen Gottes zu erlangen und von „Ihm geliebt zu werden, wie gern will ich glauben. Aber „was soll ich denn nun eigentlich glauben? Die heilige Schrift „ist so groß, es gibt so viel von Jesu zu glauben und zu „lernen. Läßt sich das nicht in Eins zusammenfassen?" Ja wohl, mein Christ, läßt sich das in Eins zusammenfassen. „Nur Eins thut Noth!" saget Jesus selbst. Und ich sage Dir mit Ihm nichts weiter; gar nichts weiter brauchest Du zu lernen und zu glauben, als daß Dein Schöpfer und Heiland Dich hunderttausend Mal mehr geliebet hat und noch liebet, als Du es jemals unter den Menschenkindern gesehen hast, mehr, als Du bitten und verstehen kannst. Aber dieses zu glauben, ist nicht Jedermanns Ding. Das muß man lernen. Siehe und darum läßt Er es Dir nicht allein sagen, Er zeiget es Dir, daß Du es glauben kannst, Er malet es Dir vor die Augen, so daß, wenn Du Deine Augen nicht absichtlich zuhältst, Du es alle Tage und Stunden sehen kannst und sehen mußt. — Du gingest gottlos, voller Sünde und Schande, dahin; Du wußtest nicht einmal, daß es so mit Dir aussah; Du wußtest nicht, welch' ein Greuel Du vor Gott warest. Da kommt Er selbst, Dein Gott und Schöpfer, zu Dir; Er suchet Dich, Er fraget nach Dir, Er ladet Dich zu sich. Hätte Er sich nicht an Dich gehangen, Du wärest Ihn nimmer suchen gegangen. Du nicht; aber Er, Er schämet sich nicht Deines Elendes und Deiner Schande. Nein, er theilet sie mit Dir. Er schämet sich des Umganges mit Dir nicht. Er saget nicht, was werden die Menschen und die heiligen Engel davon sagen, wenn ich mich zu solchen Leuten geselle? Er läßt sich um Deinetwillen verschimpfen und verhöhnen. Warum? Nur, um Dir die Ehre bei Gott zu erwerben. Er wird bettelarm, so arm, daß Er nicht einmal hat, wo Er sein Haupt hinlegen kann, daß Er nicht einmal ein Sterbekissen hat. Du weißt es ja doch, daß Er sein Haupt an einem Schandpfahle neigen mußte. Siehest Du, das hat Er gethan, damit es Dir nicht an Brode und jedem leiblichen Segen fehle; das hat Er gethan, um Dich Dein Lebenlang und einst im Tode sanft zu betten. Denket Ihr auch daran jedesmal, wenn Ihr zu Tische gehet, und jedesmal, wenn Ihr schlafen gehet? Ihr, die Ihr Geld und Gut habet und wohlleben könnet, denket Ihr auch daran, was Euer Wohlleben und Euer sanfter Schlaf Euerem Gotte und Schöpfer gekostet, wie sauer Er es sich um Euer Wohlsein hat werden lassen? Ich bitte Euch, gehet doch einmal zu einem Reichen und sprechet zu Ihm: werde für mich ein Bettler. Gehet zu Vater, Mutter, Bruder, Schwester, zu allen Menschen in der Welt, und bittet sie: sie sollen sich dreiunddreißig Jahre für Euch erniedrigen und um Euch arbeiten und dienen, sie sollen sich so lange für Euch verachten, verspotten und verspeien, geißeln und kreuzigen lassen. Wo in aller Welt werdet

Ihr einen Menschen oder Engel finden, der solches für Euch thäte? Siehe, das hat aber Dein Gott und Schöpfer für Dich gethan; so, so hat Er Dich geliebet, — und noch mehr. Die ganze Schande und Strafe, die Dich in Ewigkeit treffen sollte, hat Er auf sich genommen; alle Deine Sünden und Greuel hat Er an sich strafen lassen; der ganze Zorn, der Dich treffen sollte, über sich hat Er ihn kommen lassen. Mit Einem Worte: zum Fluche hat Er sich machen lassen, nur, um Dir leiblich und geistig, zeitlich und ewig, hier und dort Segen, Segen zu erwerben. Du dachtest vielleicht noch gar nicht daran, daß Du als fluchwürdiger Sünder Dir jedes Stück Brod zum Fluche und zum Gerichte aßest. Du weißt es vielleicht noch nicht, das Du es Christo allein verdankest, daß Dir die Gaben der Erde, die um der Sünde willen verfluchet ward, nun gesegnete Gaben sind, daß Du nun jedes Stück Brod Dir zum Segen und zur Seligkeit genießen kannst. Ja, das ganze Leben Christi, vom ersten Hauche bis zum letzten, es ist ein Erwerben, ein Erarbeiten, ein Erkämpfen und Erringen und Erseufzen von Segen, von Segen für die Tausende und Abertausende seiner Glieder, also für Dich und mich und uns Alle gewesen. Von diesem theuer erworbenen Segen leben wir alle Tage und sollen einst in Ewigkeit leben. Heute und alle Tage stehet unser Gott und Heiland da und bietet uns diesen Segen an. Ach, und wir lassen Ihn stehen! Wir wenden uns in der Blindheit unseres Herzens zum Verfluchten! Er gehet uns nach; wir sehen Ihn nicht. Er wirbt um unsere Liebe und Vertrauen; wir mögen Ihn nicht. Er rufet, Er bittet, Er ladet immer wieder und wieder; in diesem Augenblicke thut Er es. So liebet Jesus, unser Herr und Gott. Siehe, das verkündiget die ganze heilige Schrift. Glaubst Du das, mein Christ? Glaubst Du das von Herzen, dann hast Du die Verheißung, dann hast Du den Segen, dann bist Du ein geliebtes und gesegnetes Glied dessen, auf dem das ganze Wohlgefallen Gottes ruhet.

Nun, meine Lieben, wenn Ihr das Alle von Herzen glaubtet, wenn diese Liebe Eueres Gottes und Heilandes zu Euch in Euerem Herzen brennete, wenn Ihr die alle Tage und Stunden in Euch bewegtet, — saget doch: könntet, müßtet Ihr Ihn da nicht wieder lieben? Oder könntet Ihr einem solchen Freunde, der es so gut mit Euch meinet, Euer Vertrauen versagen? Verdienet Er nicht unser ganzes Herz? Müßten nicht billig all' unsere Sinne und Gedanken und Kräfte auf Ihn gerichtet sein? Und wenn Er nun gebietet, müßten wir nicht gern, ach! von Herzen gern thun nach Seinen Geboten? Bedürfte es da des Drohens und Strafens, des Treibens und Zwingens, wo man mit Thränen fühlet, daß solche Liebe ihre Segensarme offen hält, und daß jedes Gebot, das sie gibt, nur Heil und Segen für uns ist? Aber wie ist es? ach! wie ist es?

Siehe, wenn Dein Vater oder Mutter, Gatte oder sonst eins von den Deinen um Deinetwillen sich hätte verachten und geißeln lassen und in den Tod gegangen wäre, ja, wenn Du auch nur fühltest, daß Du an seinem Leiden oder Sterben irgendwie schuld wärest, — nicht wahr, Morgens und Abends, wo Du gehest und stehest, würde Dich der Gedanke daran begleiten, Du wüßtest nicht, wie Du es gutmachen solltest? Hätten die Verstorbenen um etwas gebeten, Du gäbest Dir alle Mühe, wie Du es erfüllen, wie Du ihr Wort halten könntest. Siehe, das kann die schwache Liebe einer Creatur in Dir zu Stande bringen. Aber nun die Hand aufs Herz! Beweget Dich die unaussprechliche Liebe Deines Gottes und Heilandes so? Des Morgens und Abends und wo Du gehest und stehest, trägst Du sein Marterbild in Deinem Herzen? Kannst Du vor Dank und Beugung und Scham über solche Liebe weinen? Denkest Du alle Tage daran: mein

Gott, mein Gott! wie soll ich Dir vergelten, was Du an mir gethan? Brennet Dir jedes Wort der gekreuzigten Liebe in Deiner Seele, es zu halten und zu thun und über Alles theuer zu achten? Ist es so? — Ach nein, nein! Alles Andere bewegt das Menschenherz eher; nur die Liebe seines Gottes und Schöpfers vergißt der Mensch, sie ist ihm ein leerer Schall, sie läßt ihn kalt. Alles Andere dünket ihm zur Zeit wichtiger, als dieses Eine, das allein Noth thut. So tief, ach so tief ist das Geschöpf nach Gottes Bilde gesunken, daß die ewige Liebe, die sich zu Tode an ihm liebet, daß das Blut Jesu Christi sein Herz nicht einmal rührt. Wäre das nicht der Fall, wahrlich, wir hätten dann wol über weniger Sünden, wir hätten über keine Feindschaft gegen Gott und seine Gebote zu klagen. Ach, brennete die Liebe Jesu in unseren Herzen, wie müßten wir unseren Gott dann wieder lieben und vertrauen und gern thun nach seinen Geboten. Und welch' ein Segen käme dann auf uns und unsere Kinder! Aber das ist es, — wir können nicht. Wir können nicht aus eigener Vernunft und Kraft an Jesum Christum, unseren Herrn, glauben oder zu Ihm kommen. Wir können aus uns selbst Seine Liebe nicht festhalten, können Ihn aus uns selbst nicht wieder lieben und ihm vertrauen und sein Wort halten. Ach, wir nehmen den Segen, den Er uns täglich und stündlich anbietet, nicht einmal; wir kommen nicht, wir holen ihn nicht; wir gehen hin und leben und sorgen und sündigen, als ob es gar keine Liebe gäbe, die sich für uns zu Tode geliebet. So tief, so tief ist des Menschen Herz gesunken!

O wer das mit mir gefühlet, wer die Liebe Christi so gern in seinem Herzen festhielte und doch nicht kann; wer sich so gern nur von ihr dringen ließe und doch immer wieder von einer fremden Macht getrieben wird; wer so gern von Christo sich nur Segen holen möchte und doch täglich wieder selbst das Verderben erwählet; wer da sorget und sich grämet und weinet, weil er keinen Segen und keine Frucht siehet, — mit einem Worte, wer als ganz armer, zerschlagener Sünder sich fühlt und doch so gern ein Glied an dem Leibe Christi, ein geliebtes und gesegnetes Kind Gottes sein möchte, — wer das fühlet und will: nun, der gehe zu Ihm, der das Alles allein geben kann. Gnade und nur Gnade ist es, wenn wir den Liebeseifer Gottes, unseres Heilandes, um uns glauben können. Gnade ist es, wenn wir sein Erbarmen in unseren Herzen behalten und Ihn wieder lieben und vertrauen und sein Wort halten können. Es stehet in keines Menschen Macht, den Segen zu erwerben. Darum müssen wir bitten, bitten, wie die lieben Kinder ihren lieben Vater bitten, — und das alle Tage.

O so kommet denn, meine Geliebten, kommet zu unserem lieben Vater, kommet zu dem geliebten Sohne, unserem Erretter, unserem Einzigen, und lasset uns bitten! Amen.

Druck von W. Steinmüller in Düben.

CPSIA information can be obtained at www.ICGtesting.com
Printed in the USA
LVOW09s1134090214

372913LV00019B/176/P

9 781274 873613